吉林石油工业

（2025年 第一辑）

李 庆 主编

石油工业出版社

内 容 提 要

本书收录了中国石油吉林油田公司等单位近期科研成果，包括地质勘探、油田开发、石油工程、石油化工、清洁能源、经济管理、综合信息等方面内容，具有较高的理论水平和实践指导意义，对我国低渗透油气田的勘探与开发以及新能源利用具有一定的参考价值。

本书可供油气田地质人员、开发人员、工程技术人员和石油院校相关专业师生参考使用。

图书在版编目（CIP）数据

吉林石油工业 . 2025 年 . 第一辑 / 李庆主编 .
北京：石油工业出版社，2025.4. -- ISBN 978-7-5183-7510-3

Ⅰ . F426.22

中国国家版本馆 CIP 数据核字第 20258VN659 号

出版发行：石油工业出版社
　　　　　（北京安定门外安华里 2 区 1 号　100011）
　　　网　址：www.petropub.com
　　　编辑部：（010）64523760
　　　图书营销中心：（010）64523633
经　　销：全国新华书店
印　　刷：北京中石油彩色印刷有限责任公司

2025 年 4 月第 1 版　2025 年 4 月第 1 次印刷
880×1230 毫米　开本：1/16　印张：6.75
字数：230 千字

定价：30.00 元
（如出现印装质量问题，我社图书营销中心负责调换）
版权所有，翻印必究

目 次

· 地质勘探 ·

长岭泥纹型页岩油岩相成因分析 ………………………… 党　微　王东旭　毛玉丹（ 1 ）
地震波形指示模拟技术在储层预测中应用 ………………… 杨丹丹　孟祥灿　李晓红（ 4 ）
伊通盆地新安堡凹陷奢岭组储层预测研究 ………………… 骆　鑫　于泽航　赵琳琳（ 7 ）
扶新隆起带北坡杨大城子油层沉积特征研究 ……………… 张文会　刘　琦　李宜哲（ 11 ）
自贡地区茅口组碳酸盐岩地层岩性识别研究 ……………… 周　琪　马　迪　刘和芝（ 14 ）
深度域水平井导向在非常规油藏开发中的应用 …………… 任玉洪　李雪冰　杜　博（ 17 ）

· 油田开发 ·

中相微乳液驱油技术探索 …………………………………… 宋宝良　刘天琪　张　微（ 21 ）
低渗透油藏提高采收率探索与实践 ………………………… 刘　丽　赵　博　祝　雪（ 24 ）
践行一体化压裂技术标准提质提效研究 …………………… 马银龙　徐晓栋　夏婷婷（ 27 ）
长春星6区块储气库单井注采评价与研究 ………………… 李　禹　程雪娇　李云迪（ 30 ）
吉林致密油藏储层综合评价方法研究及应用 ……………… 王艺萌　董长春　谭诗锦（ 34 ）
CCUS工业化推广中气窜风险分析及应对措施 …………… 黄明心　王　硕　魏　波（ 37 ）

· 石油工程 ·

机械式漂浮工具研制与应用 ………………………………… 张　驰　朱云波（ 41 ）
川南配置区油层套管安全下入技术探讨 …………………… 袁志丽　徐祺林　贾聚全（ 44 ）
南一西区浅层套损对钻井的危害与认识 …………………………………… 孙　巍　田立俊（ 47 ）
川南配置区页岩气水平井轨迹优化设计 …………………… 李传均　李俊锋　项忠华（ 50 ）
浅表套二开井提高地层承压能力技术研究 ………………… 张　清　于　达　郭　葳（ 53 ）
小修自动化背钳研制与应用 ………………………………… 屈艳飞　孙　雨　刘成双（ 57 ）
提升封井作业安全与质量方法研究 ………………………… 丁　帅　董　华　徐峰阳（ 60 ）
管道腐蚀失效类型识别方法研究与评价 …………………… 黄天杰　马　锋　李永宽（ 63 ）
解水锁技术在气田应用效果分析 …………………………………………………… 王英姝（ 66 ）
扶余油田变排量压裂技术探索与思考 ……………………… 何增军　董惠勇　宋成立（ 69 ）
长岭气田高含SRB气井缓蚀技术研究 …………………… 王宁宁　张钰泽　王诗萌（ 72 ）
吉林油田集输管道管材的耐腐蚀性评价 …………………… 魏海涛　袁金芳　张　然（ 75 ）
油田罐区挥发性有机物密闭回收技术研究 ………………………………………… 李士军（ 78 ）

· 石油化工 ·

企业水汽品质波动事件原因分析及预防措施 ……………… 姜天文　于　里　王春婷（ 81 ）

· 清洁能源 ·

吉林油田油气与新能源融合发展探索与实践 ……………… 李　涛　马晓红　王盛艳（ 84 ）

· 经济管理 ·

低渗透油藏CO_2驱操作成本差异性分析技术 …………… 杜丽萍　刘　丹　张俊波（ 88 ）

· 综合信息 ·

站场安防及周界报警技术研究 ……………………………… 张　帆　李　东　刘志江（ 91 ）
输油输气管道通球检测的必要性研究 ……………………… 刘　贺　霍禹璇　邵春阳（ 94 ）
吉林油田二三类站场风险评价策略研究 …………………………………………… 邵立新（ 98 ）

Jilin Petroleum Industry

CONTENTS

· Geology & Exploration ·

Analysis of the Lithofacies Genesis of Mud-textured Shale Oil in Changling ················Dang Wei et al. (1)
Simulation Technology of Seismic Waveform Indicators and Its Application in Reservoir Prediction················ Yang Dandan et al. (4)
Reservoir Prediction for the Sheling Formation in the Xin'an bao Sag of the Yitong Basin ················ Luo Xin et al. (7)
Sedimentary Characteristics of the Yangdachengzi Oil-Layer on the North Slope of the Fuxin Uplift Zone ········Zhang Wenhui et al. (11)
Lithologic Identification of the Maokou Formation in Zigong Carbonate Reservoirs ················ Zhou Qi et al. (14)
Application of Depth Domain Horizontal Well Steering in Unconventional Oil Reservoir Development················Ren Yuhong et al. (17)

· Oilfield Development ·

Exploration of the Oil Displacement Technology of Middle-phase Microemulsion ················ Song Baoliang et al. (21)
Exploration and Practice of EOR in Low-permeability Oil Reservoirs ················ Liu Li et al. (24)
Research on Improving Quality and Efficiency by Implementing Integrated Fracturing Technical Standards ········ Ma Yinlong et al. (27)
Evaluation and Research on Single-well Injection-production of the Gas Storage in Block Xing 6,Changchun··············· Li Yu et al. (30)
Research and Application of Comprehensive Evaluation Methods for Tight Oil Reservoir in Jilin ················ Wang Yimeng et al. (34)
Risk Analysis and Countermeasures of Gas Channeling in the Industrial Promotion of CCUS ················ Huang Mingxin et al. (37)

· Petroleum Engineering ·

Research and Application of Mechanical Floating Tools ················ Zhang Chi et al. (41)
Discussion on the Safe Running Technology of Oil-layer Casing in the Chuannan Configuration Area ················ Yuan Zhili et al. (44)
Hazard and Impact of Shallow-layer Casing Failure on Drilling in Nanyi Western District ················ Sun Wei et al. (47)
Optimized Design of the Trajectory of Horizontal Wells for Shale Gas in the Chuannan Configuration Area ············Li Chuanjun et al. (50)
Research on Improving Formation Pressure-bearing Capacity in Second Opening Wellbore with Shallow Casing ··· Zhang Qing et al. (53)
Research and Application of Automatic Back-up Wrench for Workover ················ Qu Yanfei et al. (57)
Research on Methods to Improve the Safety and Quality of Well-sealing Operations ················ Ding Shuai et al. (60)
Research and Evaluation on Identification Methods of Pipeline Corrosion Type ················ Huang Tianjie et al. (63)
Analysis of the Application Effect of Water-blocked Remover Technology in Gas Fields ················ Wang Yingshu (66)
Exploration and Thinking on Variable-displacement Fracturing Technology in Fuyu Oilfield ················ He Zengjun et al. (69)
Research on Corrosion Control Technology for SRB-rich Gas Wells in Changling Gas Field················ Wang Ningning et al. (72)
Evaluation of the Corrosion Resistance of Pipeline Materials for Gathering Line in Jilin Oilfield ················ Wei Haitao et al. (75)
Research on the Closing Recovery Technology of Volatile Organic Compounds in Oilfield Storage Areas ················ Li Shijun (78)

· Petrochemical Engineering ·

Analysis of the Causes and Preventive Measures of Quality Fluctuating Incidents about Water & Vapor in Enterprise ··· Jiang Tianwen et al. (81)

· Clean Energy ·

Exploration and Practice of the Integrated Development of Oil & Gas and New Energy in Jilin Oilfield ················ Li Tao et al. (84)

· Economy & Management ·

Analysis of the Operational Cost Difference in CO_2 Flooding in Low-permeability Oil Reservoirs ················ Du Liping et al. (88)

· Comprehensive Information ·

Research on Station Safety and Perimeter Alarm Technology ················ Zhang Fan et al. (91)
Research on the Necessity of Pigging Inspection for Oil and Gas Pipelines ················ Liu He et al. (94)
Risk Assessment Strategy of the Second and Third Types of Station Sites in Jilin Oilfield ················ Shao Lixin (98)

长岭泥纹型页岩油岩相成因分析

党微　王东旭　毛玉丹

（中国石油吉林油田公司勘探开发研究院）

摘　要：吉林油田积极响应国家"深入推进能源革命"的重大战略，勘探部署的重心逐渐转移到非常规勘探。现有研究和钻井资料证实，长岭凹陷青一段、青二段页岩油资源丰富，分布范围广，纵向发育多套有利层，叠加厚度大，多口井试油获得高产油流，水平井攻关也见到一定效果，是吉林油田增储上产的重要接替领域。目前，针对页岩细粒沉积研究尚处于起步阶段，对页岩岩相和平面分布规律也仅进行了初步探讨。页岩岩相划分、岩相的成因机理研究还不够精细，亟须专业技术力量集中攻关。近年来，从水动力条件和环境因子两方面进行研究，有利于"甜点"层和"甜点"区的进一步落实。

关键词：页岩油气；岩相；水动力；环境因子

1 技术背景

细粒沉积岩的沉积特征和分布模式研究是烃源岩、页岩油气和致密油储层研究的重要基础，探究页岩层序地层学、岩相精细刻画与测井识别以及"甜点"地质评价等问题，有助于整体把握页岩油优质储层的特征和分布，从而更有效地指导非常规油气勘探，满足能源需求。

2 主要研究内容

岩性组合、矿物成分、沉积构造及有机质含量特征是揭示富有机质页岩岩石学特征多样性的主要因素，也是从沉积成因角度划分岩相类型的重要参数和依据。

2.1 长岭页岩油岩性特征

岩性最直观地反映了岩石特征，包括颜色、成分、结构和构造等。通过研究区 14 口钻井的岩心观察，结合室内薄片鉴定，在研究区青山口组主要识别出四种岩性：页岩、粉砂岩、介屑灰岩和白云岩。

2.1.1 页岩

页岩在松南青山口组青一段普遍发育，颜色为灰黑色与深灰色，泥级颗粒（颗粒直径小于 0.004mm）含量大于 50%，含少量粉砂级颗粒。成分以黏土矿物为主，含少量长英质矿物和其他矿物（黄铁矿等）。多发育水平层理，由黏土质纹层、长英质纹层和有机质纹层交替发育组成，局部含有介形虫、叶肢介化石，页理缝发育。

2.1.2 粉砂岩

粉砂岩在研究区主要发育于青一段下部和青二段，为前三角洲沉积，单层厚度大多数大于 20cm。颜色主要为灰色和灰白色，粉砂级颗粒大于 50%，含少量泥级颗粒和砂级颗粒。发育块状层理、变形层理和砂球构造等，多夹有泥质纹层和介屑纹层，局部可见叶肢介化石和壳类化石。

2.1.3 介屑灰岩

介屑灰岩在研究区局部发育，主要以夹层形式发育于青山口组暗色泥岩或页岩中，单层厚度多小于 20cm。颜色主要为深灰色和灰色，介形虫或介屑颗粒大于 50%，含少量长英质颗粒，介形虫呈完整或碎片形态，滴酸剧烈起泡。发育块状构造、砂球构造和泄水构造等。

2.1.4 白云岩

白云岩在研究区局部发育，主要以夹层形式发育于青山口组暗色页岩中，单层厚度大于 1cm，大多数小于 20cm。颜色主要为深灰色和灰色，主要为泥晶白云石颗粒，含少量泥质颗粒，呈块状构造，与下伏地层突变接触，滴酸缓慢起泡。

2.2 岩相划分方案

以"岩性—构造—TOC—矿物"四端元岩相来划分方案。岩性采用泥/页岩—粉砂—碳酸盐岩三端元进行划分，每个轴以 50% 为界，进一步细分为泥/页岩、粉砂岩和灰（云）岩三种类型；原生构造采用块

作者简介：党微，女，1983 年出生，2007 年毕业于大庆石油学院地球物理学专业，现从事页岩油测井技术工作，高级工程师。通讯地址：吉林油田公司勘探开发研究院勘探规划所，邮编：138000，联系电话：0438-6227503。

状、纹层状和层状三种构造类型；依据TOC值大小将细粒沉积物划分为高有机质含量（TOC值大于2%）、中等有机质含量（TOC值为1%~2%）和低有机质含量（TOC值小于1%）三种类型；矿物成分采用黏土—长英质—碳酸盐三端元进行划分，每个轴以50%为界，进一步细分为黏土质、长英质和灰质三种类型。

在以上划分方案的基础上，按研究区细粒沉积类型划分为六种类型：高有机质泥级纹层黏土质页岩、中高有机质泥级纹层长英质页岩、中低有机质含粉砂纹层长英质页岩、层状粉砂岩、层状介屑灰岩和层状白云岩。

2.3 岩相类型及特征

页岩主要发育三种岩相，即高有机质泥级纹层黏土质页岩相、高中有机质泥级纹层长英质页岩相、中低有机质含粉砂级纹层长英质页岩相，结合岩心描述分别对三种岩相特征精细分析（表1）。

表1 研究区岩相划分类型表

岩相类型	岩性	沉积构造	TOC/%	矿物含量/%
高有机质泥级纹层黏土质页岩相	页岩相	纹层状	粉砂纹层<10%	≥2	黏土≥50
高中有机质泥级纹层长英质页岩相			≥1	长英质≥50
中低有机质含粉砂级纹层长英质页岩相			粉砂纹层10%~50%	<2	

2.3.1 高有机质泥级纹层黏土质页岩相

高有机质泥级纹层黏土质页岩相在研究区的塔虎城区、余字井区广泛发育，颜色为灰黑色，纹层形态平直且连续，纹层以泥级纹层为主，为贫富有机质黏土纹层，含极少量粉砂纹层。黏土矿物含量大于等于50%。纹层厚度小于1mm，以暗色纹层为主，由于热演化程度较高，有机质排烃后贫富有机质黏土纹层色差不明显，整体较暗。荧光性差，纹层密度较高，多大于3000条/m。有机质丰度较高，TOC≥2%，主要沉积环境为深湖。

2.3.2 中高有机质泥级纹层长英质页岩相

中高有机质泥级纹层长英质页岩在研究区广泛发育，颜色为深灰色和灰黑色。纹层形态平直、连续或断续，以泥级纹层为主，含少量粉砂级纹层（≤10%），长英质矿物含量大于等于50%，纹层厚度小于2mm，可见暗纹层夹亮纹层，亮纹层清晰。纹层密度较大，多介于1000~3000条/m之间。有机质丰度为中—高，TOC≥1%，主要沉积环境为半深湖—深湖。

2.3.3 中低有机质含粉砂纹层长英质页岩相

中低有机质含粉砂纹层长英质页岩主要发育于青一段下部与青二段，颜色为深灰色、灰色，纹层形态呈波状、连续或断续，纹层成分以泥级纹层夹粉砂级纹层为主，粉砂级纹层含量介于10%~50%之间。纹层厚度多大于1mm，长英质矿物含量大于等于50%。亮纹层与暗纹层界面清晰，具有较好的荧光性，多具有变形或水成岩脉构造。纹层密度较小，主体小于1000条/m。有机质丰度相对较低，TOC<2%，主要沉积环境为前三角洲（图1）。

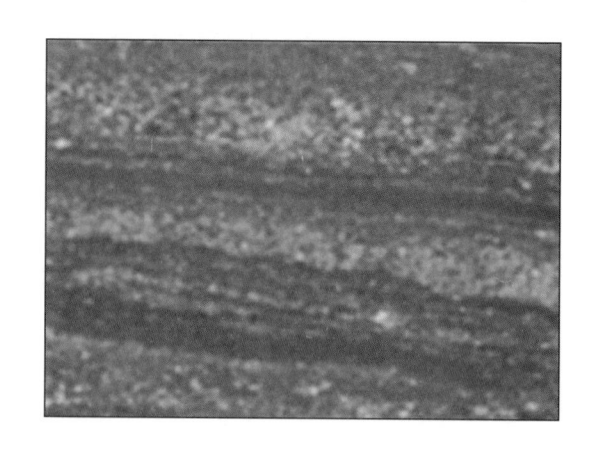

图1 中低有机质含粉砂纹层长英质页岩相薄片图

2.4 岩相成因分析

海相细粒沉积研究已有长足的进步，而陆相细粒沉积由于分布面积较小，侧向变化快，成分多样，结构各异，导致一定的成因多解性。目前，对岩相成因机制研究主要从水动力条件和环境因子两方面开展。

2.4.1 水动力条件

水动力条件可以对细粒沉积物的形成过程做出解释，Selvaraj K等通过沉积岩心的沉积学、物理和地球化学分析，证实湖泊中细粒沉积物组分构成显示为多种搬运—沉积特征，揭示了细粒沉积过程的复杂性。对细粒沉积岩的形成过程，主要从黏土质、长英质、灰质/云质成分方面开展研究，但研究区灰质/云质成分发育较少。因此，主要从黏土质纹层和长英质纹层两方面开展成因机制分析。

（1）黏土质纹层成因。黏土是细粒沉积岩中最常见的组分，与满足斯托克定律的非黏性颗粒不同，单黏土颗粒在流体中长时间处于悬浮状态而不易发生沉积，需要依靠絮凝作用发生沉降。当黏土以絮凝体形式发生沉积时，主要存在两种方式，其一为悬浮沉降模式，此类黏土沉积不经过后期搬运和改造，只与自身粒径、形态及水动力强度有关。

（2）长英质纹层成因。长英质沉积物为典型的非黏性颗粒，沉积过程满足斯托克定律，当长英质碎屑由陆源河流搬运进入湖盆时，受到重力、浮力、底床剪切引起的拖曳力和上举力的共同作用，当负载其的水动力减弱，颗粒运动速度降低，重力逐渐占据主导地位，长英质沉积物在近岸处发生机械分异，并沉降形成块状且具有波状层理或低角度交错层理的粉砂岩及长英质泥岩。

（3）各岩相形成的水动力条件。水动力学研究尚处于起步阶段，主要从水槽实验模拟正演和粒度分析反推两方面开展研究，此次主要从粒度分析方面开展页岩水动力条件研究。

粒度分析表明，高有机质泥级纹层黏土质页岩主要以黏土质—有机质混合絮状沉积为主，含有很少的陆源碎屑颗粒。其中，黏土与有机质基本为均匀悬浮沉积，而10%左右的碎屑颗粒呈现递变悬浮沉积，剩余不到5%的碎屑颗粒为均匀悬浮，表现为低密度的静水沉积。

中高有机质泥级纹层长英质页岩多发育富碎屑颗粒纹层，其颗粒多为递变悬浮搬运，而絮状沉积物降低。递变悬浮含量约40%，均匀悬浮含量约20%，整体悬浮颗粒含量超过60%。

中低有机质含粉砂纹层页岩发育富碎屑颗粒纹层，其颗粒主要为粉砂级，多为递变悬浮搬运，递变悬浮含量超过50%，搬运水动力较强，多为浊积岩成因，在岩心和薄片上均可见冲刷构造。

2.4.2 环境因子

有机质富集条件也可以直接反映细粒沉积物的成因条件，如高有机质的细粒沉积岩往往形成于温暖湿润、水体较深、湖水分层和缺氧等环境中，松辽盆地青山口组细粒沉积岩就是其成因研究的典型对象。

（1）古气候因子。青山口组富有机质细粒沉积主要形成于持续稳定的构造沉降，但在湖平面快速上升时期，古环境为温度相对较高、湿度较大的古气候背景。高有机质泥级纹层黏土质页岩和高中有机质泥级纹层长英质页岩岩相发育层段多为持续的湿润环境；高中有机质泥级纹层长英质页岩和中低有机质含粉砂纹层页岩岩相发育层段多为温暖湿润背景下的干湿交替环境，尤其在相对干旱后的强烈降雨促进了粉砂纹层的发育。

（2）湖平面变化和沉积物供给因子。湖平面变化控制沉积环境，进而导致不同沉积环境所形成的细粒沉积岩存在明显差别。水进体系域细粒沉积岩的有机质丰度逐步增加，高水位体系域发育厚层稳定的富含黏土和有机质的细粒沉积岩，水退体系域细粒沉积岩中有机质丰度逐渐减少。

（3）古盐度和保存条件因子。相对于嫩江组等其他富有机质页岩层系，青山口组沉积水体的盐度相对较高，整体表现为半咸水—咸水环境，相对也具备良好的保存条件。高有机质泥级纹层黏土质页岩和高中有机质泥级纹层长英质页岩岩相多形成于半咸水环境，可能因持续降水导致水体盐度降低，水底基本为还原条件。高中有机质泥级纹层长英质页岩和中低有机质含粉砂纹层页岩岩相多发育于半咸水—咸水环境，受制于古气候相对干旱和高盐度的影响，该类型岩相组合形成于强还原的水体条件。这表明青山口组一段$Q_1—Q_9$沉积时期均具有极好的保存条件，保存条件是控制有机质富集的关键因素。

（4）生物生产力因子。影响细粒沉积岩中有机质富集的关键因素是保存条件和有机质来源（生物生产力）。高有机质泥级纹层黏土质页岩和高中有机质泥级纹层长英质页岩岩相形成时湖泊普遍具有高的湖泊生产力；高中有机质泥级纹层长英质页岩和中低有机质含粉砂纹层页岩岩相形成时湖泊生产力波动相对较大，既具有极高的湖泊生产力，也存在较低的湖泊生产力。这说明在较高的生产力和良好保存条件背景下，有机质的有效堆积和各种沉积物矿物的耦合是导致各类型岩相沉积的关键。

3 结论

高有机质泥级纹层黏土质页岩岩相有机质含量高，主要发育泥级纹层，纹层成分为贫富有机质黏土质纹层，并形成贫富有机质黏土质纹层层耦；高中有机质泥级纹层长英质页岩岩相有机质含量较高，主要发育泥级纹层，纹层成分以黏土质纹层为主，含少量粉砂质纹层。该岩相形成环境中具有一定的含氧量，对有机质有一定的消耗作用，综合形成高中有机质泥级纹层长英质页岩；中低有机质含粉砂纹层长英质页岩岩相有机质含量相对较低，含有一定量粉砂级纹层（含量为10%~50%），主要形成于浊流发育区，与浊流作用密切相关。

研究主要针对页岩岩相进行成因分析，研究区页岩岩相包括高有机质泥级纹层黏土质页岩、高中有机质泥级纹层长英质页岩和含粉砂纹层长英质页岩，结合水动力和环境因子两方面可知，不同岩相具有不同的成因机制。

参考文献：

[1] 边瑞康,武晓玲,包书景,等.美国页岩油分布规律及成藏特点[J].西安石油大学学报,2014,29(1):1-9.

[2] 张宏哲.页岩油储层参数测井评价方法研究——以S区块为例[D].武汉:长江大学,2016.

[3] 许晓宏,黄海平,卢松年.测井资料与烃源岩有机碳含量的定量关系研究[J].江汉石油学院学报,1998,20(3):8-12.

本文编辑：台自权

地震波形指示模拟技术在储层预测中应用

杨丹丹[1]　孟祥灿[2]　李晓红[1]

（1.中国石油吉林油田公司地球物理勘探研究院　2.中国石油吉林油田公司勘探开发研究院）

摘　要：受地震分辨率的影响，苏家地区火二段面临储层横向变化快、成像效果差、储层厚度薄和分布规律认识不清等问题。由于常规反演无法有效识别薄储层，而基于地质统计学的反演方法未考虑地质约束，导致横向连续性差，而且求取变差函数也是难点之一。为此，采用地震波形指示反演方法，以地震资料为约束，横向上利用波形相似性，纵向上利用测井信息，采用马尔科夫链—蒙特卡洛算法进行随机模拟，获得高纵、横向分辨率的反演结果。实际应用表明，该方法加入相控模式，使储层横向展布自然，具有较高的纵向分辨率，能够有效识别火二段薄储层。

关键词：波形指示模拟；高分辨率；薄储层；相控模式

常规地震反演方法受制于地震资料有限的频带宽度，不能有效识别一定厚度下的薄储层。目前，常用的高分辨率反演方法有谱分解技术、时频域联合反演和稀疏脉冲反演等，这些反演方法以地震资料为主，同时利用频率获取额外信息，并且结果一般具有平滑性。此外，研究较多的还有地质统计学反演方法，该方法以测井数据为主体，利用地震资料作为约束进行反演，在原有地震数据频带基础上可拓宽反演频带结果。但有学者指出，常规地质统计学反演未加入地质约束，导致反演后地层横向连续性较差。另外，求取变差函数也是地质统计学反演的难题之一，实际应用时需要考虑变差函数在各方向上的变程、实验变差的拟合和理论变差的套合等问题。针对以上问题，采用地震波形指示反演方法，在波形相似性特点中加入相控模式，再结合马尔科夫链—蒙特卡洛算法进行随机模拟，可获得既能满足地质规律、又具有高分辨率的反演结果。该方法在工区实际应用中取得了良好的效果。

1　地震波形指示反演

地震波形可以反映沉积环境和岩性组合的空间变化，代表储层垂向岩性组合的调谐样式，其横向变化能反映储层空间的相变特征。因此，依据地震波形变化可以宏观反映出储层的空间变异性。

首先，利用地震波形指示反演对待预测道进行波形相似性优选，筛选出所有井旁道，可以选取波形相似的井作为样本来构建初始模型。相似的地震波形可能也对应不同的地层结构，从而也就对应不同的测井曲线特征。因此，对筛选样本井的测井曲线进行分频分析，其在一定频带范围内具有共性结构，利用这种结构特征作为确定性频带成分；其次，采用马尔科夫链—蒙特卡洛算法对初始模型高频成分进行随机模拟，能够保证最优无偏估计，使模拟结果的结构特征符合地震中频阻抗；最后，在贝叶斯框架下对地震中频进行优化，确保随机模拟中频成分与地震频率一致，同时保留样本井的确定性结构成分，从而进行频率融合，然后输出反演结果。

不同于常规地质统计学反演，地震波形指示反演采用双权加重相控建模思路，利用地震波形相似性优选出有效样本。另外，根据样本分布距离进行加权，实现相控指导下的随机反演过程。在符合地质规律的基础上，该方法提高了反演后地层横向连续性，并且避免了变差函数拟合难度大的问题，是一种有效的高分辨率地震反演方法。

2　地震薄储层识别

2.1　工区地质概况

苏家地区位于梨树断陷西北部，东邻杨大城子斜坡带，北部为长岭断陷龙凤山洼槽，西部是新安镇地区向阳洼槽，南部与双辽断陷接壤。苏家屯洼槽早期与桑树台洼槽为同一洼槽，后期由于苏家屯走滑断裂的影响（走滑距离约4~5km），将苏家屯洼槽与桑

作者简介：杨丹丹，女，1985年出生，2012年毕业于中国石油大学（华东）石油与天然气工程专业，现从事地震解释、构造成图及储层预测等工作，高级工程师。通讯地址：吉林油田公司地球物理勘探研究院物探方法研究所，邮编：138000，联系电话：0438-6225529。

树台洼槽切割，形成独立的生烃洼槽。苏家屯洼槽主要位于西部桑树台断裂和东部曲家断裂夹持的洼槽，洼槽南部断陷结构与梨树断陷的整体结构一致，表现为"西断东超"的断陷结构。火石岭组沉积早期，受区域拉张作用影响，在桑树台与曲家断裂的共同作用下，形成了一系列火山岩喷发带，它们交织在一起，构成了苏家屯洼槽的初步形态。由于曲家断裂北段活动强，南段活动弱，而桑树台断裂南段活动强，北段活动弱，导致火石岭组沉积时期形成了两个沉积沉降中心，发育西南及东部两套主要物源，该时期沉积稳定，除了控陷断裂外，断裂活动较弱；沙河子组沉积时期，继承了火石岭组构造特征，但该时期桑树台断裂活动强于曲家断裂，断陷主要受桑树台断裂活动控制，该时期沉积沉降中心位于苏家屯洼槽中部；营城组沉积时期，桑树台断裂活动强于曲家断裂，沉降中心位于桑树台断裂附近，但是营城组沉积时期沉积速率较大，整体表现为沉降中心与沉积中心不一致。因此，在营城组沉积时期地层分布超出了东西两个控陷断裂范围；营城组末期受区域挤压应力影响，形成了苏家屯洼槽现今的构造特征：西部为缓坡断阶带，中部为洼槽带和董家反转构造带，东部为陡坡断阶带，随后在断坳转换期构造活动逐渐稳定。苏家屯洼槽主要发育有东部断阶带、西部断阶带、中部洼槽带和董家反转构造带四个有利区带。通过成藏模式分析认为，受烃源岩成熟度影响，有利区带两侧断阶为断层—岩性油藏，有利区带深部为自生自储式岩性气藏。

研究的目的层段为火二段1砂层组1号层，层段厚度约25m，储层岩性为细砂岩及砂砾岩，有效砂岩厚度约8m左右，层间砂泥混杂，并且具有较强的非均质特性。研究区目的层埋藏深2300m左右，地震资料整体信噪比低，主频在26Hz左右，不同薄互层组合下的地震响应特征存在明显差异（图1），目的层段在地震剖面上主要反射特征为波峰反射，一个波峰时间范围内涵盖了火二段1砂层组1号层薄储层的地质信息，采用常规反演方法无法满足储层预测要求。

2.2 测井曲线敏感性分析

测井曲线敏感性分析是地质勘探中的重要环节，通过对不同岩性、物性及含油气性的地层进行测井响应的敏感性分析，得出反映地层特性的曲线。分析利用了声波、电阻率和自然伽马等多种测井参数，经过专业计算与综合分析，生成直观、明确的敏感曲线。这一方法在油气勘探、储层评价及开发过程中具有重要作用，提供了决策依据。

根据工区内目的层段的钻井常规测井数据统计分析可知，储层砂岩具备显著的电性特征。具体来说，储层砂岩呈现出高电阻率、低声波时差、相对高密度和较低伽马的特性，这为后续的储层识别与评价提供了可靠的依据。对工区内6口井的目的层段进行了详细的测井数据直方图分析（图2和图3），通过对比纵波阻抗和伽马值的分布情况可知，纵波阻抗在各井之间存在明显的叠置现象，很难区分储层与非储层。相比之下，虽然伽马值也存在部分重叠，但主峰值基本能够较好地分开，显示出一定的区分度。

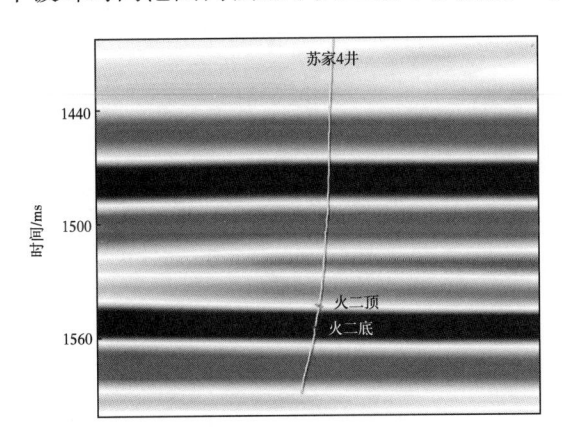

图1 苏家4井地震剖面图

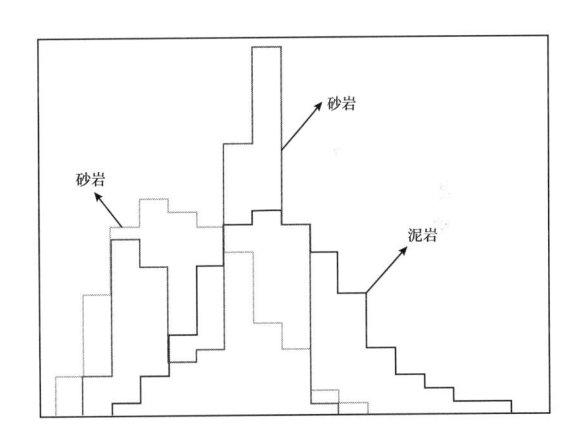

图2 纵波阻抗直方图

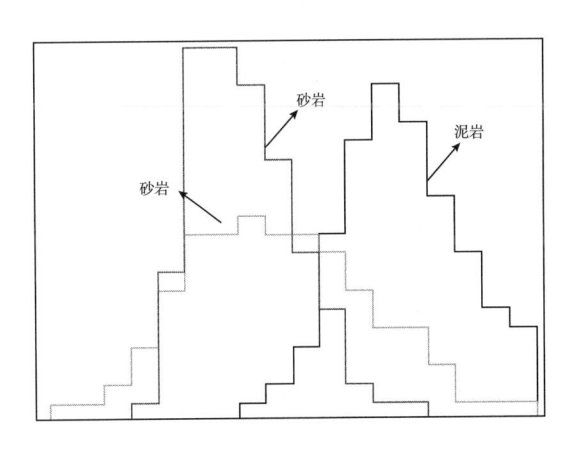

图3 伽马曲线直方图

基于上述分析结果，为了更好地提高反演的准确性和精度，采用更为敏感的伽马曲线作为反演的特征参数曲线。考虑到该工区砂岩储层的特殊性质，利用伽马波形指示模拟方法进行薄储层识别，能够更精确地反映储层内部的细微变化，从而为储层评价和开发提供更准确的数据支持。通过伽马波形指示模拟方法的运用，能够更有效地识别出工区内的薄储层，为后续勘探开发提供了有力保障。同时，这也为类似工区的测井数据分析和储层识别提供了经验和参考。

2.3 地震薄储层识别

薄储层识别是石油勘探领域中一项重要技术，其目的是通过分析地震数据来识别和确定薄储层的存在和位置，而地震波形指示模拟结果在薄储层识别中扮演着至关重要的角色。

根据地震波形指示模拟结果，可以对薄储层进行精确识别和预测。首先，通过对模拟结果中的波形进行细致的分析和比较，可以确定不同地层之间的波场差异。其次，结合地质资料和地震数据的其他特征（振幅、频率）可以进一步确定薄储层的存在和位置。最后，通过建立地质模型和储层预测模型，可以对薄储层的空间分布和储油能力进行预测和评估。

在地震波形指示模拟中，有效样本数和频率是两个重要参数。结合该工区资料，经多轮试验，最终选取有效样本个数为4，高通频率为200Hz，高截频率为250Hz，利用这些参数得到伽马波形指示模拟结果。从图4可以看出，基于地震波形指示模拟的伽马结果纵向分辨率高，横向展布连续性符合地质规律，纵向结构能明显区分储层中砂泥岩互层。经综合分析认为，反演结果可信度较高，与井认识一致，可直接用于储层预测和岩性圈闭识别。

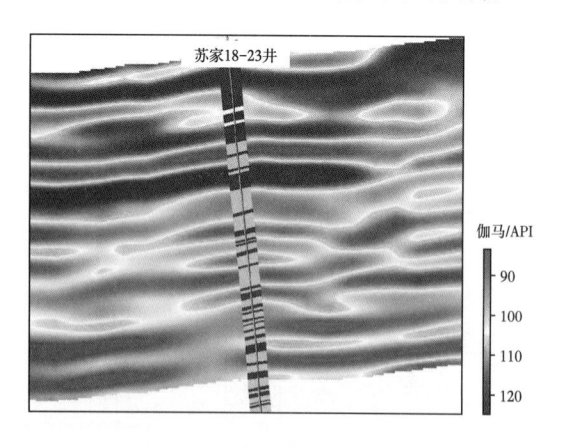

图4　过苏家18-23井伽马波形指示模拟反演剖面图

为了进一步说明反演结果具有较高分辨率，截取单井剖面的反演结果与波形叠合，可以看到反演结果纵向上与测井解释结果吻合，上下储层分界明显，储层段内部可进一步细分。另外，地震波形指示模拟结果整体上与地震波形相关性好，表明该反演方法能够充分运用地震数据，反演过程中地震资料起到了较好的控制作用，储层预测确定性更强，可信度更高。

在平面上，从反演体中沿1号层段提取伽马均方根振幅属性（图5），苏家4井、苏家18-23井、苏家10-33井和苏家10井地区砂岩较为发育。将已钻井在目标层段的砂岩厚度与反演预测砂岩厚度结果进行统计和对比分析，总参与井数为16口。根据该地区实际情况，设定误差在正负3m及3m以下为预测符合，统计符合井数为14口，最终计算符合率为87.5%，达到储层预测要求，在平面展布特征上也符合工区储层展布规律，地震波形指示模拟方法在该工区取得了较好的应用效果。

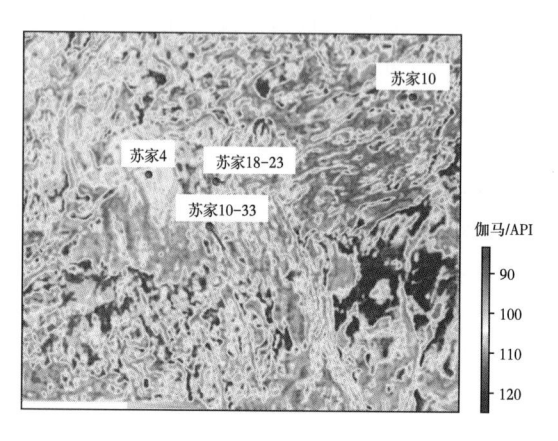

图5　火二段1号层预测砂体伽马均方根振幅属性图

3　结论

（1）地震波形指示模拟技术可以获取更详细的地震数据，为地质解释提供了更为丰富的信息。通过深入分析和解释这些信息，可以更加准确地预测储层特性和分布，从而提高储层预测精度。

（2）确定储层敏感参数是开展储层反演的关键，可以利用多尺度敏感参数选取技术，通过直方图和交会图等多种方法进行对比分析。在波阻抗对岩性区分不敏感的情况下，利用伽马敏感曲线作为特征曲线进行模拟，可以较好地划分储层。

（3）地震波形指示反演具有较高的纵、横向分辨率，能够有效识别苏家地区火二段1号层薄储层，可识别最薄厚度为4m的薄储层，储层预测纵向吻合率达87.5%，平面上也符合地质分布规律。

参考文献：

[1] 林利明,郑颖,史浩,等.基于相控地质统计学叠前反演的致密砂岩薄储层含气性预测——以鄂尔多斯盆地临兴中区为例[J].天然气工业,2023,43(2):56-66.

本文编辑：台自权

伊通盆地新安堡凹陷奢岭组储层预测研究

骆 鑫　于泽航　赵琳琳

（中国石油吉林油田公司勘探开发研究院）

摘　要：伊通盆地新安堡凹陷历经多年勘探部署，在构造、沉积和储层特征等方面取得了一系列研究成果。但受限于地震成像品质，其波阻抗特征不明显，横向储层识别能力较差，且扇体刻画精度不够，导致储层空间分布不清楚，难以满足精细探评井勘探开发的部署需求。因此，针对凹陷奢岭组储层发育难题，以地震数据、地质及测井资料为基础，运用波形指示反演、地震属性融合等先进技术，对储层纵向、平面展布和砂体厚度进行预测。认为研究区目的层段储层主要为奢岭组一段Ⅱ砂层组，由西北缘和东南缘两大物源供给区向凹陷内呈现较明显的朵叶状形态，反映了近岸水下扇扇中亚相大面积叠置发育的沉积特征，为储层预测提供了技术支持。

关键词：新安堡凹陷；近岸水下扇；波形指示反演；地震属性融合；储层预测

随着我国油气勘探开发的持续推进，较明显的构造油气藏越来越少，重点勘探目标已逐渐转为难度更大的岩性油气藏，对于储层预测的精度要求也不断提高。伊通盆地油气勘探始于20世纪80年代，取得了一定的油气勘探突破。但盆地地质条件十分复杂，其中新安堡凹陷可能为多物源的叠合区，由于沉积相、砂体横向变化快，以及受地震资料品质影响，砂岩储层横向识别始终存在困难。国内有学者提出了波形指示反演方法，并将该方法应用在具体工区的研究中，取得了较好效果。同时，利用机器学习技术挖掘地震资料中隐藏的信息，也在储层相关研究中得到了越来越多的应用。

针对上述问题，在地震资料精细解释基础上，采用高分辨率地震波形指示反演与神经网络多属性融合的储层预测技术，在缺少井资料的情况下，充分利用地震数据，探索研究区扇体展布与储层分布规律。通过上述多学科交叉的方法，降低了储层预测的随机性，增强了普适性，并在砂体研究和有利区勘探方面取得了良好效果。

1 区域地质背景

伊通盆地位于中国东北松辽盆地东南侧，属于郯庐断裂带的北延部分，东南是那丹哈达岭，西北为大黑山山脉。盆地沿北东向纵贯吉林省中部，位于长春市和吉林市两地之间，是吉林省境内的古近系—新近系盆地，呈北东45°～55°方向狭长展布，南北长为300km，东西宽为5～20km，有效勘探面积约为2400km²。盆地由南至北依次为莫里青断陷、鹿乡断陷和岔路河断陷。

研究区为伊通盆地东北部岔路河断陷内的新安堡凹陷，其南部边界为二号断层。凹陷内不同三级构造单元结构和变形样式具有差异：西北缘呈现压扭反转特征，东南缘表现为张扭叠加构造，中部发育两排继承性近东西走向的断层带。研究区内数据较齐全的探井、评价井共有37口，钻井资料揭示盆地属于古近系和新近系断陷盆地，由下至上发育了基岩、双阳组、奢岭组、永吉组、万昌组、齐家组和岔路河组。研究区目的层为古近系始新统奢岭组，其中，在研究区新安堡凹陷内奢岭组二段存在地层缺失，仅保留奢岭组一段，并与下部双阳组地层呈现局部不整合接触。奢岭组一段总厚度为400～700m，整体奢岭组一段岩性主要为灰黑色泥岩夹泥质粉砂岩，以及砂砾岩与含砾砂岩。

2 沉积相特征分析

根据研究区地震资料解释及构造演化成果可知，奢岭组沉积时期处于强烈伸展断陷活动期，西北缘和东南缘构造带地势增高并形成陡坡，受此影响，砂体自物源位置受重力作用而搬运，并沉积至新安堡凹陷内。基于研究区近物源、面积小和两侧落差大等特征，认为凹陷内奢岭组沉积相以半深湖—深湖相为背景，在明显重力流作用下主要发育近岸水下扇。

作者简介：骆鑫，男，1990年出生，2016年毕业于新疆大学岩石学、矿物学、矿床学专业，现从事勘探综合地质研究工作，高级工程师。通讯地址：吉林油田公司勘探开发研究院勘探研究所，邮编：138000，联系电话：0438-6274236。

2.1 测井相分析

以自然伽马（GR）、自然电位（SP）和电阻率（RLLD）等曲线为标志，根据其异常幅度、形态、接触关系等响应特征与组合类型，对新安堡凹陷奢岭组探井的录井和测井资料进行分析。同时，结合岩性特征，划分单井沉积相为近岸水下扇扇根、扇中、扇端亚相及半深湖—深湖相等4种类型。

由昌4井单井综合柱状图可知（图1），奢岭组岩性以砂砾岩夹杂泥质粉砂岩为主，属于盆地边缘近物源区陡坡带粒度较粗的沉积物快速堆积而形成，GR、AC、RLLD等测井曲线呈中幅、中低幅的齿化和弱齿化箱型叠加形态，判断为近岸水下扇扇根亚相，内部主水道与水道间微相交替发育。

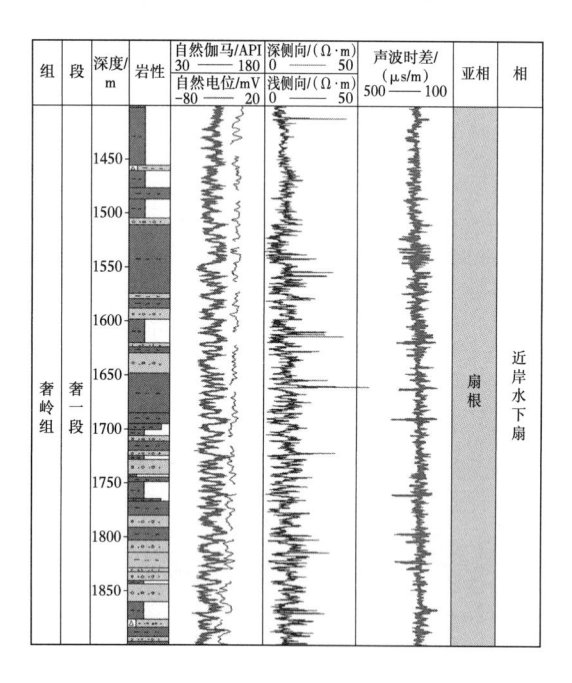

图1 昌4井单井综合柱状图

2.2 沉积相平面特征

结合单井目的层段砂厚数据、地震属性及测井相等研究区的平面和垂向特征，根据等时地震属性切片结果，绘制奢岭组各砂层组沉积相平面图，反映了北西—南东向物源供给（图2）。

奢一段Ⅰ砂层组处于较明显水进阶段，研究区中部半深湖—深湖沉积范围较大，东北部与中东部扇体面积相对较小，西北缘扇体的扇中部分呈现缩减趋势；奢一段Ⅱ砂层组扇体再次发育，主要集中在万昌构造带和西北缘，中东部万昌和梁家构造带交界处扇体仅存在小幅度增长，湖相沉积减退；奢一段Ⅲ砂层组研究区再次经历水进阶段，湖盆范围扩张，东南缘扇体范围缩小较明显，西北缘北部扇体则有小幅扩张。

奢岭组沉积相总体表现为扇体以北西—南东向展布，扇体以扇根、扇中亚相为主，边缘发育较少的含油气差的扇端，由下至上表现为范围扩张—缩减的过程。认为伊通盆地新安堡凹陷在奢岭组沉积和发育阶段内，由于近构造带区域地层陡立、两侧物源向凹陷迅速供给等因素，形成了以近岸水下扇为主要沉积的地堑式断陷湖盆。

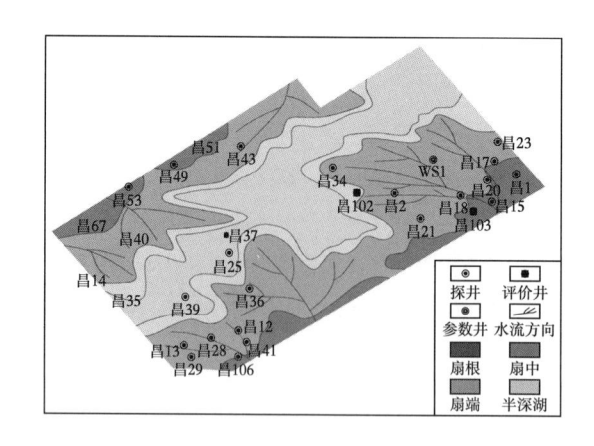

图2 研究区奢岭组沉积相平面图

3 地震波形指示反演

研究区奢岭组主要以近岸水下扇和半深湖—深湖沉积为主，岩心、测井和录井资料均显示目的层段发育大量砂体，但砂体间具有不同的叠置关系和空间展布。为更好地利用地震数据对奢岭组砂体进行刻画，以多种反演方法开展实验，最终优选地震波形指示反演方法来应对该地区复杂多变的砂体分布情况。

3.1 储层岩石物理特征

基于井震标定与地震解释成果，开展准确性更高的储层反演工作，确保目的层解释层位与钻井地质分层相吻合，使地震资料与测井曲线相匹配，为下一步储层反演奠定基础。

首先，从测井资料入手，找出对储层响应敏感的特征曲线，进而使用特征曲线进行反演处理，得到整个区域的特征曲线反演数据体；其次，对研究区37口井的伽马、密度、声波、波阻抗等测井曲线的异常值进行消除，并选取研究区南部目的层段内曲线齐全、地层厚度稳定的昌39井为标准井对曲线进行标准化，使各井曲线值域趋于一致，有利于后续计算。

通过分析测井曲线和解释结论交会图（图3），进一步发现自然伽马和波阻抗曲线对研究区目的层段的砂泥岩特征响应较强烈，属于储层敏感曲线，能够较好地开展反演工作。由于新安堡凹陷相变快，钻井资料少，若采用常规反演方法难以满足精度要求，且无法符合地质认识。因此，在对比多种方法后，采用自然伽马和波阻抗曲线作为特征曲线的波形指示反演方法，在井控程度较低的情况下，能够充分利用地震波形的横向变化，有助于储层预测。

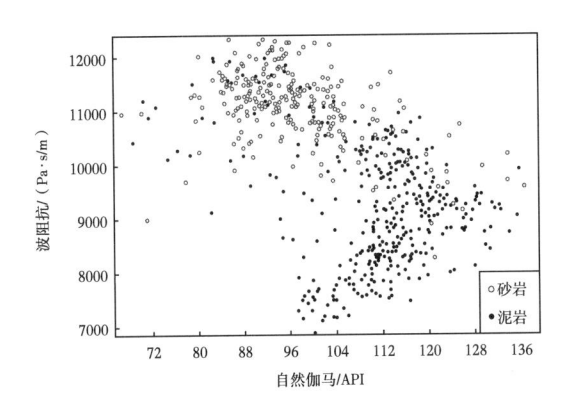

图 3 自然伽马—波阻抗交会图

3.2 波形指示高频反演

高分辨率反演所需的频率分别由低频、中频和高频组成，其中，低频和中频可以分别通过该井的测井信息和地震资料获得，但由于地震资料分辨率过低，无法通过地震资料获取高频信息，而地震波形的横向变化能指示岩性组合的变化，可以利用地震波形的横向变化对高频进行预测。地震波形的振幅、频率、结构和形态特征等也可以在一定程度上体现储层特征。地震波形指示反演主要采用"马尔科夫链蒙特卡罗随机"算法，利用"相控随机模拟"思想，有效提高了反演结果的精度和可靠性，尤其适用于横向变化快且非均质性强的地区。

经过多次详细调试，对于反演体的平滑度和砂体的分辨率等进行多期实验，最终确定反演效果最好的实验参数，并在新安堡地区采用顺物源与垂物源方向搭建连井格架剖面。波阻抗反演数据体中垂物源方向连井剖面显示，奢岭组中部发育连贯性较强的高波阻抗砂岩储层，主要集中在奢岭组Ⅱ砂层组与Ⅲ砂层组的上部，砂体由凹陷内部至东北部万昌背斜构造带逐渐减少，多汇集在研究区南部；奢一段Ⅰ砂层组内基本不存在良好的储层响应，以泥岩沉积为主。其波阻抗反演数据与测井曲线结果较吻合，并且在无井控范围内仍能模拟出高波阻抗值，能够反演出连贯的砂体高响应区。

4 多属性融合储层预测

地震资料由最早的黑白显示发展为彩色显示，目前已可以有效利用其直接识别地震异常。现今已拥有百种地震属性，但单一属性难以反映地质特征。利用 Petrel 软件提取多种与砂体厚度相关性高的地震属性，并运用神经网络方法进行融合，从而定性、定量地预测研究区的砂体分布。

4.1 地震属性分析

应用地震沉积学原理，在 Petrel 平台上将原始叠后三维地震数据体进行地震子波 90° 相位转换。前人研究表明，相位转换后的地震数据可以凸显薄层分布，有利于进一步开展等时切片沉积相和地震属性分析。通过提取研究区各种地震属性，并统计其与井点砂体厚度的相关性，可知单个属性相关程度较低。同时，复杂多样的地震属性之间可能包含一些相关的特征，需要在其中优选合适的地震属性，以期达到融合后有效提升储层预测精度的效果。

4.2 神经网络地震属性融合

因为波形指示反演所得到的目的层砂体具有较好的响应特征，同时也与实际井点砂体具有较高的吻合度，故将垂向识别薄层更明显的 GR 反演体也作为多属性融合的一部分，并提取剖面上对储层异常响应较高的均方根振幅属性加入神经网络训练集中。为此，以研究区内部 30 余口井的井筒砂体厚度数据和 6 类地震属性数值（目的层三个砂层组的均方根振幅、频谱能量、平均瞬时频率、平均包络线、地震弧长和波形相控反演数据）为训练数据，针对性地调整 Petrel 软件内的深度学习神经网络结构，输出对应的砂厚数值。但是，此处所得数据并未考虑物源方向及沉积相变等因素，故仅为代表砂体厚度分布趋势的指数。

砂岩厚度指数图虽然可以反映各砂层组在平面上的砂体分布情况，但本质上是地震数据融合的结果，没有将研究区沉积相等地质认识整合起来，因此预测结果可能存在误差。所以，在砂体厚度指数分布的基础上，应用变趋势的协同序贯高斯随机模拟方法，融合研究区储层相变速率、物源方向和砂体形态等地质研究成果，将单井各砂层组内解释的砂体厚度作为硬约束条件，利用各方面数据模拟研究区奢岭组的砂体厚度分布。

4.3 砂厚分布预测

前期研究表明，新安堡凹陷的沉积环境主要是半深湖—深湖相背景下的近岸水下扇相，物源方向为北西—南东向，砂体沉积形态表现为北西—南东走向的朵叶状、扇状。在此条件下，应用高斯随机模拟方法时，应结合井点砂体厚度硬数据，设置变差函数的主方向为北西—南东向，方位角大致为 -40°。

将砂岩厚度指数分布作为软约束，井点解释砂体厚度作为硬约束，采用协同序贯高斯随机模拟方法预测研究区奢一段各砂层组的砂厚分布规律。结果显示，奢一段Ⅰ砂层组呈薄砂特征，预测砂体厚度在 2~80m 之间。在研究区东南缘、西北角发育扇形展布范围较广的砂体，但平面上存在较多不发育或极少发育砂体的区域；奢一段Ⅱ砂层组砂体广布式发育，以研究区两侧物源向内部扩散的形态展布，预测砂体厚度主要在 4~180m 之间，是较好的主力层系。预测结果显示砂体在凹陷北部分布面积较大，平面上表现为连片状分布，仍可见北西—南东方向扇体展布特征，在东南缘、凹陷中北部等多处存在着砂体厚度高值区域；奢一段Ⅲ砂层组砂体仅呈局限性分布，预测砂体厚度大致在 1~100m 之间（图4）。虽然在研究区东南缘存在片状分布的砂体厚层，但各砂体汇集区零散分布，存在大面积的低值区，认为泥岩分布泛滥，导致砂体发育连贯性较差。

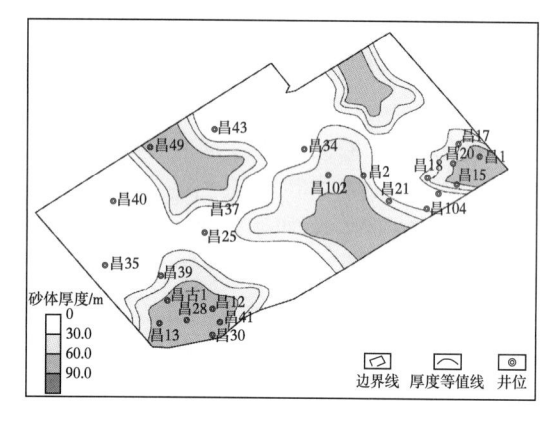

图 4 奢岭组 Ⅲ 砂层组砂岩厚度图

根据预测所得的砂体厚度分布图，结合新安堡凹陷沉积古环境变化等知识，可以看出从砂体形态、分布及厚度变化上，奢一段Ⅱ砂层组砂体分布范围较大，厚度较厚，具有明显的朵叶状形态，反映了近岸水下扇扇中亚相大面积发育的沉积特征，在研究区东南缘及中北部砂体较发育区域。从下往上，即从奢一段Ⅲ砂层组到Ⅱ砂层组，扇体面积逐渐变大，预测砂岩厚度增大；从Ⅱ砂层组到Ⅰ砂层组，砂体分布和厚度又逐渐减小，呈现出较明显的水进—水退—水进的旋回特征。

表 1 验证井砂体厚度预测统计表

井名	E_2sh_1 Ⅰ 预测砂厚/m	准确率/%	E_2sh_1 Ⅱ 预测砂厚/m	准确率/%	E_2sh_1 Ⅲ 预测砂厚/m	准确率/%
昌104	0	100	196.12	97.55	106.35	87.3
昌30	59.79	96.04	137.36	81.61	0	100
昌39	6	23.53	33.5	61.11	20.5	82.18
昌43	14.65	79.92	25.5	77.46	37.35	86.85

为验证储层预测结果，选取 4 口未参与多属性融合预测的井（昌104 井、昌30 井、昌39 井、昌43 井），对所得的各砂层组砂体厚度分布图进行准确性评价。从"定性砂体预测"和"定量砂体厚度预测"两个方面对砂体厚度预测结果进行评估。经多次试验并统计后，整体上砂体预测准确率为 82.29%，定量预测砂体厚度准确率为 75.32%（表1）。由此可知，无井控区域砂体分布规律预测具备较好可行性。

5 结论

（1）新安堡凹陷奢岭组一段依据测井曲线及岩性特征可划分为三个砂层组，沉积时期地层差异沉降，处于伸展断陷期，凹陷整体变宽、变深。凹陷西北缘、东南缘发育的北东向走滑控制断裂系统，西南部二号断层控制地层沉积，中部发育的近东西向伸展断层带控制内部圈闭形成及油气运聚。

（2）根据奢岭组一段单井测井相与地震特征分析，奢岭组一段大致包含三段砂层组级别的沉积旋回，经历水进—水退—水进三个沉积旋回阶段。平面展布特征主要表现为以重力流近岸水下扇为主的地堑式断陷湖盆，发育较大范围的朵叶状扇中、扇根亚相，逐渐过渡至扇端及半深湖—深湖亚相，扇体呈北西—南东向展布。

（3）多属性融合结论表明，新安堡凹陷平面上在东南缘、中北部存在有利储层优势区，纵向上在奢岭组一段Ⅱ砂层组和Ⅲ砂层组发育厚度较大、范围较广的砂体，整体分布在近岸水下扇扇中亚相区域。结合单井测井解释砂体厚度可知，地震多属性融合技术预测厚度准确性达 75.32%。

参考文献：

[1] 邹才能,杨智,朱如凯,等.中国非常规油气勘探开发与理论技术进展[J].地质学报,2015,89(6):979-1007.

[2] 贾承造,赵文智,邹才能,等.岩性地层油气藏地质理论与勘探技术[J].石油勘探与开发,2007(3):257-272.

[3] 王雷.伊通盆地梁家构造带构造解释与储层预测研究[D].大庆:东北石油大学,2016.

[4] 解斌,刘玉勋,衡立群,等.地震波形指示反演在EA油田珠江组低渗储层预测中的应用[J].海洋地质前沿,2023,39(11):94-104.

[5] 岳大力,李伟,杜玉山,等.河流相储层地震属性优选与融合方法综述[J].地球科学,2022,47(11):3929-3943.

[6] 王喜鑫,倪雪儿,李少华,等.基于深度学习地震多属性融合的海上少井条件下河道型砂体构型解释——以西湖凹陷×气田为例[J].海相油气地质,2023,28(3):261-268.

[7] 江涛,邱玉超,邓校国,等.狭长走滑断陷盆地构造对沉积—成藏的控制作用——以伊通盆地为例[J].石油实验地质,2012,34(3):267-271.

本文编辑：台自权

扶新隆起带北坡杨大城子油层沉积特征研究

张文会　刘　琦　李宜哲

(中国石油吉林油田公司勘探开发研究院)

摘　要：勘探实践表明，扶新隆起带北坡杨大城子油层沉积相变快，成藏规律复杂，勘探难度较大。多年来，杨大城子油层一直作为扶余油层的兼探层系，并未开展系统性研究。目前，杨大城子油层存在沉积特征、河道展布和优势相带分布不清，成藏条件、油藏控制因素和富集规律不落实以及油层特征不明确等诸多问题，给勘探、评价带来了较大困扰。为了指导勘探部署，亟须开展层系地层、沉积相和成藏条件等方面研究。在详细分析沉积背景条件和沉积特征基础上，对杨大城子油层的沉积相类型、沉积相模式和砂体分布等方面进行了专项研究，支撑了新庙杨大城子油层的探勘部署和油藏评价。

关键词：沉积微相；杨大城子；单井相；沉积模式

扶新隆起带北坡扶余油层已大规模开发动用，其下部杨大城子油层平均孔隙度为11.8%，平均渗透率为1.28mD，属低孔隙度、特低渗透率储层。由于储层物性较差，开发难度大，长期以来一直被作为兼探层系，未开展系统性研究。由于该油层资源潜力巨大，2023年该区作为石油预测储量评价目标区，开展了泉三段Ⅰ砂层组储量综合评价，在老井复查的基础上对沉积相进行了系统研究，对成藏条件、油藏主控因素和富集规律分析具有指导意义。

1　区域物源和水系特征

松辽盆地南部发育坳陷型沉积，可大概分出四大物源和七条水系。其中，西部物源包括英台和白城水系，西南物源包括通榆—保康水系，东南物源包括长春和怀德水系，东部物源为榆树水系。

研究区位于中央坳陷区扶新隆起带北坡，受西部物源影响较小，主要物源来自东部、南部和西南，主要受通榆、保康、长春、怀德和榆树水系影响。

2　区域沉积背景

泉三段沉积时期，松辽盆地整体处于炎热、干旱的气候条件中。据钻孔资料可知，该时期紫色、紫红色厚层泥岩广泛分布于研究区内，泥岩中钙质结核和钙质团块较为常见，生物化石稀少。

3　沉积特征研究

在岩心观察和测井相分析的基础上，结合古地形、古气候、古构造和古物源等沉积背景情况，通过分析沉积构造和沉积序列，认为泉三段以河流相沉积为主，主要成因与洪水作用有关。

通过岩心观察可知，泉三段沉积特征具有正韵律的河道沉积特征，即自底部向上岩性从含砂泥砾岩、钙砾泥砾岩、钙质泥砾岩、灰色细砂岩、细砂岩和粉砂岩，向灰绿色、绿灰色泥质粉砂岩、粉砂质泥岩和紫红色泥岩过渡。其中，泥岩多为紫红色，厚度较大，生物化石稀少，植物化石更少，泥岩中钙质结核和钙质团块非常发育，具有陆上氧化环境沉积的典型特征。同时，存在牵引流和洪水兼而有之的沉积构造特征，即具有交错层理构造、泥裂等层面构造、生物成因的构造以及钙质、铁质结核等化学成因构造。

此外，通过对吉23、新143、扶116、庙206、庙13、新223、庙102等7口井146个岩心样品的粒度观察可知，泉三段平均粒度较细，以粉砂岩和细砂岩为主。标准偏差反映出该区的分选较差，与河流沉积环境相符，认为泉三段具有河流相沉积特征。

4　泉三段沉积微相划分及单井相分析

4.1　泉三段沉积微相划分

通过岩心观察、粒度及测井曲线特征分析，认为泉三段以河流相沉积为主，最主要的沉积特征具有二元结构。底部为含砾或含泥砾细砂岩，常见冲刷面，

作者简介：张文会，女，1976年出生，1999年毕业于吉林化工学院化学工程专业，现从事地质勘探研究工作，工程师。通讯地址：吉林油田公司勘探开发研究院勘探研究所，邮编：138000，联系电话：0438-6224902。

有时可见泥砾成层分布，属于底部滞留沉积；向上为具有槽状交错层理、平行层理的粉细砂岩，层理向上规模逐渐变小，为边滩沉积；中上部为粉砂岩，发育有小型交错层理和上攀波纹层理，为天然堤沉积；最上部主要由断续波状交错层理、水平层理和波状层理的粉砂质泥岩或泥岩组成，常发育钙质结核和团块，并见泥裂现象，为天然堤和泛滥盆地沉积。亚相可进一步划分为河床滞留沉积（图1）、边滩（图2）、天然堤、决口扇、河漫滩、河漫湖和废弃河道等沉积微相（表1）。

4.2 单井相分析

单井相分析是沉积相研究的基础工作，综合应用了岩性、岩相、古生物、沉积地球化学特征以及电性特征等资料，详细地划分出相、亚相和微相，再结合测井相特征，可以确定研究层段垂向上的沉积相类型及演化规律。

从单井相图上可以看出，取心井段垂向上为多期正粒序型河道组成，主要发育边滩、天然堤、河漫滩、河漫湖泊和废弃河道等微相类型。

5 泉三段剖面及平面相研究

5.1 连井剖面相分析

在单井相分析基础上，对研究区进行了连井相分析，连井相分析剖面主要选择平行和垂直于构造方向或与物源水流方向平行或垂直。庙12—庙122—庙10—庙145—嫩2井连井相剖面基本平行于构造方向或与水流方向斜交（图3），因此，砂体之间的连通性相对比较好。但南部河道砂体厚度较大，说明河道较为固定，但相互连通性一般，河道间的溢岸沉积区域较大。庙117—庙113—庙6—庙14—嫩1井连井相剖面与构造及水流方向垂直（图4），总体来说各井相互连通性较差，砂体基本呈孤立状分布。从全区范围看，河道砂体在研究区中南部连通性比较好，向北坡的新北地区河道砂体逐渐过渡为透镜状和断续条带状；庙12井—嫩2井连井相剖面为顺物源方向，砂体连通性相对比较好。庙117井—嫩1井连井相剖面为切物源方向，各井相互连通性较差，砂体侧变快。从全区范围看，河道砂体在研究区中南部连通性比较好，向北河道砂体逐渐过渡为透镜状和断续条带状。

I砂层组沉积时期，河道砂体发育规模一般较小，河道砂体条数及累计钻遇厚度在五个砂层组中最低，河道砂体之间的横向连通性在五个砂层组中

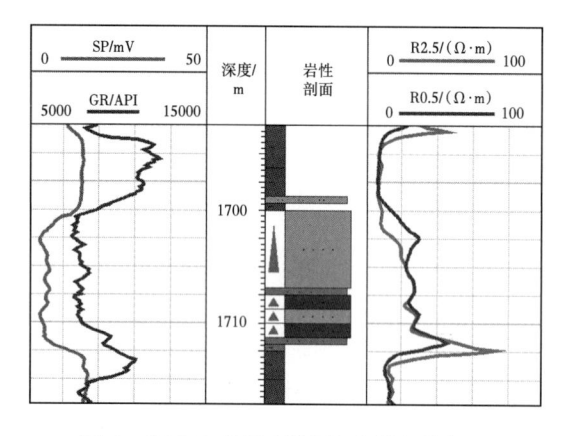

图1 新233井河床滞留沉积微相特征图

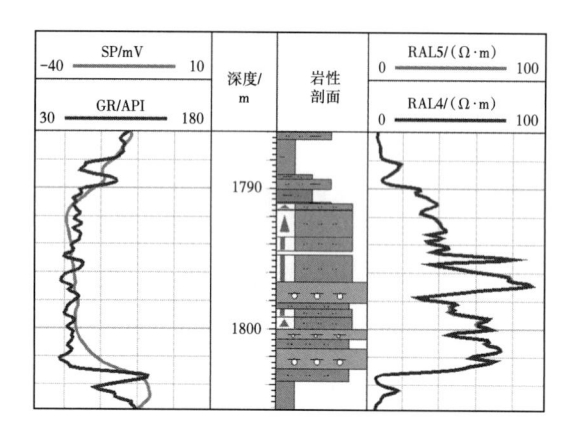

图2 庙145井边滩微相特征图

表1 扶新隆起带北坡泉三段沉积微相特征表

亚相类型	微相类型	岩石类型	沉积构造特征	测井曲线类型
河床	河床滞留沉积	泥砾岩、含砾中细砂岩	块状构造、大型交错层理、搅混构造	高阻、低电位、钟型
	边滩	细砂岩、粉砂岩和少量的中砂岩	交错层理、斜层理、平行层理、上攀层理	钟型、箱型
堤岸	天然堤	泥质粉砂岩、粉砂质泥岩、粉砂岩、紫红色泥岩	波状层理、上攀层理、水平层理	低幅指型或齿型
	决口扇	粉砂岩、泥质粉砂岩	反粒序	中低幅漏斗型
河漫	河漫滩	紫红色泥岩、粉砂质泥岩	微波状层理、块状构造、火焰构造、生物潜穴、生物扰动构造、钙质结核或铁质结核等化学成因构造	低幅或微幅齿型或平滑线型
	河漫湖泊	灰绿色、灰色泥岩	水平层理	低幅或微幅齿型或平滑线型
	废弃河道	灰色粉砂岩、紫红色泥岩	交错层理、波状层理	高阻指型

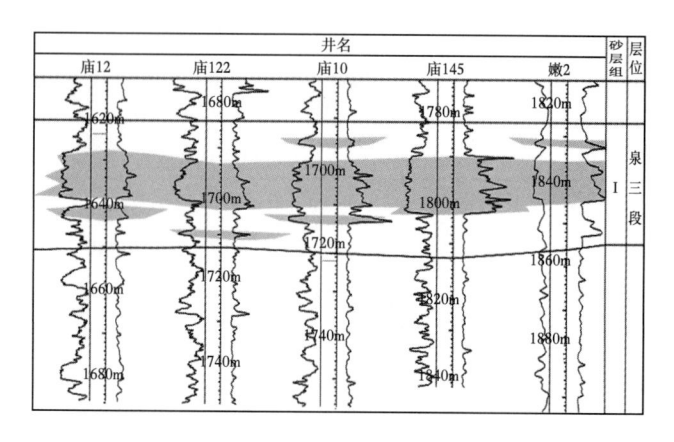

图3 扶新隆起带北坡泉三段连井相剖面图（南北向）

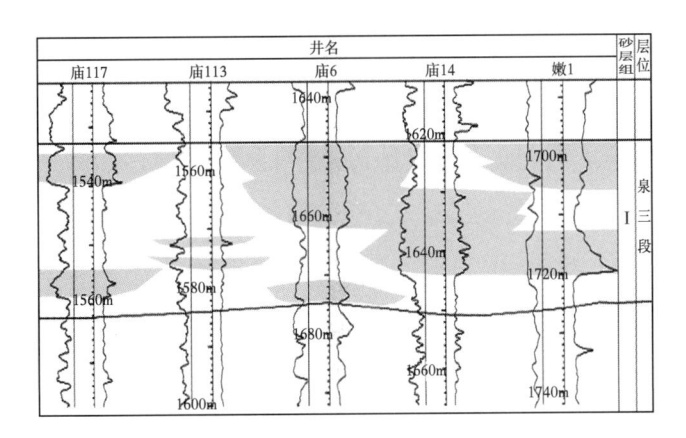

图 4 扶新隆起带北坡泉三段连井相剖面图（东西向）

也最差，但河道砂体基本都呈透镜状或断续条带状，多期河道叠置砂体在平面上呈交叉或条带状分布，反映这一时期水体能量较弱，河道比较固定，侧向摆动微弱，而且河道之间相隔也较远。

5.2 平面相及砂体展布特征分析

为阐明砂体的平面展布特征及各沉积相带的平面展布规律，在泉三段地层划分对比的基础上，针对Ⅰ砂层组编制了沉积相平面图。

曲流河道单河道以粉细砂岩为主，具有明显的底部冲刷面及滞留沉积，可见大型槽状交错层理，向上岩性变细。单期河道砂体厚度多为 2~10m，呈条带状展布，平面上多支高弯度曲流河快速摆动（图5），垂向上整体为透镜状。

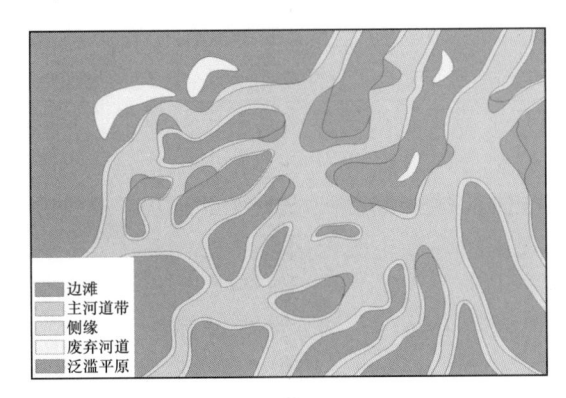

图 5 扶新隆起带北坡泉三段低水位期曲流河沉积模式图

从Ⅰ砂层组砂体分布及相带特征来看，Ⅰ砂层组沉积时期砂体较为发育，相带上表现为河道带展布，主河道带的凸岸依然发育边滩优势相带，河道带侧缘及次要河道带在整个河道带中所占比例较小；单井测井曲线及岩心上以单个河流沉积旋回的河道砂体为主，少见砂体叠置现象；泛滥平原覆盖面积较大，废弃河道有所发育。以上这些特征整体上反映出河道水体能量、物源供给能力、河道侧向迁移速度及摆动频率不高。

6 泉三段沉积相模式

通过开展岩心观察、测井曲线旋回特征分析以及粒度分析等储层沉积微相进行综合地质研究，认为研究区泉三段以曲流河沉积为主，综合考虑气候因素、构造因素、河水位的变化过程、地层旋回变化、砂体堆积方式和沉积构造特征等方面，建立了洪泛期河流相沉积模式、丰水期曲流河沉积模式和低水位期曲流河沉积模式，并总结出各时期发育的河流类型。

扶新隆起带北坡泉三段Ⅰ砂层组为低水位期曲流河沉积模式，河道迁移速度较慢，沉积作用缓慢，在平面上发育以窄条带状河道砂体为主。当沉积物沉积速率快速增加和 A/S（可容纳空间与沉积物供给通量的比值）小于1时，河道砂体下切能量极强，并且河道侧向侵蚀能量也强，多期河道上下相互切叠，表现为垂向浅切型、横向深切型、鱼鳞状叠置型以及横向浅切型砂体模式。此外，受河道能量控制，局部发育垂向下切型，垂向上呈现"迷宫状"分布，横向上则相互连接，平面上表现为砂体大面积叠置模式，呈交叉或条带状分布，泉三段Ⅰ砂层组主要为此类沉积相模式。

7 结论

在区域沉积背景研究基础上，对扶新隆起带北坡泉三段杨大城子油层开展了系统性岩心观察和描述，以及单井测井曲线精细对比，建立了岩心相和测井相模型。通过建立单井相，在平面上落实了曲流河沉积模式，以沉积相模式为指导，细化有利相带，细化沉积单元，刻画了河道平面展布特征。泉三段Ⅰ砂层组为多期叠置曲流河沉积，平面成交叉或条带状分布，结合开发区精细解剖，刻画河道宽度 600~1500m，为后期油藏评价和井位部署奠定了基础。

参考文献：

[1] 赵澄林.沉积学原理[M].北京:石油工业出版社,2001.
[2] 杨国权.河流相储集体的精细解释与描述[J].石油地球物理勘探,2005,40(3):314-317.
[3] 刘刚.相干分析技术在曲流河砂体描述中的应用[J].油气地球物理,2005,3(3):38-42.
[4] 裘亦楠,薛叔浩.油气储层评价技术[M].北京:石油工业出版社,1997.
[5] 王允诚.油气储层评价[M].北京:石油工业出版社,1999.
[6] 罗蛰潭,王允诚.油气储集层的孔隙结构[M].北京:北京科学出版社,1986.
[7] 林壬子,张金亮.陆相储层沉积学进展[M].北京:石油工业出版社,1996.
[8] 姜在兴.沉积学[M].北京:石油工业出版社,2003.

本文编辑：台自权

自贡地区茅口组碳酸盐岩地层岩性识别研究

周 琪[1] 马 迪[2] 刘和芝[1]

（1.中国石油吉林油田公司勘探开发研究院 2.中国石油吉林油田公司吉林西部油气新能源公司）

摘 要：川南自贡地区茅口组碳酸盐岩不仅非均质性强、矿物组分复杂多样，而且天然气层储层结构、孔隙结构特征、纵横向分布规律和测井响应特征也比较复杂，针对以上特点开展了碳酸盐岩地层岩性识别研究。首先，利用地层元素进行反演，把元素含量转换成矿物含量，确定合适的转换关系，进而运用一定的数学算法求解矿物含量；其次，利用HRA（非均质岩石分析）聚类构建岩性识别图版，并利用电成像测井信息获取岩石的结构组分，进而形成结构组分+矿物组分的系统性岩性识别方法。

关键词：碳酸盐岩；核磁共振；裂缝孔隙度；HRA聚类

1 概述

碳酸盐岩储层是世界上最重要的油气储层之一，约占全球已发现油气储量的一半以上。由于碳酸盐岩储层的成岩作用复杂，岩性差异大，储层物性及油气分布具有很强的非均质性。因此，对碳酸盐岩储层岩性的准确识别对油气勘探和开发具有重要意义。

碳酸盐岩油气藏储层测井评价也是我国近年来不断攻关的课题，但还存在储层类型和流体性质难以识别等问题。随着四川、陕西和新疆等地区的几大碳酸盐岩油气田的发现，碳酸盐岩储层测井评价方法逐渐进入人们视野，并开展了双侧向测井评价裂缝孔隙度等一系列实验和数值模拟研究。利用有限元法模拟了裂缝双侧向响应特征，建立了裂缝孔隙度定量解释模型。此外，核磁共振、偶极子声波测井和声电成像等测井新技术也在我国逐渐开始普及，为测井解释工作提供了丰富而准确的地层信息，使碳酸盐岩储层测井解释工作更加系统。但成像测井技术仍存在探测深度浅，难以对延伸较大的裂缝进行评价，以及对储层参数（渗透率和饱和度等）探究不够等难点。碳酸盐岩具有多样的成因类型（生物成因、化学成因或机械成因）和岩性特征，碳酸盐岩岩性受到多种因素（成因、沉积环境和后期变质作用等）影响，这些因素使碳酸盐岩岩性表现出复杂多样的变化规律，需要结合多种手段进行综合分析和判断。

岩性是岩石的物理特征，包括颜色、成分、结构和构造等。在油气勘探开发中，岩性识别是非常关键的一步，精确地识别岩性对于准确评估孔隙度和含油饱和度非常重要，并且在后期储层特征分析、含油量计算和地质建模中也扮演着基础性角色。

2 研究区岩相类型

研究区目的层为自贡区块茅口组地层，岩性以石灰岩、石膏岩、白云岩和泥质灰岩为主。茅口组录井显示主要以深色和灰褐色灰岩为主，茅口组储层岩性以泥晶灰岩为主，部分储层段存在粉晶白云岩和泥晶白云岩，部分薄片显示存在硅质条带，对应的X衍射显示较高的硅质含量。总体上，X衍射显示矿物组分以方解石为主，平均占比85%以上，部分层段白云石含量较高，岩性为含云灰岩及白云岩。

根据薄片和电成像信息可知，茅口组主要岩性以石灰岩为主，其中夹杂部分白云岩化灰岩与硅质，并形成含云灰岩、云质灰岩和含硅质灰岩。茅一段主要发育黑灰色中层状泥质泥晶生屑灰岩，具有"眼球、眼皮"状灰岩特征；茅二段主要发育深灰色泥晶生屑灰岩，具有"眼球、眼皮"状灰岩特征和白云化特征；茅三段主要发育浅灰、灰色块状灰岩；茅四段主要发育黑灰色泥晶生屑灰岩。

根据薄片与元素测井数据可知，茅三至茅一段整体结构表现为块状结构、局部层状结构至块状、层状和"眼球、眼皮"状互层；茅三至茅二段岩性整体上以泥晶灰岩为主，局部可见硅质灰岩；茅一段内岩石以深灰色泥晶灰岩和云质灰岩为主（图1）。

作者简介：周琪，男，1986年出生，2010年毕业于长江大学地质专业，现从事天然气开发研究工作，高级工程师。通讯地址：吉林油田公司勘探开发研究院川南研究所，邮编：138000，联系电话：0438-6224212。

云质与硅质含量整体上从茅三至茅二下段增加，在茅一段主要分布于茅一^{3}段和茅一^{1}段。

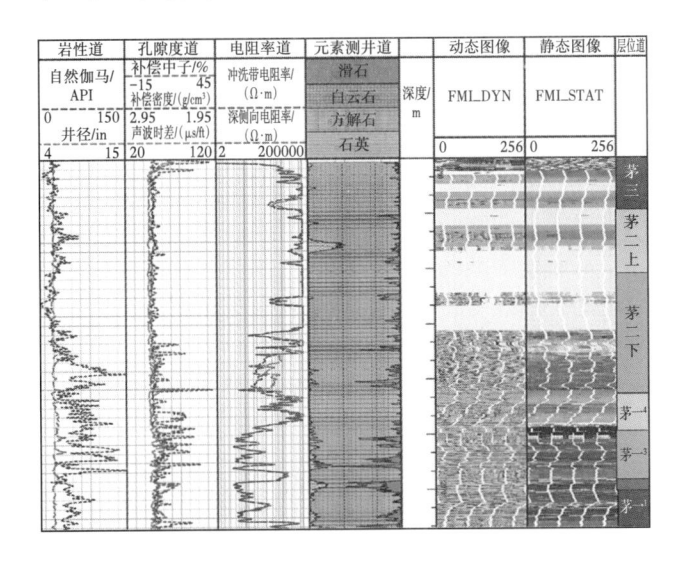

图 1 富页 3 井茅口组岩石结构图

3 岩性识别

3.1 基于元素测井氧闭合模型的岩性识别

利用地层元素进行反演，计算实际矿物含量，当矿物的化学成分比较稳定时，矿物中各元素的百分含量基本保持不变，这是利用元素转换成矿物的前提条件，也是选定矿物指示元素的前提条件。所以，要把元素含量转换成矿物含量，关键是确定合适的转换关系，进而运用一定的数学算法求解矿物含量。在此过程中，需要对可以表征矿物特性的元素进行合适的挑选：挑选硅元素是石英（主要成分为 SiO_2）的特征元素；钙元素主要与碳酸盐矿物关系密切，挑选钙元素和镁元素作为白云石[主要成分为 $CaMg(CO_3)_2$]的特征元素，挑选钙元素为方解石（主要成分为 $CaCO_3$）的特征元素，只有极少量钙元素存在于黏土矿物中；铁元素和很多矿物有关联，它有两种化合价，主要存在于赤铁矿、菱铁矿和黄铁矿等铁矿石中，只有极少量铁元素存在于黏土矿物中，所以铁可以作为特征元素反映岩石中赤铁矿、黄铁矿和菱铁矿的含量；伊利石、蒙脱石、高岭石、绿泥石和海绿石等黏土矿物的化学组成较为复杂；根据前人经验可知，铝元素主要富集在硅铝酸盐中，与各类黏土矿物都有很好的相关性，所以铝元素可作为黏土矿物的特征元素被选择（图 2），图中左侧元素测井道为 SLB（斯伦贝谢公司）处理岩性剖面，右侧元素测井道是根据地层元素氧闭合反演求得的地层矿物剖面。由图可知，根据氧闭合模型的求解结果与 SLB 处理结果基本一致，说明结果较为准确。

图 2 吉富 7 井氧闭合反演岩性剖面图

3.2 基于元素测井与常规测井的 HRA 聚类岩性识别

研究区新井大部分都有常规测井曲线 + 地层元素信息 + 电成像信息。因此，可以利用地层元素信息与常规测井曲线信息构建岩性识别曲线，利用 HRA 聚类可以构建岩性识别图版，并利用电成像测井信息获取岩石的结构组分，进而形成结构组分 + 矿物组分的系统性岩性识别方法。

基于常规测井曲线和地层元素，利用 HRA 构建岩性识别方法的具体步骤如下：首先，选取与地层元素变化密切相关的元素曲线，如钙元素、镁元素与碳酸盐岩含量密切相关，地层中主要岩石为石灰岩，夹杂白云石和硅质。因此，选择硅钙镁、三孔隙度曲线、自然伽马曲线以及与地层主要岩性变化密切的测井曲线，利用常规与元素测井曲线形成十个聚类中心，并利用聚类中心形成十个聚类类别，作为聚类分析的输入。其次，借助常规测井曲线以及茅口组与主要矿物变化密切相关的地层元素曲线，以 HRA 聚类方法划出十类岩性特征，再根据实际岩心薄片的岩性标定十类岩性特征，并形成岩性剖面。最后，通过实际岩心实验数据标定所得结果（图 3），再利用常规 + 元素形成的聚类相，结合实际岩心数据标定所得结果和元素测井结果，得到主要四类岩性，最终形成元素 + 常规岩性剖面。

通过吉富 7 井聚类相分析，把聚类相结果与实际岩心结果进行比对，共对比 71 块薄片分析数据。其中，与实际薄片信息对应的块数为 65 块，准确率超过了 90%，符合合同要求的 85% 指标。然后，根据验证后的聚类相特征，将聚类相特征推广至其余新井。通过推广吉富 7 井所标定的结果，进而可以得到各个新井的岩性识别结果。

研究区纵向分布特征：茅口组中的茅三段至茅

四段云质或云质灰岩含量相对较低，主要以泥晶灰岩为主；从茅三至茅二段上，整体上云质含量开始增加；大约从茅三段开始，在茅二上中部位置有硅质条带出现，同时云质含量从茅二段上至茅二段下整体上变多；从茅一段开始，云质含量在茅一^{4}段较少，主要集中分布在茅一^{3}与茅一^{1}段。

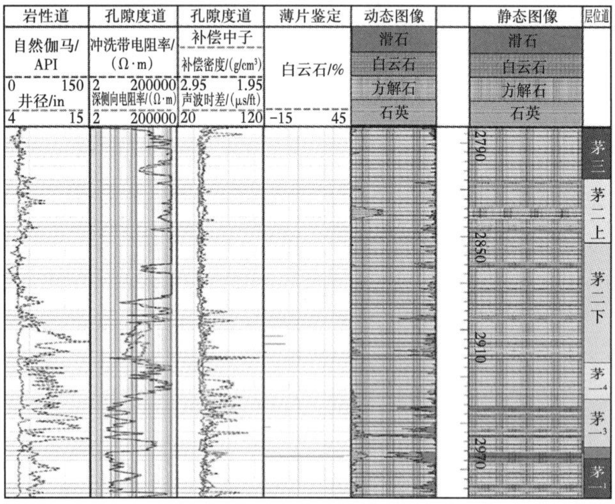

图3 吉富7井聚类结果图

3.3 基于岩石结构组分与岩性指数的岩性识别

根据常规测井曲线对不同岩石具有不同响应特征的特点，利用不同的常规测井曲线岩性敏感差异构建新的岩性识别曲线，即可以利用中子密度和中子声波对白云石、方解石和硅质不同的响应特征，构建适用于定性识别白云岩化部分的岩性识别曲线。在此项目中，根据石灰岩骨架值与白云岩骨架值在中子声波曲线上的差异变化，分别利用石灰岩与白云岩骨架差异，进而对其进行归一化处理，并计算其中的差值，便可以求得一条表征白云岩与石灰岩含量变化的岩性识别曲线。此外，根据电成像信息可以获取岩石的结构信息，即通过电成像图像的层块等结构对研究区岩性进行总结划分，并结合成像测井给出岩性主要特征。

3.4 基于常规测井相划分的岩性识别

HRA是一种基于测井岩石自动分类方法，其输入数据通过无监督模式识别来进行，主要通过主成分分析（PCA）和K-means聚类算法融合来实现，自动生成多个类图，以帮助对聚类过程进行质量控制。

K-means聚类算法思想：先随机选择k个聚类中心，把集合里的元素与最近的聚类中心聚为一类，得到一次聚类，再把每一类的均值作为新的聚类中心进行重新聚类，迭代n次得到最终结果。利用敏感性高的常规测井曲线建立一条新的岩性识别曲线，再与成像岩性描述进行对比和确定。因此，在没有元素测井曲线的情况下，想得知地层的矿物或岩石的真实状况，一般情况下可以通过中子密度交会进行不同的岩性划分，或区分不同的矿物组分。但由于目标地区地层岩石主要由石灰岩构成，其中夹杂了部分白云石与硅质，因此，利用常规测井曲线判别方式难以准确地区分其中的白云岩部分，而通过此方法可以充分利用常规测井曲线的特征差异与变化，表征不同曲线差异，从而较为准确地区分因白云石含量变化所引起的常规测井曲线变化。在无地层元素的情况下，仍然可以利用测井图像特征的HRA聚类分析方法，以常规测井曲线相与岩相相对应，以常规测井相来表示实际地层岩性变化，并利用岩心的实验数据对结果进行标定与修正，以提高岩性识别方法的准确性。此外，利用形成的基础岩相与常规测井对应图版，将结果推广至其余新井，利用此方法充分实现了常规测井曲线特征的提取，可以解决常规两曲线或三曲线难以准确判断岩性变化的问题。

选取PE、AC、DEN、RT、GR与岩性密切相关曲线作为特征曲线，构建15种聚类相，先进行分层位聚类后再综合，然后对结果进行统计，总结出岩性对照表：茅一段岩性为石灰岩、含云灰岩、含云含硅灰岩；茅二段岩性为石灰岩、含云灰岩、含硅质灰岩；茅三段岩性为石灰岩、含硅质灰岩、泥质灰岩；茅四段岩性为泥质灰岩、泥质含硅灰岩。

4 结论

利用常规测井曲线与岩心薄片实验数据，结合地层元素信息及电成像信息，对茅口组的岩性做出判断，分别给出利用地层元素与不利用地层元素时新井的岩性剖面图，并把识别结果与薄片信息比对，准确率超过85%；利用电成像信息给出不同层段岩石的结构特征，并总结形成了研究区岩性纵向分布规律；利用HRA聚类方法，通过常规测井曲线实现了岩性识别，并形成了新井岩性剖面，再结合电成像信息给出不同层段岩石的结构特征，为勘探开发提供了有力的技术支撑。

参考文献：

[1] 谭廷栋.中国测井技术新成就[J].测井技术,1996(1):1-4.

[2] 贾承造,赵文智,邹才能,等.岩性地层油气藏勘探研究的两项核心技术[J].石油勘探与开发,2004(3):3-9.

[3] 刘敬.兴隆台—马圈子古潜山油气藏勘探研究[J].特种油气藏,2006(1):46-49.

[4] 罗以达,俞云文.试论永康群时代及区域地层对比[J].中国地质,2004(4):395-399.

本文编辑：台自权

深度域水平井导向在非常规油藏开发中的应用

任玉洪[1] 李雪冰[2] 杜 博[1]

（1. 中国石油吉林油田公司地球物理勘探研究院　2. 中国石油吉林油田公司红岗采油厂）

摘　要：吉林油田非常规油藏实施水平井开发以来，伴随着地震导向技术的不断创新，水平井油层钻遇率也逐步提高，初期采用时间域地震剖面导向，油层钻遇率达67%左右。通过完钻井分析发现，80%以上的低钻遇率井分布在时间域地震的视倾角与深度域构造图的真倾角存在剪刀差，甚至在反转的区域上。在视倾角与真倾角不一致，甚至相反时，水平井钻探一旦出层就很难判断储层方向和位置，使地震失去了导向作用。针对制约钻遇率的瓶颈问题，经过不断探索，逐步形成了一套层间深度域三维地震水平井导向技术，使3~5m的薄层水平井油层钻遇率达到83%以上，有效支撑了吉林非常规油藏规模开发和效益建产。

关键词：非常规油藏；水平井导向；层间深度域三维地震；油层钻遇率

"十三五"以来，非常规资源已经成为各油田增储上产的主战场，水平井作为非常规油藏开发方式，较高的油层钻遇率是实现效益动用的前提和保障。由于非常规资源多以薄、差油层为主，沉积相比较复杂，储层横向变化快，在实现钻遇率目标过程中，地震导向显得尤为关键。早期国内各油田多依靠地质模式或时间域地震剖面、构造图进行导向，钻遇率与地质条件相关性很大。长庆油田致密油藏储层厚度大（15~20m），主要以井间地质模型作为水平井导向的依据，水平井钻遇率达到85%以上。大庆油田致密油和页岩油的地质条件与吉林油田相当，多以3~5m的薄层、薄互层储层为主，早期均以时间域地震剖面和深度构造图进行导向，3~5m储层油层钻遇率均在65%左右。时间域地震剖面与深度域构造图导向方法在地层相对平缓、储层较厚时效果较好，但当储层较薄、地层倾角较大，时间域地震剖面的视倾角与深度域构造的真倾角出现剪刀差，甚至反转时，水平井钻探一旦出层，就很难判断储层倾角的方向和大小，使钻遇率无法保障。针对制约钻遇率的瓶颈问题，经过不断实践和探索，已形成了一套层间深度域三维地震水平井导向技术，使3~5m的薄层水平井油层钻遇率达到83%。

1 吉林非常规油藏地质特点

1.1 致密油藏储层特点

松南扶余油层致密油藏分布在中央坳陷区长岭凹陷，地层分布稳定，地层厚度变化较小，埋藏较深（1750~2600m之间）。扶余油层属于多物源沉积，纵向上分为四个砂层组：Ⅲ~Ⅳ砂层组属于三角洲平原叠置河道沉积，砂地比为50%~70%，单层厚度一般为5~8m；Ⅰ~Ⅱ砂层组属于三角洲前缘相水下分流河道沉积，砂地比为30%~50%，单层厚度一般为3~5m。扶余油层致密油藏随着构造由深到浅，油层逐渐下移，构造低部位以Ⅰ砂层组为主，邻近生油岩的Ⅰ砂层组三角洲前缘河道砂体与生烃中心周边断裂相沟通，形成扶余油层致密油富集的"甜点"区。在构造高部位和斜坡部位，油气通过断裂进行垂向和侧向运移，三角洲平原叠置河道砂体与构造背景或断裂配置形成Ⅲ~Ⅳ砂层组的富集"甜点"区。

1.2 薄夹层型页岩储层特点

松南高台子油层属于夹层型页岩油，分布在长岭凹陷南部大情字井地区，主要发育在青一段底部，属于三角洲外前缘席状砂沉积，多以薄层、薄互层分布，相对厚层呈条带状展布，横向变化快。主力油层单层厚度1~3m，累计厚度3~6m，含油性好，单井产量高，具备一定的稳产能力，是夹层型页岩油的有利"甜点"层系。

2 水平井地震导向技术

针对储层薄和横向变化快的薄互层，若要保障水平井具有足够高的油层钻遇率，重点是准确设计

作者简介：任玉洪，男，1972年出生，1994年毕业于西南石油学院物探专业，现从事地震岩石物理及叠前储层预测工作，高级工程师。通讯地址：吉林油田公司地球物理勘探研究院天然气地震解释所，邮编：138000，联系电话：0438-6225926。

靶点深度，以及根据储层的横向变化准确设计每段的地层倾角，而地震是提供储层横向变化和地层倾角的唯一方法。

2.1 时间域地震剖面导向技术

三维地震数据体是时间域，钻、测井则是深度域，水平井导向必须建立二者之间的关系。最普遍的方法是利用声波测井曲线获得速度，同时制作合成地震记录进行井震时深标定，建立深度域地质信息和时间域地震之间的关系。由于水平井随钻时无声波测井，时深标定需要借助临井的声波时差曲线来计算速度和时深曲线，并把水平井标定到时间域地震剖面上。由于水平井到达一定深度需要造斜，其测深远大于直井，当直井的声波曲线长度不够时，需要采用合适的方法补齐部分造斜段和水平段的声波时差曲线，补充的声波曲线值大小决定了水平井轨迹在时间域地震剖面上的标定位置。一般取目的层段上下一定范围内的平均值作为造斜段和水平段的声波值，当地层较平缓、厚度变化较小时，时间域地震剖面的视倾角与深度构造图的真倾角趋势基本一致，用平均速度法可以将井轨迹较准确地标定到时间域剖面的相应位置。在导向过程中应参考地震特征的横向变化来判断储层的横向变化，并根据标志层构造倾角确定轨迹方向和倾角大小。在构造倾角较大或者断裂发育区，在时间域地震剖面视倾角趋势与深度域构造趋势会出现交叉，甚至反转时，采用平均速度法标定在时间域地震剖面上的水平井轨迹可能与实际钻进方向或角度不一致，甚至相反，这时一旦出层，就无法判断是由于地层倾角变化导致的，还是储层横向变化导致的，轨迹的调整方向和角度大小也无法判断，最终导致钻头无法回到储层位置，进而出现低效井。例如，早期采用时间域地震剖面导向的黑89-1-6井（图1），在构造倾角较大时，实钻深度域轨迹倾角与时间域地震剖面之间存在角度差，实钻倾角小于地震时间域视倾角，造成实际轨迹方向远偏离目标层，致使钻遇率低于50%。

2.2 深度域地震导向

实现深度域三维地震导向，需要把时间域地震数据体和反演数据体转化为深度域，目前地震数据体时深转换方法有三种。

2.2.1 深度偏移处理

叠前深度偏移是建立在复杂速度模型基础之上的成像技术，能够实现复杂构造准确归位，其成像精度高，能提高大倾角地层的成像精度，可直接利用深度域数据体进行构造解释及成图，相较于叠前时间偏移更能适应速度的横向变化，并使局部复杂构造准确成像，因而适合解决复杂构造成像问题。但由于深度偏移得到的深度域数据体并非绝对深度，与实际钻井深度依然存在很大差异，需要进行井震匹配校正。但校正过程复杂，时间较长，无法满足水平井导向需求。

2.2.2 基于海拔基准面的常时段数据体转换

把地震处理得到的叠加速度谱利用DIX公式进行层速度转换，进而得到平均速度场，再通过精细井震标定，将地震平均速度趋势校正到井标定的时深关系趋势上，得到校正后的平均速度场，然后利用平均速度场，对整个数据体进行时深转换。此方法需要多井参与、多层标定及速度场校正，适合大的区域构造趋势研究，但精度较低，不能精确到水平井靶层附近，也不能进行随钻多靶点动态校正，而且速度建场时间长，不适用于水平井精度需求和钻井节奏。

2.2.3 基于等时面控制的层间数据体转换

等时面控制的层间地震数据体时深转换方法，是以临近水平井靶层上部的标志层或者靶层顶面作为时深转换参考基准，利用参考基准面的时间域层位和深度域层位建立时深关系面，再利用多井的层速度建立层速度模型，通过参考基准面的时深关系和层速度，建立参考基准面上下一定时窗范围内的时深关系数据体。利用层间时深关系数据体，可以把任何时间域地震数据体转化深度域（图2）。

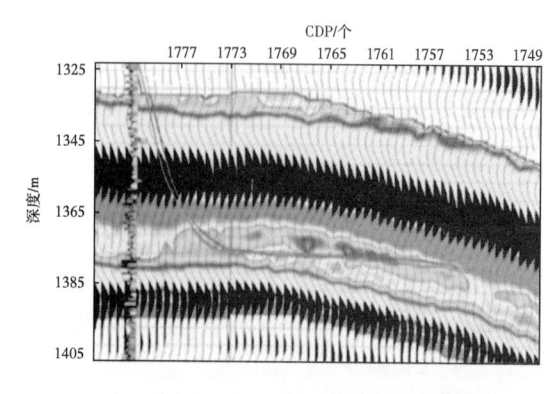

图 1 黑89-1-6井时间域轨迹剖面图

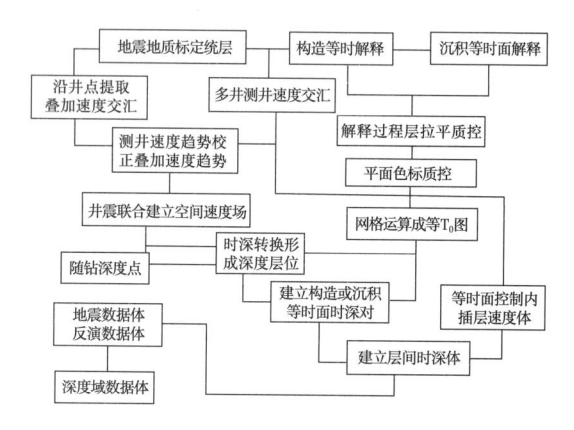

图 2 深度域三维地震体时深转化及随钻动态校正流程图

层间深度域数据体时深转换方法的优势：（1）不累加参考层以上的地震深度构造误差，可以把靶层顶面或附近标志层构造精度控制在 1m 以内，构造精度高；（2）可实时进行多靶点层位深度域和层间深度域数据体校正，增加一个控制点，层位和层间数据体的校正时间只需半小时，操作效率高，完全满足随钻动态跟踪调整的节奏；（3）可以随意进行小范围校正，甚至可以沿单一轨迹剖面或联井剖面进行单线校正，操作简单灵活。

2.2.4 层间深度域数据体转化的关键环节
2.2.4.1 地震地质统层
层位标定是建立地震地质联系和时深转换的桥梁，通过标定可实现地震地质统一分层。地质统一分层的原则：井上同一地质分层的曲线特征基本一致，标定在地震剖面上的相对位置关系及地震特征相似，即同一分层均在地震解释层位一个方向，井间分层距离解释层位差控制在 3ms 以内。

2.2.4.2 层位等时解释
参考层解释遵循沉积等时原则，不单纯解释最大波峰或者波谷，最好解释零相位。在解释过程中利用层拉平进行质控，依据沉积填平补齐原理，当沿着沉积等时面拉平时，层位上下地震反射轴没有向同一方向凹或凸的趋势。

2.2.4.3 层速度建模
速度模型直接影响深度域数据体目标层的倾角大小。建立三维层速度模型首先应进行多井速度曲线的一致性校正，提取一定时窗范围内层速度平面属性图。

2.2.4.4 随钻动态校正深度数据体
当水平井入靶前经过标志层时，会得到新的地质分层深度，若与原构造深度有误差，需要进行深度层位误差校正，重新利用校正后的深度层位并按数据体时深转换流程进行深度域转换，校正后的深度域误差应控制在 0.5‰ 以内。

2.2.5 层间深度域三维地震水平井导向
深度域地震导向将钻井、录井和测井等数据一一对应到深度域剖面上，并根据地震和反演的变化进行多靶点真深度和多段真倾角设计，钻井过程可实时跟踪调整。根据目标层与构造参考层的关系，剖面上地层倾角按三种模型进行设计。

第一种：单斜构造和平行沉积层深度域剖面模型（图 3）。从图中可以看出，地层呈等厚匀速沉积，上覆标志层平行于目的层，入靶后平行于标志层进行钻进，并可以根据随钻测井、录井及钻头在地震剖面上的位置进行微调，一般倾角调整幅度不超过 0.2°，储层横向连续稳定，钻遇率可达 100%。

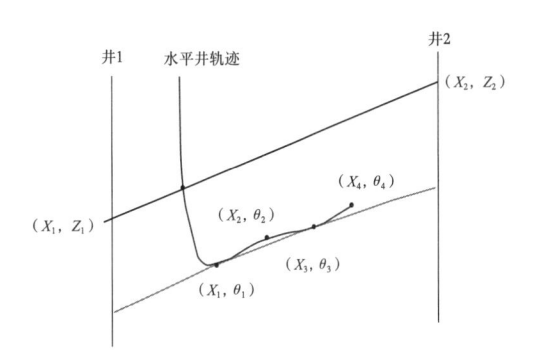

图 3 单斜构造和平行沉积层深度域剖面模型图

第二种：单斜构造和非平行沉积层深度域剖面模型（图 4）。从图中可看出，标志层为单斜，目标层起伏变化。首先，根据参考层到目标层顶面的深度差设计入靶点深度，入靶可能存在误差，但根据实钻测井可以预判误差大小，用实钻分层校正单斜构造标志层，可消除构造误差。然后，利用误差校正后的深度域参考层进行深度域数据体校正，重新计算标志层到靶层的深度。若水平段位于目的层倾角变化层段，可提前沿构造参考面拉平地震剖面，根据古地貌解释储层沉积界面的起伏，并根据第一点计算后面的各点参数和倾角。

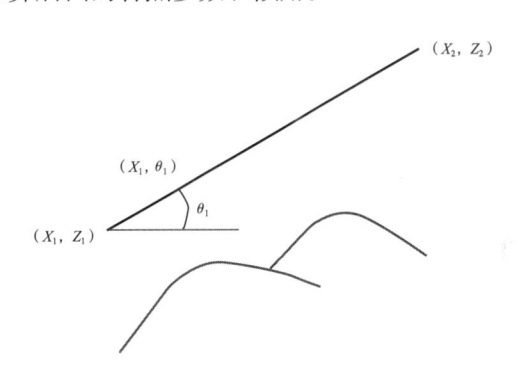

图 4 单斜构造和非平行沉积层深度域剖面模型图

第三种：非单斜构造和非平行沉积层深度域剖面模型。当目的层起伏变化，标志层也非单斜时，针对这种沉积特征，入靶点与第二种模型计算方式一样。入靶后，需要根据测井速度将弯曲构造面分区，把每段近似为单斜构造段，同时计算各段上的 (x_i, z_i, q_i)。其中，q_i 为每段的地层构造倾角。然后，在变化点构造倾角基础上计算储层倾角，需要基于变化点的测井速度重新计算从顶面到储层入靶点的井轨迹与参数 (x_2, z_2, α_1)。

$$\alpha_1 = \arctan\left(\frac{z_2 - z_1}{x_2 - x_1}\right) \quad (1)$$

式中 α_1——沉积储层倾角，（°）；
x_1，x_2——靶点对应的两个点横坐标，m；

z_1，z_2——靶点对应的两个点深度，m。

针对后面变化点，同样需要逐段将标志层拉平，基于第一点(x_1,α_1)，计算后面的各点。

$$\alpha_i = \alpha_{i-1} + \arcsin\left(\frac{z_{io}}{x_{io}}\right) \quad (2)$$

$$z_{io} = \frac{t_{io}\overline{V}(x_i,t_{io})}{2} \quad (3)$$

式中 $\alpha_i \sim \alpha_{i-1}$——从第$i-1$点到第$i$点倾角，（°）；

$\overline{V}(x_i,t_{io})$——进入储层该点的测井平均速度，m/s；

z_{io}——层拉平后设计深度，m；

x_{io}——层拉平后设计深度对应的横坐标，m；

t_{io}——拉平后设计深度对应的双程旅行时，ms；

x_i——第i段地层对应i点横坐标，m。

3 应用效果

针对让58-8-26井扶余油层Ⅲ砂层组部署了一口水平井（图5），目的层厚度为7.8m左右，该井在钻遇过程中由油迹显示变成无砂岩显示。从图中可以看出，在深度域GR反演剖面上的2780～2960m处储层发生变化，且靠下发育，即钻至2780m时认为是顶层。因此，可以根据深度域反演确定目的层深度及倾角，再根据储层点钻头角度计算下一段需要调整的角度大小，并及时向下调整轨迹，使其又回到油迹层。

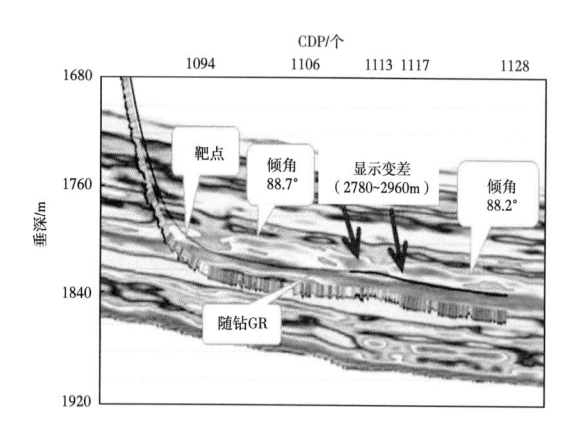

图5 让58-8-26井深度域轨迹剖面图

近十年来，采用实时导向技术实施扶余油层致密油Ⅰ砂层组薄互层水平井243口和Ⅲ砂层组叠置河道水平井236口，油层钻遇率由69%提高到83.6%；实施3～5m夹层型页岩油水平井64口，油层钻遇率由64%提高到83.13%。在实践中形成的层间深度域三维地震导向技术达到国内领先水平，技术成果支撑了非常规油藏快速增储上产。

4 水平井原理及发展趋势

4.1 深度域导向技术原理

（1）深度域建模：将地震资料、邻井测井数据通过时深转换构建三维深度域地质模型，消除速度模型误差，提高储层顶底界面预测精度（误差小于0.5%）；（2）随钻测量（LWD）：采用伽马射线、电阻率、中子密度等仪器实时获取地层参数，每0.5～1m上传数据，动态修正轨迹；（3）轨迹控制：通过旋转导向系统（RSS）或地质导向马达（PDM）实现±0.5°的井斜调节精度，确保着陆点水平段误差小于等于3m。

4.2 实施步骤

（1）精准控制着陆点（占总成本30%），使用近钻头伽马识别标志层，在储层顶部上方5～10m处开始降斜，以85°～88°井斜角平滑穿行；（2）调整水平段动态，建立地质—工程双参数响应模板，当电阻率大于20Ω·m且伽马小于80API时判定为优质储层；（3）采用"Z形"扫描法，每30m进行±2°的井斜摆动，通过岩性变化识别储层边界。

4.3 发展趋势

（1）智能闭环导向系统——斯伦贝谢的AutoTrak G3技术可实现全自动轨迹调整，机械钻速提升25%；（2）直径小于3mm的传感器进行井下地层扫描可达到10cm的分辨率。通过深度域建模与动态闭环控制，水平井导向技术正从"几何钻井"向"地质靶向"跨越，推动了非常规油气开发效益革命。

5 结论与认识

（1）层间深度域三维地震水平井导向技术，是目前最有效且适用的地震导向技术，可以实时在地震剖面上标定钻头真深度的地层倾角，实现了地震与钻井的无缝对接，提高了油层钻遇率和效果。

（2）深度域地震精度依赖于速度的精度，在构造简单的区域，其深度域倾角误差小，适用于薄互层沉积地层的水平井导向。但在构造复杂、局部构造反转区域和距离已知井较远的区域依然存在倾角误差，需要进行静校正和井控等处理，从根本上解决问题。

参考文献：

[1] 蔡宇明.地质录井导向技术在非常规水平井高效施工中的应用[J].西部探矿工程,2023,35(7):44-46,49.

[2] 倪锋.地震—地质导向技术在盆缘复杂构造带的应用——以南川区为例[J].石化技术2023,30(5):175-177.

[3] 凌云,林鸿梅,张红杰,等.层序地层学与局域三维地震解释[J].石油物探,2021,60(5):773-783.

[4] 刘震,王大伟,吴辉,等.利用地震资料进行陆相储层小层等时对比的方法研究——以绥中36-1油田为例[J].地学前缘,2008(1):133-139.

本文编辑：台自权

中相微乳液驱油技术探索

宋宝良　刘天琪　张　微

（中国石油吉林油田公司勘探开发研究院）

摘　要：吉林油田已经普遍进入中高含水开发期，油藏水驱状况变差，水驱油效率降低，油田稳产形势严峻，常规手段提高采收率难度加大。化学驱是一种深度改变储层油、水、岩石矿物相互作用机制和高强度驱替的提高采收率技术，是中—高渗油藏大幅度提高采收率的重要手段，对油田开发的可持续发展具有重要意义。但化学驱后存在大量的剩余油残余，进一步挖潜难度大，中相微乳液驱是一项类似混相驱的化学驱提高采收率技术，包含瞬时负界面张力、内聚能比和胶束增溶等微乳液形成机理，具备大幅降低残余油饱和度的特点，是未来化学驱的主体技术方向。通过中相微乳液驱油实验，评价吉林油田微乳液驱效果，为吉林油田化学驱提供技术储备，为实现油田持续稳产提供基础。

关键词：中相微乳液驱；驱油实验；提高采收率

1　吉林油田中高渗油藏现状

吉林油田探明原油地质储量 16.78×10^8 t（自营区 13.99×10^8 t），其中低—中高渗透油藏储量 6.4×10^8 t，占总探明储量38%。该类油藏整体进入高含水和高采出程度开发阶段，普遍存在油田综合含水高、单井产油量低、剩余油高度分散和无效水循环严重问题，同时存在水驱调整难度大，提高采收率余地小和注水开发困难等问题。

2　中相微乳液驱油技术研究

2.1　中相微乳液驱机理

微乳液是由水、油、表面活性剂和盐，在适当的比例下自发形成的透明或半透明的稳定体系。中相微乳液（Ⅲ型微乳液）与常规的油包水和水包油乳化有显著差异，具有极强的降低残余油饱和度能力。表活剂在盐的影响下，其亲油和亲水性能发生改变。中相微乳液亲水和亲油性能达到平衡，此时油水界面张力较低，油水界面张力可低至 $(0.1 \sim 1) \times 10^{-4}$ mN/m，具有"油水双连续"的特殊相态特征，油水处于近混相状态，可大幅度提高原油采收率。

中相微乳液体系具有极强的增溶能力，油水混相驱替无视毛管阻力，可以更大幅度提高驱油效率和波及效率，最终采收率达90%以上。混相实验表明：中相体系接触油滴30s至1min，油水界面完全消失，没有肉眼可见的剩余油，具备快速混相驱油能力（图1至图3）。

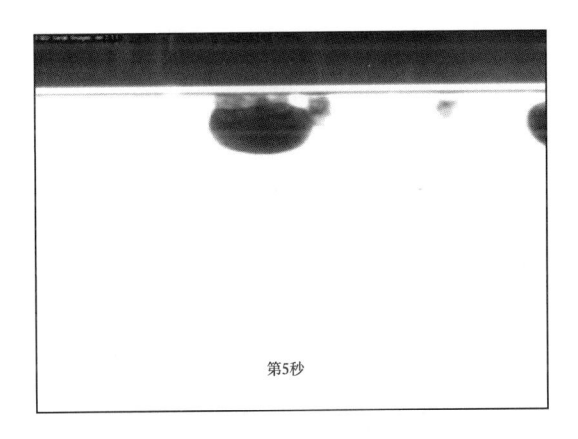

图1　油滴在中相微乳液中的油水混相过程初期图

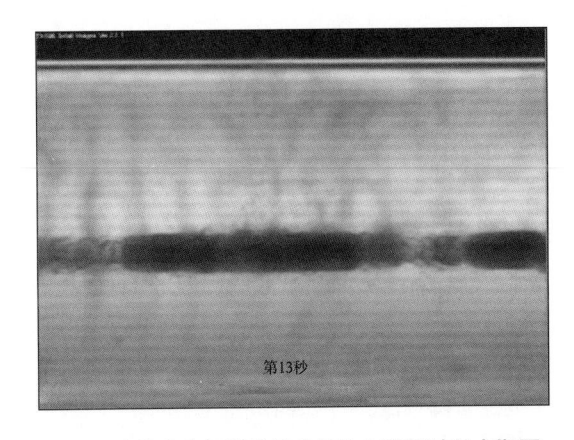

图2　油滴在中相微乳液中的油水混相过程中期图

作者简介：宋宝良，男，1988年出生，2011年毕业于长江大学地球化学专业，现从事油藏三次采油技术研究工作，工程师。通讯地址：吉林油田公司勘探开发研究院提高采收率所，邮编：138000，联系电话：0438-6226638。

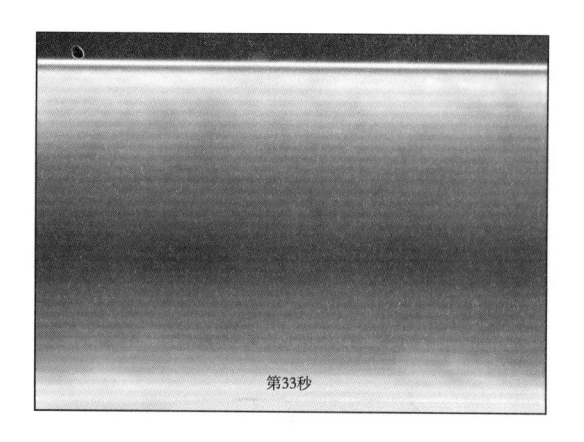

图 3　油滴在中相微乳液中的油水混相过程后期图

2.2 红岗油田中相微乳液驱体系优选

基于松辽盆地油藏及流体条件（表1），类比开展溶解性、稳定性、吸附性、微乳液相态研究及驱油评价，筛选出了各项性能较好的阴离子型表活剂。

表 1　红岗油田化学驱实验情况统计表

油田	油藏温度/℃	油藏深度/m	孔隙度/%	渗透率/mD	地下原油黏度/(mPa·s)	水驱开发含水率/%	含油饱和度/%	水驱效率/%	地层水矿化度/10⁴ppm
大庆长垣	45	900～1100	39.8	1000	10	97.20	76.2	49.40	0.763
吉林红岗	53	1150	21.4	132	12	97.30	67	51.40	1～1.9

2.3 二维平板模型驱油效果评价

2.3.1 实验过程

制备四块尺寸均为 30cm×30cm×4.5cm 和渗透率均为 150mD 的岩心，其中1号和2号岩心取自五点井网，3号和4号取自线状井网，1号和3号岩心裂缝方向为东西向，2号和4号岩心裂缝方向为北东西南向。选用中相微乳液体系为 0.3% 的微乳液 +0.15% 的聚合物 +0.8% 的氯化钠。岩心制备好并且水驱达到 98% 后，注入配制好的微乳液体系，在微乳液驱达到 98% 时停止实验。

2.3.2 实验测试结果

在水驱阶段，随着注入孔隙倍数的增加采收率逐渐增长，在含水率达到 98% 时采用五点法和含有东西方向裂缝的1号岩心采收率最高。反之，采用线性法和含有东西方向裂缝的3号岩心采收率最低。在转为微乳液驱后，含水率曲线产生明显的"凹"字形，采收率和压力显著增长，说明微乳液具有良好的驱替能力。通过对比采收率增长情况，可知五点法注入的1号和2号岩心提升效果最佳（表2）。

1号岩心内部含有东西向裂缝，由于东西向裂缝贯穿所有渗流方向使得波及效率提升最大，这也致使1号剩余油饱和度场相对对称；2号岩心内部含有北东南西向裂缝，该裂缝垂直于西北—东南两个渗流方向，平行于东北—西南两个渗流方向，所以对西北—东南方向的采收效果更好，形成明显的优势通道；3号岩心内部含有东西向裂缝，采用线性注采方式，裂缝通过但不垂直于渗流方向，导致了饱和度场的偏移和不对称；4号岩心内部含有北东南西向裂缝，采用线性注采方式，裂缝垂直于渗流方向，主要流通通道宽度增大，采收效果比东西方向更好。

表 2　平板岩心驱替结果数据表

编号	岩心类型	渗透率/mD	水驱采收率/%	微乳液驱采收率/%
1	二维均质平板岩心	150	41.4	82.8
2	二维均质平板岩心	150	36.7	78.1
3	二维均质平板岩心	150	33.2	70.4
4	二维均质平板岩心	150	35.1	73.3

2.3.3 实验结论

通过对比4种相同渗透率、不同井网和不同裂缝方向的二维模型平板岩心的驱油实验，在一注一采的线性注采方式条件下，北东南西向裂缝垂直于渗流方向，采收率比东西方向的裂缝高，并且从含油饱和度来看东西方向裂缝的波及面积有明显的不对称性。在一注四采的五点法注采方式条件下，因为井距比一注一采的方式较短，采收率也相对较高。并且五点法注采方式的北东南西向裂缝致使东南—西北产生明显的优势通道，西南—东北没有产生明显的优势通道，说明裂缝对平行于渗流方向的影响较小。东西向裂缝贯穿所有渗流方向，波及面积最大，采收效果最好。

2.4 三维平板模型驱油效果评价

2.4.1 实验过程

制备尺寸为 31cm×31cm×4.5cm，渗透率为 60mD/130mD/260mD 的人造三维非均质平板岩心，岩心取自五点井网，裂缝为东西向。选用实验用油水为红岗油田原油和地层水，选用中相微乳液体系为 0.3% 的微乳液 +0.15% 的聚合物 +0.8% 的氯化钠。岩心制备好并且水驱达到 98% 后，注入配制好的微乳液体系，在微乳液驱达到 98% 时停止实验。

2.4.2 实验测试结果

在转微乳液驱后，含水率曲线产生明显的"凹"字形，在 1.1PV 前采收率曲线逐渐平稳，在 1.1PV 后采收率曲线急剧上升（图4）。压力也随之显著增长，并在采收率曲线第二次平稳后压力才出现停止上升的趋势，说明微乳液具有良好的驱替能力。

通过纵向三层非均质平板岩心水驱+微乳液驱的实验结果，可知在水驱阶段渗透率为 260mD 的高渗层是驱油的主要来源，大量原油富集在渗透率为 60mD 的低渗层内。

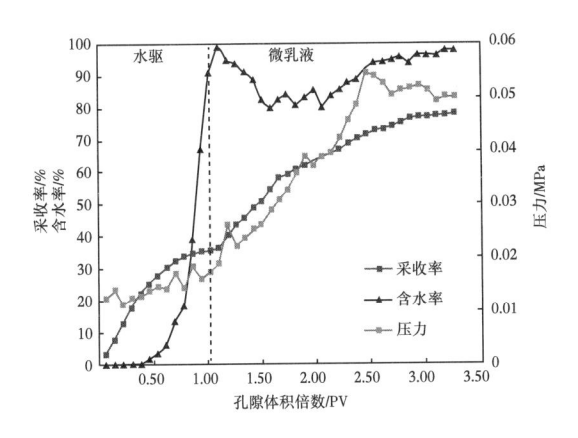

图 4　三维非均质平板岩心驱油曲线图

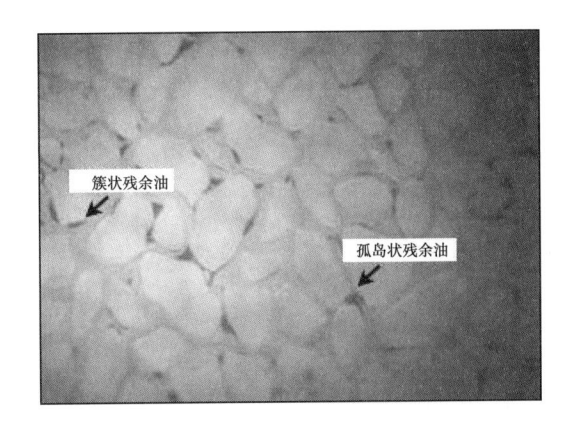

图 5　光刻模型微乳液驱后残余油分布情况模型图

2.4.3　实验结论

微乳液驱后，各储层都有明显的动用情况，说明微乳液对非均质性不那么强的储层，有一定的调节作用，但无法达到均值储层的开发效果。

2.5　一维可视化驱替实验

2.5.1　实验过程

为明确驱油过程中油水分布情况以及剩余油状态，通过一维可视化驱替等实验，可以直观地看出驱替过程中储层内油水分布情况以及驱替完成后剩余油状态，可以更加真实地反应储层性质和驱替效率。制备微观仿真玻璃模型，微观模型的流动网格结构上具有储层岩石孔隙系统的真实标配性及相似的集合形状和形态分布的特点，模型大小为 40mm×40mm，孔隙体积约为 50μL，平均孔径 100μm，最小孔径可达 10μm，孔道截面为椭圆形。实验用油水选用红岗油田原油和地层水，选用中相微乳液体系为 0.3% 的微乳液 + 0.8% 的氯化钠。岩心制备好后使用地层水以恒速 0.05mL/min 的驱替速度驱油至模型不出油为止；用配制好的中相微乳液，以恒速 0.03mL/min 的驱替速度注入中相微乳液驱油，观察中相微乳液体系驱油后的残余油状况，并用显微镜摄影观察模型的驱油规律。

2.5.2　实验测试结果

水驱后注入微乳液进行后续驱替，在模型中可以看到残余油被剥蚀成小油滴，并进一步乳化成小油珠，跟随微乳液复合体系向前运移，此时便可将水驱后残存在狭小的喉道和盲端内的残余油采出。而大油滴在微乳液体系作用下界面张力降低、油块变形和被拉长，这种情况也有利于残余油采出。

正是这种乳化和剥蚀作用，使无法通过喉道的大油块部分被剥离，反复进行这样的过程，最终大油块被驱替出来。

2.5.3　实验结论

微乳液微观驱油过程中，微乳液与原油间乳化剥蚀作用非常明显，乳化对驱油产生较大的影响（图 5）。

微乳液驱后残余油主要存在于模型的边缘、盲端以及一些非常狭窄的孔道中，主要以簇状式分布，存在少量孤岛状残余油，不存在柱状残余油（表 3）。

表 3　一维可视化驱替实验残余油状态统计表

编号	膜状/%	喉道/%	角隅/%	簇状/%	总量合计/%	膜状占比/%	喉道占比/%	角隅占比/%	簇状占比/%
1	2.25	0.07	0.65	0.82	3.79	59.37	1.85	17.15	21.64
2	5.79	0.57	1.14	3.36	10.86	53.31	5.25	10.50	30.94

3　结论与认识

（1）中相微乳液驱替过程波及效果较好，可跨尺度动用孔隙及裂隙内原油，能够大幅提高原油动用效率和采收率。

（2）微乳液驱最优井网模式为五点法井网，东西向裂缝有利于体系扩大波及体积，提高采收率。

（3）微乳液对非均质性不那么强的储层，有一定的调节作用，但无法达到均值储层的开发效果，需配合调剖调驱手段提高微乳液驱效果。

（4）中相微乳液驱可有效动用水驱无法动用的驱替盲端及微纳米级孔道中剩余油。

参考文献：

[1] 薛睿.影响水驱油田特高含水期采收率的主要因素[J].西安石油大学学报(自然科学版),2017,32(6):102-107.

[2] 殷代印,吕恬.低渗透油藏复配表面活性剂微乳液驱配方优选[J].化学工程师,2017,31(3):39-42.

[3] 吕腾.低渗透油藏微乳液驱油提高采收率机理研究[D].大庆:东北石油大学,2017.

[4] 秦冰,李财富,李本高.胜利油田稠油用微乳液型驱油剂研制[J].石油与天然气化工,2017,46(2):68-74.

[5] 李东玻.国外高含水油田特高含水期主要技术措施及启示[J].当代石油石化,2013,21(10):13-15.

本文编辑：温志杰

低渗透油藏提高采收率探索与实践

刘 丽[1] 赵 博[2] 祝 雪[1]

（1.中国石油吉林油田公司松原采气厂 2.中国石油吉林油田公司新民采油厂）

摘 要：低渗透油藏由于注入水波及效率低导致采收率低，如何提高其采收率已成为当务之急。氮气与泡沫结合，可以明显改善地层吸水状况，泡沫表面活性剂增强洗油效率，均匀推进的泡沫提高波及系数。通过物理模拟实验及矿场应用情况证实减氧空气驱在低渗透油藏具有较好的适应性，能够改善注入水指进现象，提高整体采出能力。试验井组日降液10t，日增油3.4t，含水率下降1.9%，采收率预计提高12.6%，表明减氧空气驱对提高低渗透油藏采收率具有较大的潜力。

关键词：低渗透油藏；减氧空气驱；驱油效率；采收率

低渗透油藏采收率低的原因主要是由于注入水的波及效率低，而减氧空气驱具有很多优越性。表现在氮气与泡沫剂形成的泡沫液视黏度比地层水高得多，使得泡沫较容易进入高渗透性孔道，随着注入泡沫量越来越多，流动阻力也越来越大，可以看作是降低了高渗孔道的渗透率，使得后期注入的泡沫或者水转变方向，进而进入到渗透率较低的孔道。由于剪切力的存在，泡沫在低渗孔道内的黏度小于高渗孔道内的黏度，由于低渗孔道先前未有效动用，剩余油丰度较高，而泡沫具有遇油后稳定性大幅下降的特点，在低渗孔道内泡沫易破灭，封堵能力低。因此，均匀推进的泡沫在油藏中克服了注水指进的问题，从而提高了波及系数。泡沫还能够提高洗油效率，因为泡沫中含有某些表面活性剂，可以降低油和水的界面张力，增加原油和岩石表面之间的润湿角。以上两种机理相结合，使得减氧空气驱有望成为显著提高低渗透油藏采收率的一项技术。

1 减氧空气驱驱油效率室内实验

1.1 实验装置

实验装置主要由注入系统、恒温系统和驱替系统等组成。注入系统由注入减氧空气驱的注入泵、气体质量流量计、液体样品盒以及温控烘箱组成（图1）。注入泵是ISCO高压柱塞泵，用来提供不间断的无脉冲驱动力；液体样品盒用来容纳实验液体；温控烘箱用来把实验液体和实验设施维持在设定的温度之下。

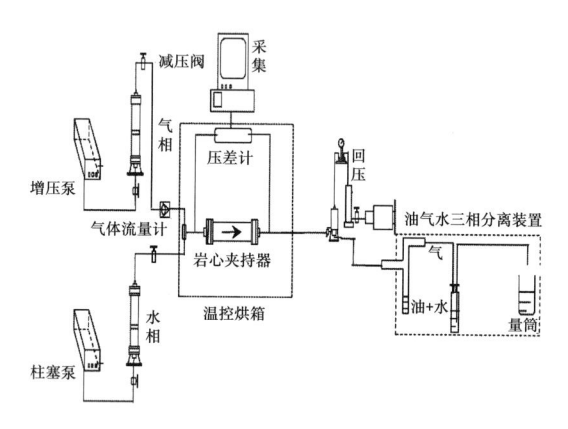

图1 减氧空气驱驱油效率实验装置流程示意图

1.2 实验方法

分为单管长岩心驱油实验以及不同渗透率级差的双管岩心驱油实验。根据储层物性特征，制作总长度约为40cm的长岩心模型开展注减氧空气驱实验，在清洗和干燥天然岩心后，测量了渗透率和孔隙度。选择五个物性条件大致相似的岩心，并按一定方式排列，从而形成一个长岩心。出口端第一位岩心：其渗透率与$\bar{K}$最接近，这里的$\bar{K}$即是全部岩心渗透率的调和平均值（由下式可算出）；出口端第二位岩心：其渗透率与剩余($n-1$)块岩心的$\bar{K}$最接近，依次类推，岩心顺序即可得出。

$$\frac{L}{\bar{K}} = \frac{L_1}{\bar{K}_1} + \frac{L_2}{\bar{K}_2} + \frac{L_i}{\bar{K}_i} + \cdots + \frac{L_n}{\bar{K}_n} = \int_{i=1}^{n} \frac{L_i}{\bar{K}_i} \quad (1)$$

式中 L——所有岩心总长度，cm；

$\bar{K}$——岩心渗透率的调和平均值，mD；

作者简介：刘丽，女，1987年出生，2013年毕业于中国石油大学（北京）矿产普查与勘探专业，现从事油田开发工作，高级工程师。通讯地址：吉林油田公司松原采气厂地质所，邮编：138000，联系电话：0438-6223041。

L_i——第 i 个岩心长度，cm；
K_i——第 i 个岩心渗透率，mD。

减氧空气驱实验步骤如下：首先，将干燥后的岩心抽空饱和地层水；之后在样品桶放入原油、实验室模拟的地层水、压缩的氮气+泡沫剂，并且温控烘箱设定实验温度，待原油建立起束缚水，静置24h后将ISCO高压活塞泵设定为恒定速度，并且打开岩心夹持器出入口端的阀门，当实验室用模拟地层水驱替岩心到含水值98%时，注入氮气+泡沫，再换为水驱，从而对比不同驱替方式下的采收率。

1.3 实验结果分析

1.3.1 单管长岩心驱油实验

为了与气水交替和减氧空气驱油效率进行实验对比，首先采用两组天然岩心开展水驱驱油效率实验，水驱条件下高渗岩心采收率为31.8%，而低渗岩心采收率为27.1%，高渗岩心采收率略高于低渗岩心。在驱替过程中，两岩心在出口端见水后，含水率快速上升，很快达到98%以上。这是由于低渗透油藏岩心启动压力较高，在岩心中一旦形成水流通道以后，注入水未波及区域的驱动压差迅速降低至启动压力以下，造成这部分原油无法驱动，采出端见水后已基本不能产油。同时，注入速度较低（0.03mL/min），原油黏度也较低，因此，水驱初始阶段采收率较高（图2）。

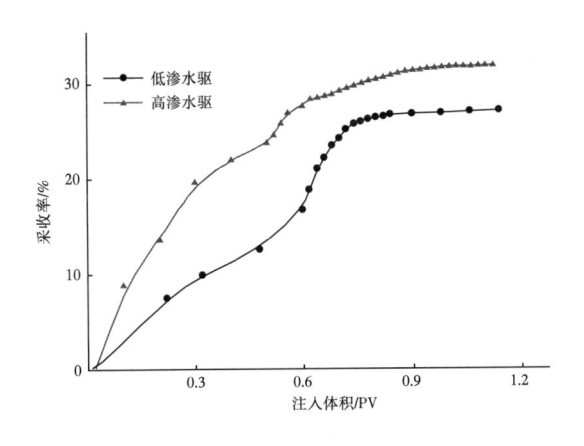

图 2 水驱驱油效率测试结果曲线图

采用两组天然长岩心开展气水交替驱油效率实验，用于与水驱和减氧空气驱油效率实验对比。单段塞气水交替可提高采收率5.2%，双段塞气水交替可提高采收率8.1%，多段塞注入使气体与地层水充分混合，降低气体在多孔介质内的窜流速度，提高封堵效果，增大波及系数。由此说明，气液交替段塞越小，交替频率越大，采收率越大（图3）。

同等条件下氮气泡沫驱单段塞可提高采收率9.8%，双段塞可提高采收率13.5%（图1），因此，将整个泡沫驱分为多段塞进行注入，以确保泡沫剂的充分混合，从而降低气体在介质内的窜流速度，提高驱油效果（图4）。

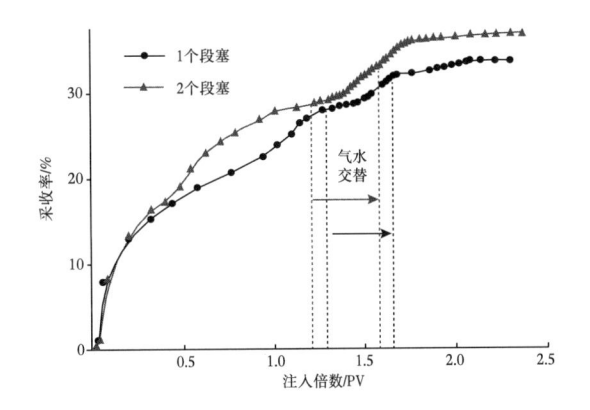

图 3 不同段塞下气水交替驱油效率测试结果曲线图

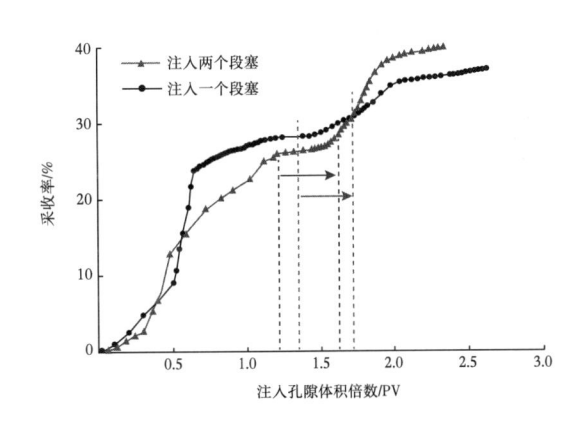

图 4 不同段塞下氮气泡沫驱油效率测试结果曲线图

1.3.2 非均质并联双管泡沫驱油实验

在生产中非均质性对油藏水驱效率的影响很大，注入水往往沿着大孔道指进，造成小孔道内的原油难以动用，实验目的就是通过双管岩心模型评价减氧空气改善这种指进现象和提高整体采出程度的能力，共设计了4组渗透率级差，分别是3.13、4.67、8.08和11.42（表1）。

表 1 不同渗透率级差驱油实验结果对比表

不同渗透率级差	高渗采出程度 /% 水驱阶段	高渗采出程度 /% 注泡沫后	高渗采出程度 /% 提高采出程度	低渗采出程度 /% 水驱阶段	低渗采出程度 /% 注泡沫后	低渗采出程度 /% 提高采出程度	总采出程度 /% 水驱阶段	总采出程度 /% 注泡沫后	总采出程度 /% 提高采出程度
3.13	35.32	44.87	9.55	17.36	34.07	16.71	26.50	39.57	13.07
4.67	35.77	45.74	9.97	9.85	27.96	18.11	22.81	36.85	14.04
8.08	37.16	47.30	10.14	7.35	21.69	14.34	22.89	35.04	12.15
11.42	37.50	46.96	9.46	4.38	16.33	11.95	22.30	32.91	10.61

实验结果显示：无论级差大小，减氧空气都能起到较好的调驱作用，改善不同渗透率岩心渗流能力的差异。在第一个水驱阶段，两块岩心总含水率达到98%以上时，高渗岩心采出程度均达到了较高

程度（35.32%～37.50%），而低渗岩心采出程度随着渗透率级差的增大而大幅减少，由17.36%下降至4.38%，说明渗透率级差较大时，低渗岩心受水驱效果差，总采出程度由26.50%下降至22.30%。注入减氧空气后继续水驱，高、低渗岩心采出程度均大幅上升，总采出程度达到32.91%～39.57%，增加10.61%～14.04%。

2 减氧空气驱的矿场应用情况

试验区大老爷府油田位于中央坳陷区东南坡，华字井阶地中南部，属于西北倾单斜，次级构造为穹隆和断鼻，纵向构造继承性较好。目前，主要开发高台子和扶余两套油层，总体以低—中孔隙度和低—特低渗透率为主。经过多年注水开发，目前综合含水已达到97.2%，进入到特高含水开发阶段。注入水沿优势渗流通道快速推进，无效水循环严重，水驱采收率仅为14.4%。参照国内外矿场试验效果，吉林油田具备实施减氧空气驱的条件为砂岩、碳酸盐岩及砂砾岩储层，油层厚度大于3m，油藏埋深大于500m，平均渗透率大于0.1mD，地层温度大于50℃，地下原油黏度小于130mPa·s，原油相对密度小于0.93，含油饱和度大于30%（表2）。对比矿场试验参数筛选指标，大老爷府油田具备实施减氧空气驱的条件。

表2 减氧空气驱油藏筛选标准统计表

序号	油藏参数	推荐油藏参数筛选指标	大老爷府油田指标
1	岩性	砂岩、碳酸盐岩、砂砾岩	砂岩
2	油层净厚/m	＞3	5.2
3	油藏埋深/m	＞500	1200~1400
4	平均渗透率/mD	＞0.1	6.4
5	温度/℃	＞50	62~64
6	地下原油黏度/(mPa·s)	＜130	5.13~9.16
7	原油相对密度	＜0.93	0.872
8	含油饱和度/%	＞30	37.2

2023年，在大老爷府油田南部试验一口井（老16-22），GⅢ、GⅣ砂层组采取两段注入，结合室内实验，采取气液交替和双段塞注入，气液比1∶1，注气速度4000m³/d，注泡沫剂速度34.0m³/d，注泡沫液时间60天，注氮气时间60天。实施减氧空气驱后，老16-22井的启动压力上升，吸水指数下降，井组内油井地层压力及矿化度上升，受效井数增加5口，表明注入的泡沫对高渗透条带产生封堵作用，液流转向，扩大了波及体积。注气压力比注水时的井底压力小4.0MPa，说明气体在地层中的渗流能力比水好。老16-22井组内一线井12口，有效井10口，日降液10t，日增油3.4t，含水率下降1.9%，年增油890t（图5），采收率预计提高12.6%，表明减氧空气驱提高采收率具有较大潜力。

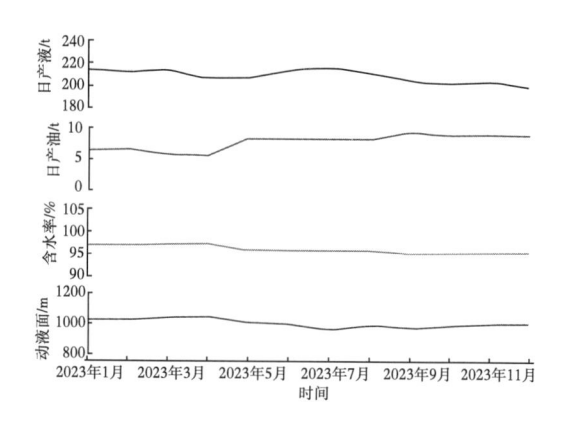

图5 减氧空气驱试验井组生产曲线图

3 结论

（1）室内物理模拟实验表明，相对水驱和气水交替驱，减氧空气驱提高采收率的幅度是较大的。并且减氧空气驱能够改善注入水指进现象，提高整体采出能力。

（2）减氧空气驱可以明显改善吸水状况，泡沫表面活性剂增强洗油效率，均匀推进的泡沫提高了波及系数。现场施工结果表明，减氧空气驱可显著提高大老爷府油藏的采收率，幅度可达10%～15%，表明减氧空气驱在低渗透油藏具有较好的适应性。

参考文献：

[1] 张泉,付美龙,孙晶,等.特低渗油藏氮气泡沫驱油效率实验研究及其现场应用[J].西安石油大学学报(自然科学版),2019,34(2):54-59.

[2] 曾保全,程林松,李春兰,等.特低渗透储层活性水驱实验研究[J].辽宁工程技术大学学报(自然科学版),2009,28(增刊):25-27.

[3] 赵长久,么世椿,鹿守亮,等.泡沫复合驱研究[J].油田化学,2004,21(4):357-360.

[4] 马涛,王海波,邵红云.烟道气驱提高采油率技术发展现状[J].石油钻采工艺,2007,29(5):79-84.

[5] 吴捷.氮气泡沫驱在辽河油区裂缝性油藏的应用[J].新疆石油科技,2015,25(2):24-26.

[6] 栾春芳.空气泡沫驱油技术在低渗透油藏中的应用研究[J].石油化工高等学校学报,2015,28(3):51-55.

[7] 王艳秋.特低渗透油田注空气驱油调研及认识[J].中外能源,2012,17(4):59-63.

[8] 刘中春,汪勇,侯吉瑞,等.缝洞型油藏泡沫辅助气驱提高采收率技术可行性[J].中国石油大学学报(自然科学版),2018,42(1):113-118.

本文编辑：温志杰

践行一体化压裂技术标准提质提效研究

马银龙　徐晓栋　夏婷婷

（中国石油吉林油田公司新民采油厂）

摘　要："十三五"时期末，压裂增产工作凸显出"参数变大成本增加、低效井比例大技术标准不明确和效果效益呈下降趋势"三大问题。同时，面对油田剩余油认识难度大、高品质资源匮乏和能量补充受限等难题，新民油田建立并持续完善了压裂地质工程一体化工作标准，突出做好了"精细选井选层、优化方案设计、强化过程管控"等工作，实现了提效新突破。连续三年压裂措施年施工170井次，增油 1.4×10^4 t，增产量占比60%，增油效果稳定，费用下降，经济有效率和经济效益同步提升。

关键词：剩余油；压裂；生产动态；过程管控；参数设计

新民油田储层纵向上共划分五个砂岩组16个小层，油层平均埋藏深度为1250m，含油井段160m。储层平均渗透率5.4mD，平均孔隙度15.2%，属典型的低孔、低渗、低丰度和非均质性强的油藏，注采关系难建立，需要周期性重复压裂提高产能。压裂技术在新民油田措施增产中始终占据主导地位，但近年压裂工作量较大，剩余未动用层效益动用难度大。同时，三类不同储层主力层压裂次数均在3次以上，目前面临着高品质资源匮乏、剩余油认识难度加大及分层能量补充仍有较大不足等问题，导致重复压裂规模难以拓宽，为了巩固压裂效果和提升效益开展研究。

1　精细选井选层

1.1　选井选层思路

紧密围绕物质基础、能量界限、产能发挥及改造时机等关键点，建立选井选层标准流程。认清剩余油方向，结合动态评价与分层产能劈分软件结果定量化目标层剩余储量。压前进行单井井史对标、同类井对标，结合不同储层历次改造液量和含水变化规律，量化潜力型不正常井提液增油空间。通过压力资料与增油量统计，确定分储层压裂压力界限。无压力资料的井，依据不同储层存水率与压力关系进行推测。结合试井支撑剂闭合周期与储层易结垢规律，确定裂缝闭合周期。

1.2　宏观剩余油评价

从剩余油静态发育看，平面剩余油一类单元高采出潜力小，要重点研究接替层，二类和三类单元低采出潜力空间大；纵向剩余油一类单元要重点研究接替层，二类和三类单元应突出主力层。

从剩余油动用趋势看（表1），接替层呈现上升趋势，其中一类和二类单元占比大（80%），主力层占比下降，其中二类和三类占比增大（70%），增大PDNP储量动用，效果和效益突出。

表1　2021—2024年分类储层动用井次统计表

储层分类		年份				趋势
		2021	2022	2023	2024	
接替层	一类单元	14	17	31	41	占比大
	二类单元	6	9	18	27	占比大
	三类单元	16	7	16	12	
	合计	36	33	65	80	增大
主力层	一类单元	46	62	40	23	
	二类单元	63	54	52	40	占比大
	三类单元	44	68	38	27	占比大
	合计	153	184	130	90	减少

静态发育与动态产出相结合进行分层剩余油评价，并建立目的井效益挖潜标准：剩余地质储量大于 0.8×10^4 t，每米累计产油小于600t（图1和图2）。

1.3　界定地层能量区间

通过压力资料与增油量统计，明确非常规储层分类的边界压力：一类储层压力7.5～14MPa；二类储层压力8.5～15MPa；三类储层压力9.5～17MPa。

以典型区块民107为例，该区块井网完善，通过前期目的层注水进行压前压力培养，结合监测可

作者简介：马银龙，男，1973年出生，2009年毕业于浙江大学构造地质学专业，现从事油田开发管理工作，高级工程师。通讯地址：吉林油田公司新民采油厂，邮编：138000，联系电话：0438-6338005。

知区块压力上升速度为1MPa/a，压力达到标准后实施压裂，目前压完两口井日增油1.7t以上。

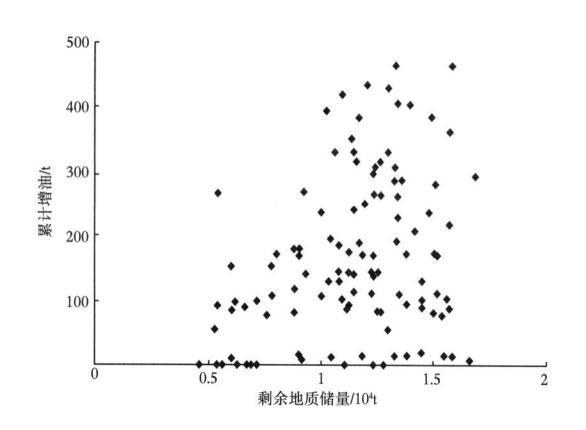

图1 剩余地质储量与累增油关系散点图

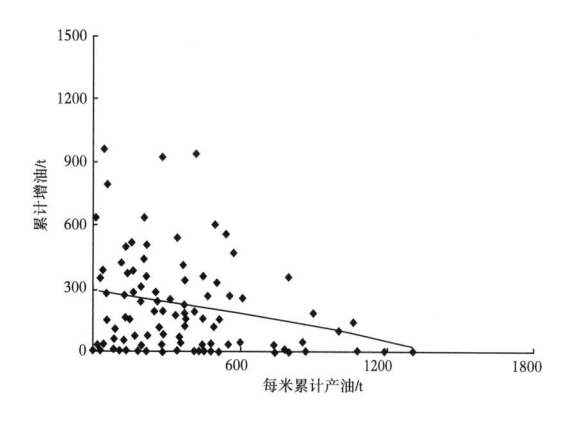

图2 每米累计产油与累计增油关系散点图

1.4 精准预测改造时机

结合新民人工裂缝闭合周期（3~5年）与储层污染规律（5mm/a），综合确定产能未发挥井主要制约因素，优选主控因素为人工裂缝闭合井，并精准把控改造时机。

遵循"先本井后邻井，先单动后合动"的原则，通过"井史、井间两个对标"评价，重点评价目标井最高的、稳定的和目前的产液水平，并对井间储层发育、见效状况和产液水平进行对比，再结合不同储层历次改造液量、含水变化规律量化潜力型不正常井提液增油空间，制定挖潜顺序，确保效益增产。

2 优化方案设计

结合压裂技术对标结果，按照砂体发育和见效后反应，采用砂体整体保压水平和储层累产优化压裂技术，进一步结合经验法和模型法优化参数设计，提升效果。

2.1 明确剩余油类型，优选压裂技术

新民现开发阶段地质需求共有4大类（水驱剩余油、岩性剩余油、构造剩余油、制约型剩余油）和10小类。

针对三种不同见效时期水驱剩余油，采用不同理念进行压裂改造，共计实施88井次，有效期增油135t，经济有效率63%。见效后期分散型剩余油采用多次暂堵造复杂缝的压裂技术，挖掘侧向剩余油；见效中、前期水驱型剩余油采用适度规模改造的压裂技术，疏通裂缝导流能力提产；弱见效型富集剩余油采用大规模改造压裂技术，增大缝长和蓄能规模，扩大波及体积，实现引效。

针对遗留"薄差层"进行分级管控，通过大规模压裂，对储层差部位进行加大液量造长缝压裂改造，突破储层之间砂体限制，建立注采关系，实现引效，共计实施82井次，有效期增油190t，经济有效率80%，效果最佳。对于岩性剩余油中的好储层差部位，通过造长缝的压裂技术，突破砂体制约，建立注采关系实现引效；差储层好部位，采用大液量大规模增大波及带宽的压裂技术，建立注采关系实现引效；差储层差部位采用大液量大规模增大波及带宽的压裂技术，实现有效动用，但试验效果差，需攻关效益储层动用下限和动用方式。

构造剩余油包括断层边部鼻状甜点剩余油、局部构造小高点剩余油和油水界面附近剩余油三种类型。构造剩余油实施井数较少，各类型实施效果均好，通过适当控制缝长规模压裂，有效期增油170t以上。

2.2 经验法参数设计

通过深化工艺参数对标结果应用，建立不同储层、不同剩余油类型相对应的参数设计模版，针对性设计参数，最终形成三类不同储层压裂工艺设计经验模版。

一类储层一般采用常规压裂、前置滑溜水大规模压裂和缝内暂堵造复杂缝压裂三种技术路线，依据不同砂体发育、保压水平、见效程度和采出程度等细分为五种剩余油类型，并制定相应的工艺参数设计区间。整体上，一类储层加液强度、加砂强度和排量不易过大，砂比应适当提高，合理控制改造强度，针对重压次数多的大厚层采用缝内暂堵压裂。

二类储层一般采用前置滑溜水压裂、常规压裂两种技术路线，依据不同砂体发育、保压水平、见效程度和采出程度等细分为三种剩余油类型，并制定相应的工艺参数设计区间。整体上，二类储层低压层改造过程中，加液强度、加砂强度和排量应尽量加大，但不应过大，超过一定范围效果呈变差趋势，砂比适中；保压水平适中层的加液强度、加砂强度和排量应保持在合理区间内，参数过大过小均

会影响效果及效益，应尽量提高砂比和提高导流能力以延长有效期；尽量控制保压水平大于110%的储层加液强度、加砂强度和排量，采用小强度、中砂比和中小排量改造，适度引效。

三类储层一般采用前置滑溜水压裂，依据不同砂体发育、保压水平、见效程度和采出程度等细分为三种剩余油类型，并制定相应的工艺参数设计区间。整体上，从储层建立注采关系看，应提高加液强度（30m³/m以上）和加砂强度（2.0~5m³/m），选用大排量（4m³/min以上），促进见效。

2.3 结合模型法强化参数设计

经验法确定施工参数后，利用软件平台进行裂缝形态模拟（图3），进一步辅助优化工艺参数设计，控制风险。

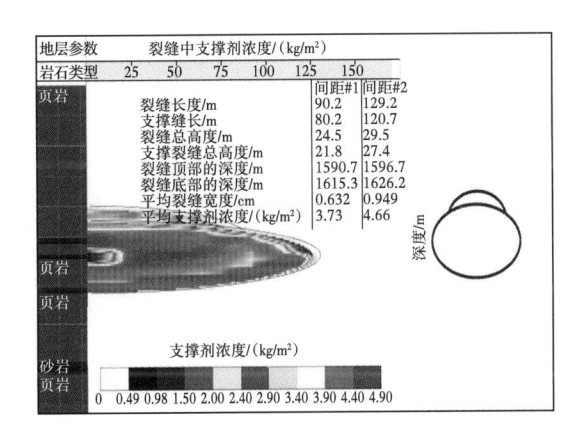

图3 裂缝剖面拟合和缝长优化图版

选取具有代表性的三类不同储层，模拟不同压裂施工参数下裂缝半长，建立应用图版，通过对不同岩性和构造油藏进行针对性参数设计，使两类低效井比例大幅下降，含水大幅上升的井控制在4%以内，提液幅度小的井控制在9%以内，实现提效益控风险。

3 强化过程管控

为保障措施实施效果，重点开展超前认识、质量监督和压后评价"三步曲"，做到措施潜力清、施工过程清和效果评价清。

3.1 资料核实与监测认识

核实压前单井产能，对低压区域注水补充目的层能量，择机实施压裂。结合监测结果，根据能量状况，分析动态见效特征，评价储层潜力，优化改造参数。压前监测井占比43%，与未监测井相比，单井增油量由150t提升至270t，经济有效率由61%提升至82%，产出投入比由1.6提升至2.4。

3.2 实施过程监督与投产管控

落实四级监管制度，确保重点井领导亲自把关，关键环节和工序专人监控。现场由5名监督把关，重点井由领导亲自现场监督，保证关键环节合格率100%，材料抽检率3%，从源头控制压准质量。

制定压准—压裂—压后全过程监管要点，压实责任，确保效果充分发挥。建立闷井—返排—投产三个标准，实现管理制度化。一次压准成功率由96.2%提升至99.6%。

3.3 强化后期管理，保证产能发挥

建立"日、旬、月"跟踪管理模式，重点抓好"管、调、跟、评"四个方面，确保措施后井筒挖潜合理、配套方案调整及时和产能充分发挥。

分析不同低效井特征及原因，配套其他措施，建立提效矩阵（表2），实现低效无效向经济有效转化。当年实施堵水12口井、吞吐9口井，13口井实现转化，合计日增油9t。

表2 压裂低效井提效矩阵表

低效原因	提效措施
剩余油认识不清导致提液低增油	注水调控
剩余油认识不清导致提液含水大幅升	注水调控
能量低导致提液幅度小	吞吐补能
参数设计过大导致液量含水大幅升	堵水层间挖潜
压裂污染导致提液低增油	解堵
压裂污染导致提液幅度小	解堵
参数设计过小导致提液幅度小	择机重压

4 结论

通过持续做好"精细选井选层、优化方案设计、强化过程管控"等三个方面工作，实现了压裂提质提效。今后将在"压裂地质工程一体化工作标准"的引领下，持续做好压裂增产工作，助力新民油田持续稳产。新民油田连续多年压裂措施年施工170井次，增油1.7×10⁴t左右，增产量占比达到60%，增油效果稳定，费用下降，经济有效率和经济效益同步提升。

参考文献：

[1] 刘红敏.萨中开发区水驱地层压力系统评价研究[D].大庆:东北石油大学,2016.

[2] 宋伟.关于新民油田可持续有效益发展的思考和建议[J].吉林石油工业,2014,34(6):19-23.

[3] 刘吉余,马志欣.高含水期剩余油分布研究现状[J].石油地质与工程,2007,21(3):61-63.

[4] 李广栓.乾安地区压裂提产技术研究[J].吉林石油工业,2024,44(4):41-43.

本文编辑：温志杰

长春星6区块储气库单井注采评价与研究

李 禹　程雪娇　李云迪

(中国石油吉林油田公司勘探开发研究院)

摘　要：长春油气田从20世纪80年代末投入开发，经过多年开发，油气井产量不断下降，地层压力也同步下降。在这种情况下，宜于筹建地下储气库。储气库的单井注采能力是一项重要参数，注采能力决定了储气库应急调峰的实际能力。为了切实解决这一问题，利用油田投产初期的测试井资料，开展评价研究，确定在油气同采情况下，折算出作为储气库注采气井的无阻流量值。在储气库的建设和运行过程中，通常会使用不同尺寸的气嘴，气库的地层压力和井口压力也会不断发生变化，注采井型分为直井和水平井两种类型。为了确定在各种油嘴和不同压力下气井的运行情况，进行了反复测算，其评价结果能够为长春油气田改建成地下储气库提供决策参数。

关键词：预建储气库；日采气量；直井；水平井；注气能力

1 长春油气田星6区块概况

1.1 地理位置

长春油气田位于长春市双阳区境内，距长春市区25km，临近长阳公路和吉长铁路，紧邻哈沈输气管网，交通便利。

1.2 区域构造特征

长春油气田的构造位置位于伊通盆地鹿乡断陷上，目的层是古近系双阳组。鹿乡断陷为伊通盆地内的一个二级构造单元，位于伊通盆地的中部，从西北向东南基底逐渐抬升，可进一步划分为大南凹陷和五星构造带两个次级构造单元。发育了西北缘断裂、东北部的二号断裂以及东南缘断裂三个断裂带，这三个断裂构成了鹿乡断陷独特的构造地形。

在星6区块，北北西向的2号断裂与北东向的星A7断裂搭接，在北侧形成有效遮挡，与构造线有效匹配，形成构造圈闭。最大构造圈闭线-1670m，圈闭面积2.8km²，圈闭幅度410m。区块内的双二段圈闭形态在纵向上继承性好，在内部断层的切割下形成4个断块圈闭(图1)。

2 星6区块开发动态简况

2.1 油气生产状况及地层压力

长春油气田星6区块于1988年投产，初期开发油环，1991年后补孔气顶合层开发，经历初期上产、快速递减和低产开发三个阶段。星6区块原有生产井

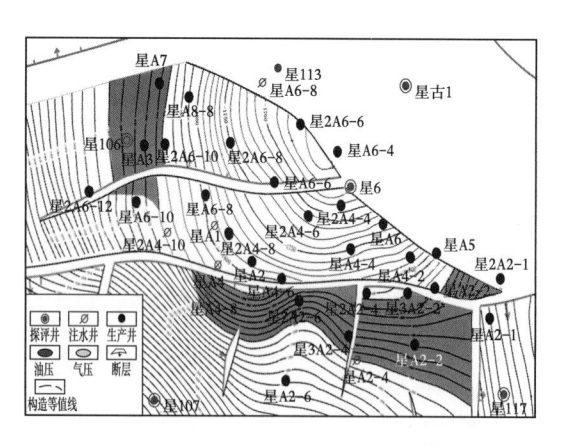

图1　长春油气田星6区块双二段井位图

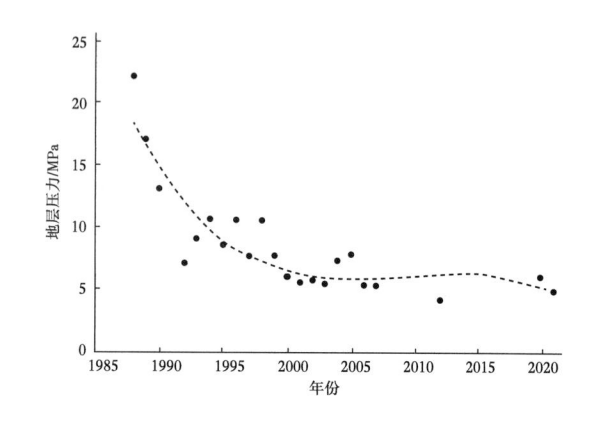

图2　星6区块地层压力变化趋势图

作者简介：李禹，男，1988年出生，2011年毕业于延边大学心理学专业，现从事吉林油区储气库评价工作，助理工程师。通讯地址：吉林油田公司勘探开发研究院松南天然气研究所，邮编：138000，联系电话：0438-6226099。

共10口，累计产原油52.25×10⁴t。目前，该区全部关井，处于废弃状态，区块累计生产天然气14.21×10⁸m³，其中气顶气9.44×10⁸m³，溶解气4.77×10⁸m³，累计产水92.3×10⁴m³，累计注水量254.3×10⁴m³。

星6区块的地层压力由原始地层压力20.9MPa下降至目前3.8MPa，地层压力下降81.8%，年均下降0.49MPa（图2）。

2.2 油气井生产能力分析

（1）动态生产能力分析：油环井初期日产油大于100t井占43.4%，日产溶解气大于2×10⁴m³井占65.2%。平均单井日产油90.5t，日产溶解气3.1×10⁴m³，气油比305m³/t。位于气顶部生产井初期日产气大于8×10⁴m³井占50%，平均单井日产气8.1×10⁴m³，气油比2800m³/t。

（2）从累计产量方面进行统计分析：单井累计产气大于4000×10⁴m³的高产井有10口，累计产气量11.4×10⁸m³占81%；单井累计产气(1000～4000)×10⁴m³的中产井有7口，累计产气量2.3×10⁸m³占16%；单井累计产气大于1000×10⁴m³的低产井12口，累计产气0.3×10⁸m³占3%。

根据油气井生产投产动态数据及累产量数据看，星6区块的单井产量较高，生产能力较好，有利于改建储气库。

3 单井注采气能力评价

3.1 油气井无阻流量值折算求取

根据星6区块初期生产时详细记录的油、气产量及压力测试资料，采用单点法计算该井的无阻流量值，对其中的原油产量进行当量折算，换算成天然气产量并进行累加。研究区块原始地层压力为20.9MPa，单井射开储层厚度的平均值为50m，折算到原始地层压力条件和储层射开平均厚度下的无阻流量值为(31.3～64.04)×10⁴m³/d，平均值为50.88×10⁴m³/d（表1）。

表1 星6区块测试油气井无阻流量值计算数据表

井号	厚度/m	测试日期	日产量 油/t	日产量 气/10⁴m³	压力 静压/MPa	压力 流压/MPa	无阻流量/(10⁴m³/d) 单点法	无阻流量/(10⁴m³/d) 折算原始压力20.9MPa
2A4-8	22.4	1990年8月19日	62.3	9.26	16.36	13.91	21.65	64.04
	27.0	1991年3月18日	41.1	6.4621	12.57	11.13	17.65	57.83
	27.0	1991年6月25日	51.2	9.81	12.3	9.82	19.06	63.94
2A6-6	12.2	1990年7月7日	58.9	5.29	16	10.398	8.29	46.15
	12.2	1990年9月15日	44.1	5.4	13.43	8.92	8.35	56.36
A2	26.2	1990年9月6日	100.6	8.58	15.5	10.14	13.62	36.55
A4-4平	23.2	1991年7月11日	53.3	6.37	13.17	7.194	8.64	31.30
均值							13.89	50.88

3.2 直井产能方程求取

利用单点法计算的无阻流量，回归建立气藏开发直井二项式产能方程。修正建立了储气库直井产能方程：$p_r^2-p_{wf}^2=1.2956q+0.0804q^2$。计算后直井的无阻流量值为66×10⁴m³/d。

3.3 水平井产能方程求取

根据水平井和直井的理论产能公式，在不考虑地层损害及非达西流动效应的情况下，得到水平井与直井的产能比，即理论增产倍数。

$$\frac{q_h}{q_v}=\frac{\ln r_e/r_w}{\ln r_{eh}/r_w'} \quad (1)$$

式中 q_h——水平气井产量，10⁴m³/d；
q_v——直井产量，10⁴m³/d；
r_e，r_w——分别为垂直气井的井眼半径和泄气半径，m；
r_{eh}，r_w'——分别为水平气井的有效井半径和泄气半径，m。

通过推导，进一步得到水平井的二项式产能方程，其数学表达式：

$$p_r^2-p_{wf}^2=\left(A\frac{q_h}{q_v}\right)q_g+\left(B\sqrt{\frac{q_h}{q_v}}\right)q_g^2 \quad (2)$$

式中 p_r——地层压力，MPa；
p_{wf}——井底流压，MPa；
q_h——水平气井产量，10⁴m³/d；
q_v——直井产量，10⁴m³/d；
q_g——天然气产量，10⁴m³/d；
A，B——二项式产能方程系数。

利用研究区实际资料，根据水平井与直井的产能比公式，计算了水平井的理论增产倍数（图3）。随着水平段长度增加，水平井与直井的产能比逐渐增加。当水平段长度为400m时，相比于直井增产达到2.2倍。

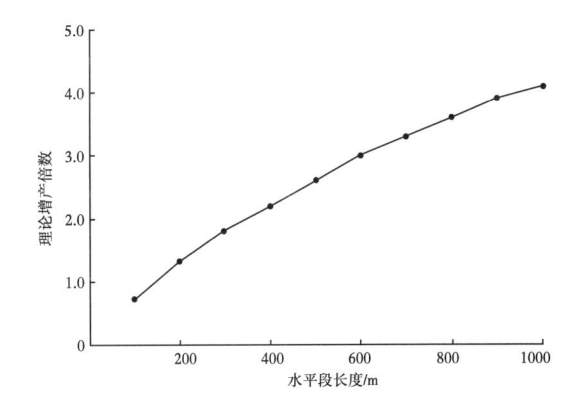

图3 不同水平段长度产能替换比预测曲线图

根据水平井实际部署结果，水平段长度在 360~420m 之间。因此，按照水平井增产倍数为直井的 2 倍，在直井二项式产能方程的基础上，建立了研究区水平井产能方程：$p_r^2-p_{wf}^2=0.6478q+0.0201q^2$。计算后直井的无阻流量值为 $133×10^4m^3/d$。

3.4 直井注采气能力评价

3.4.1 直井采气能力评价

单井的日采气能力取决于地层流动能力、井筒垂直管流、最小携液产气量和管柱冲蚀流量等影响因素。冲蚀是指气体携带的 CO_2、H_2S 等酸性物质及固体颗粒对管体的磨损、破坏性较为严重，气体流动速度太高会对管柱造成冲蚀，但冲蚀一般不会发生在直管处，而发生在井口，因此合理的采气流量应限制在最小携液产气量和冲蚀流量之间。

储气库生产气井的产能主要由垂直管流方程进行计算：

$$p_{wf}^2 = p_{wh}^2 e^{2s} + 1.3243\lambda q_g^2 T_{av}^2 Z_{av}^2 \left(e^{2s}-1\right)/d^5 \quad (3)$$

式中　p_{wf}——井底压力，MPa；
　　　p_{wh}——油管井口压力，MPa；
　　　q_g——天然气产量，$10^4m^3/d$；
　　　T_{av}——井筒内动气柱平均温度，K；
　　　Z_{av}——井筒内动气柱平均偏差系数；
　　　d——油管内直径，cm；
　　　λ——油管阻力系数。

在求取过程中，需要反复迭代计算。

表2　井口压力为 8MPa 时单井采气能力预测表

油管尺寸ϕ/ mm	地层压力/ MPa	井底流压/ MPa	冲蚀流量/ ($10^4m^3/d$)	最大产量/ ($10^4m^3/d$)	合理产气量/ ($10^4m^3/d$)
73	16	12.25	31.7	27.99	27
	14	11.25		21.4	21
	12	10.36		14	14
	11	9.98		9.55	9
89	20	12.15	47.6	46.64	46
	18	11.52		39.78	39
	16	10.94		32.54	32
	14	10.41		24.81	24
	12	9.96		16.14	16
	11	9.78		10.83	10
114	24	10.87	82.9	65.27	65
	22	10.62		58.04	58
	20	10.39		50.69	50
	18	10.19		43.14	43
	16	10.00		35.24	35
	14	9.84		26.77	26
	12	9.71		17.21	17

为满足外输管线要求，分别计算单井在井口压力为 4MPa、6MPa、8MPa、10MPa、12MPa、14MPa 和 16MPa 时，地层压力 11~24MPa，分别采用 ϕ73mm 油管、ϕ89mm 油管和 ϕ114mm 油管时的采气井流入流出曲线。综合考虑井筒举升、最小携液、冲蚀等多因素，得到不同尺寸油管在不同地层压力和井口压力下的合理采气量（表2和表3）。

表3　井口压力为 12MPa 时单井采气能力预测表

油管尺寸ϕ/ mm	地层压力/ MPa	井底流压/ MPa	冲蚀流量/ ($10^4m^3/d$)	最大产量/ ($10^4m^3/d$)	合理产气量/ ($10^4m^3/d$)
73	22	17.65	39.7	37.42	37
	20	16.68		30.39	30
	18	15.77		22.53	22
	16	14.98		12.72	12
89	24	16.65	59.6	51.43	51
	22	16.1		43.69	43
	20	15.6		35.37	35
	18	15.14		26.02	26
	16	14.76		14.42	14
114	24	15.19	103.8	55.85	55
	22	15.02		47.34	47
	20	14.87		38.21	38
	18	14.74		28.11	28

3.4.2 直井注气能力评价

当对生产井进行注气时，按照以下方程计算，其中 q_g 为日注气量。

$$p_{wf}^2 = p_{wh}^2 e^{2s} - 1.3243\lambda q_g^2 T_{av}^2 Z_{av}^2 \left(e^{2s}-1\right)/d^5 \quad (4)$$

在计算过程中与单井采气计算相似，对 Pwf 值需要反复迭代求出。

表4　井口压力为 20MPa 时单井注气能力预测表

油管尺寸ϕ/ mm	地层压力/ MPa	井底流压/ MPa	冲蚀流量/ ($10^4m^3/d$)	最大注气量/ ($10^4m^3/d$)	合理注气量/ ($10^4m^3/d$)
73	24	24.14	50.5	8.0	8
	22	22.86		30.5	31
	20	21.53		42.3	42
	19	20.87		46.9	47
89	24	24.18	75.9	10.3	10
	22	23.36		41.6	42
	20	22.5		58.3	58
	18	21.7		70.4	70
	17	21.3		75.4	75
114	24	24.22	132.1	11.8	12
	22	23.92		52.0	52
	20	23.6		73.6	74
	18	23.29		89.4	89
	16	23.01		101.6	102
	14	22.75		111.4	111
	11	22.4		122.6	123

下面以井口注入压力为 20MPa 为例，计算地层压力从 11~24MPa 时，气井的预测注入气量（表4）。

3.5 水平井采气能力评价

水平井的采气能力参照直井采气能力进行估算。根据研究区综合地质情况，设计水平井的水平段长度为 400m，此时水平井的产量相当于直井的 2.2 倍。下面以井口压力 12MPa 为例，评价设计水平井的采气能力（图4）。

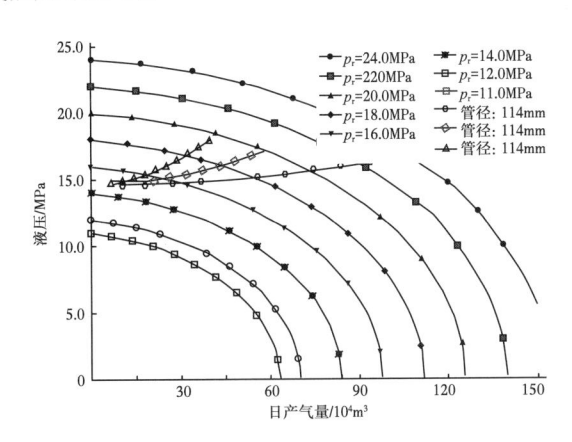

图 4 不同管径的水平井采气流入流出曲线图

考虑冲蚀流量与最小携液产气量，由图4分析可知：（1）地层压力低于 15MPa 时，φ73mm 油管和 φ89mm 油管最大产气量均小于最小携液产气量；（2）地层压力低于 16MPa 时，φ114mm 油管最大产气量小于最小携液产气量；（3）地层压力高于 19MPa 时，φ73mm 油管发生冲蚀；（4）地层压力高于 20MPa 时，φ89mm 油管发生冲蚀；（5）地层压力高于 23MPa 时，φ114mm 油管发生冲蚀。

（1）当采用 φ73mm 油管，地层压力为 19MPa 时，预计水平井的产气量为 $37×10^4m^3/d$；采气末期，地层压力为 15MPa 时，预计产气能力为 $8×10^4m^3/d$。

（2）当采用 φ89mm 油管，地层压力为 20MPa 时，合理产气量为 $58×10^4m^3/d$；采气末期，地层压力降至 15MPa 时，预计合理产气量为 $8×10^4m^3/d$。

（3）当采用 φ114mm 油管，采气初期地层压力为 23MPa 时，合理产气量为 $99×10^4m^3/d$；开采中期地层压力为 18MPa 时，预测产气能力 $54×10^4m^3/d$；当地层压力为 16MPa 时，预测产气能力为 $30×10^4m^3/d$（表5）。

如果建库区水淹程度较高，气井开发产能偏低，结合气井携液和控水，直井可以采用 φ89mm 油管，水平井可以采用 φ114mm 油管，单井注采气合理的产能得到最大化发挥，配套合理的注采技术后期可实现对储层的最大化动用。

表 5 井口压力为 12MPa 时水平井采气能力预测表

油管尺寸 φ/mm	地层压力/MPa	井底流压/MPa	冲蚀流量/($10^4m^3/d$)	最大产气量/($10^4m^3/d$)	合理产气量/($10^4m^3/d$)
73	19	17.6	39.7	37.0	37
	18	16.8		31.6	32
	16	15.4		18.4	18
	15	14.8		8.4	8
89	20	17.2	59.6	58.0	58
	18	16.1		43.2	43
	16	15.1		24.7	25
	15	14.7		10.8	11
114	23	16.4	103.9	98.8	99
	22	16.1		90.7	91
	20	15.6		73.5	74
	18	15.2		54.3	54
	16	14.8		30.3	30

4 结论

（1）根据油气井的初期生产测试资料，未来建库时，直井平均射开储层厚度增加至 50m 时，气井的平均无阻流量值为 $50.88×10^4m^3/d$。

（2）根据水平井与直井的产能比公式，计算了水平井的增产倍数，当水平段长度为 400m 时，产量相当于直井的 2.2 倍。

（3）采用储气库垂直管流公式计算，当直井采用 φ89mm 油管，当井口压力为 8MPa 和地层压力为 20MPa 时，产气能力可达 $46×10^4m^3/d$；地层压力为 11MPa 时，产气能力为 $10×10^4m^3/d$。

（4）气井的注气能力与井口注气压力与地层压力有较大相关性。当直井采用 φ89mm 油管，井口注气压力为 20MPa 和地层压力为 22MPa 时，单井日注气能力为 $42×10^4m^3$；当地层压力为 17MPa 时，日注气能力为 $75×10^4m^3$。

（5）水平井计划采用 φ114mm 油管，当井口压力为 12MPa 和地层压力为 22MPa 时，产气能力可达 $91×10^4m^3/d$。

（6）直井推荐 φ89mm 油管，水平井推荐 φ114mm 油管。星6区块直井采气：$(22~54)×10^4m^3/d$，直井注气 $(42~74)×10^4m^3/d$；星6区块水平井采气：$(45~93)×10^4m^3/d$，水平井注气 $(87~154)×10^4m^3/d$。

参考文献：

[1] 闫爱华,孟庆春,林建品,等.苏4潜山储气库密封性评价研究[J].长江大学学报(自科版),2013,10(16):48-49.

[2] 付广,刘博,吕延防.泥岩盖层对各种相态天然气封闭能力综合评价方法[J].岩性油气藏,2008,20(1):21-26.

[3] 张新顺,王建平,李亚晶,等.断层封闭性研究方法评述[J].岩性油气藏,2013,25(2):124-125.

本文编辑：温志杰

吉林致密油藏储层综合评价方法研究及应用

王艺萌　董长春　谭诗锦

（中国石油吉林油田公司勘探开发研究院）

摘　要：致密油被石油工业界誉为"黑金"，对世界各国而言具有十分重要的经济价值和战略地位，由于其渗透率较一般低渗和特低渗更低，研究难度更大。在低渗透油藏储层"五元"系数综合评价方法的基础上，考虑到吉林致密砂岩油藏储层特征和开发特点，增添了地层压力系数、岩石脆性指数、亲水系数和孔隙度等四个参数，形成了致密油藏储层"九元"系数综合评价方法，并对吉林乾246、让70和让53三个区块的致密储层进行了储层评价。研究结果表明：吉林乾246区块Ⅰ砂层组致密砂岩油藏综合评价系数最高，次之为让70区块Ⅲ砂层组和让53区块Ⅲ砂层组；通过分析单因素评价系数发现，起主要影响的评价参数为原油黏度、启动压力梯度、平均喉道半径和亲水系数。

关键词：致密油藏；储层评价；评价参数分类界限

致密油藏的储层特征和开发特点与低渗透油藏有较大的差别，根据吉林致密储层的特点，在低渗透油藏储层"五元"（平均喉道半径、可动流体百分数、拟启动压力梯度、黏土矿物含量以及原油黏度）系数综合评价方法的基础上新增了四个参数（地层压力系数、岩石脆性指数、亲水系数和孔隙度）。地层压力系数表征致密油的开发潜力，岩石脆性指数表征致密油藏缝网压裂程度的特征参数，亲水系数表征储层润湿程度的参数，孔隙度表征致密油藏单位岩石体积的流体含量的一个重要参数。

1 致密油藏储层综合评价参数体系

1.1 岩石脆性指数

岩石脆性指数表征致密油藏缝网压裂程度的特征参数。致密油藏在压裂过程中只有不断产生各种形式的裂缝，形成裂缝网络，油井才能获得较高产油量，这有别于常规油藏压裂设计，可以通过泊松比和杨氏模量来进行计算。由于泊松比和杨氏模量的单位有很大的不同，为了评价每个参数对岩石脆性的影响，应该将单位进行均一化处理，然后平均来表示岩石的脆性系数。

通过计算归一化杨氏模量和泊松比的平均值来得到脆性系数：

$$BI=(YM\_BRIT+PR\_BRIT)/2 \quad (1)$$

$$YM\_BRIT=(YMSC-1)/(8-1)\times100 \quad (2)$$

$$PR\_BRIT=(PRC-0.4)/(0.15-0.4)\times100 \quad (3)$$

式中　YMSC——综合测定的杨氏模量，GPa；
PRC——综合测定的泊松比；
YM_BRIT——均一化后的杨氏模量；
PR_BRIT——均一化后的泊松比；
BI——脆性系数，%。

该公式不适合静态参数的脆性指数计算。

将计算得到的岩石脆性参数，投影在北美地区岩石力学参数与脆性特征关系图版上（图1）。图版中越往左下区域延伸，代表岩石脆性越好，越往右上区域延伸，代表岩石脆性越差。

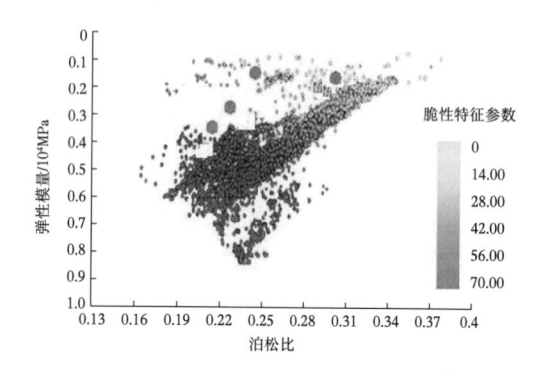

图1　储层脆性指数与泊松比和弹性模量的关系散点图

从图1可以看出：泊松比越大，杨氏模量越小，

作者简介：王艺萌，女，1991年出生，2016年毕业于吉林大学地质工程专业，现从事油气田开发工作，高级工程师，通讯地址：吉林油田公司勘探开发研究院非常规研究所，邮编：138000，联系电话：0438-6226099。

储层的脆性指数越低，储层在压裂时越难以形成缝网，致密油藏就难以获得较高产量。

从调研资料中得到，乾246区块砂岩脆性指数在42~50之间，可压性较好，泥岩脆性小，隔挡性较好，平面分布受砂体控制，进行体积改造后，形成的压裂裂缝形态为多缝过渡—缝网过渡阶段。因此，要根据脆性指数，选择合理的体积改造方式。

1.2 孔隙度

孔隙度是表征致密油藏的单位岩石体积的流体含量的一个重要参数，也是储量评价的一个重要参数。与渗透率一般呈正相关，能够表征储层的储集能力，是储层评价时不可忽视的一个参数。

1.3 亲水系数

在致密油开发过程中，润湿性会影响致密油藏开发过程中油水分布规律、油水渗流规律以及开发方式，是不可忽略的流固耦合影响因素。因此，用亲水系数来表征储层润湿程度。

储层润湿性对渗吸效果影响较大，润湿性越亲水，毛细管压力越强，进而促进渗吸采油，采收率变高（图2）。

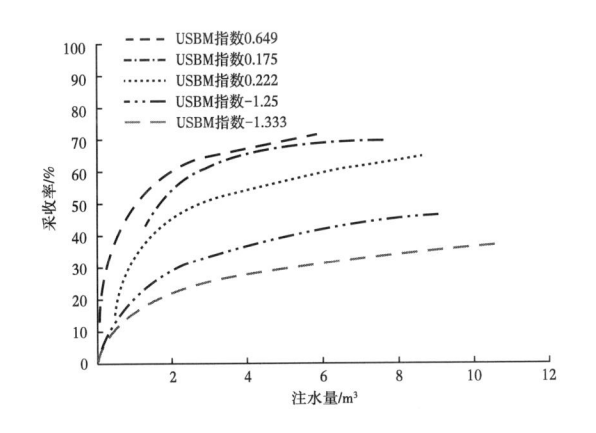

图2 不同USBM润湿指数下注水量与采收率关系曲线图

1.4 地层压力系数

地层压力系数指地层压力与对应高度的水柱压力之比，地层压力系数表征致密油的开发潜力。石油地质学中将地层孔隙中流体所受压力高于静水压力称为异常高压或超压，反之称为异常低压或负压。储层压力系数反应储层开发能量，致密油藏的储层物性普遍较差，较高的地层压力有助于提高弹性产量。

在相同油藏条件下，压力系数与弹性开发最终采出程度和初期产量均成正相关关系，即较高的地层压力系数可以获得更高的初期产量和采出程度（图3）。这是由于更高的地层压力系数对应着更高的排驱压力，一定超压的储层更有助于储层烃类在微小的孔喉中运移，因此压力系数与开发效果正相关。

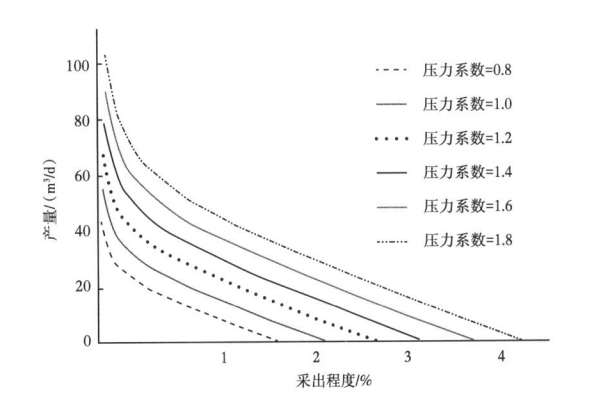

图3 不同压力系数产量与采出程度关系曲线图

2 致密油藏储层评价参数分类界限

根据物理模拟实验和数值模拟计算，并结合现场实际，确定了9个参数的分类界限（表1）。

表1 致密油藏储层评价参数分类界限统计表

参数	一类	二类	三类	四类
平均喉道半径/μm	>2	1~2	0.2~1.0	<0.2
可动流体百分数/%	>65	40~65	20~40	<20
启动压力梯度/(MPa/m)	<0.01	0.01~0.1	0.1~0.5	>0.5
原油黏度/(mPa·s)	<2	2~5	5~8	>8
黏土矿物含量/%	<5	5~10	10~15	>15
地层压力系数	>1.5	1.5~1.2	0.9~1.2	<0.9
岩石脆性指数/%	>80	80~60	40~60	<40
亲水系数/%	>65	50~65	35~50	<35
孔隙度/%	>16	16~12	12~8	<8

3 致密油藏储层综合评价方法

研究结果表明：平均喉道半径、可动流体百分数、地层压力系数、岩石脆性系数、孔隙度和亲水系数与区块的开发效果呈正相关关系，即平均喉道半径、可动流体百分数、地层压力系数、岩石脆性系数、孔隙度和亲水系数越高，开发效果越好；启动压力梯度、原油黏度和黏土矿物成分与区块的开发效果呈负相关关系，即启动压力梯度越高、原油黏度越高或者黏土矿物含量越高，区块开发效果越差。为此，提出了"九元综合分类系数"概念，在单因素分析的基础上，对各参数进行归一化处理得到的。其表达式为：

$$\varPsi = \ln \frac{(r_m/r_{mstd})(S_0/S_{ostd})(B/B_{std})(p/p_{std})(F_{wo}/F_{wostd})(\phi/\phi_{std})}{(\lambda/\lambda_{std})(m/m_{std})(\mu_0/\mu_{ostd})} \tag{4}$$

式中 S_0——可动流体百分数，%；
S_{ostd}——可动流体百分数下限值，%；
r_m——平均喉道半径，μm；
r_{mstd}——平均喉道半径标准值，μm；

λ——拟启动压力梯度，MPa/m；
λ_{std}——拟启动压力梯度标准值，MPa/m；
m——黏土矿物含量，%；
m_{std}——黏土矿物含量标准值，%；
μ_o——原油黏度，mPa·s；
μ_{ostd}——原油黏度标准值，mPa·s；
p——地层压力系数；
p_{std}——压力系数的标准值；
F_{wo}——亲水系数，%；
F_{wostd}——亲水系数标准值，%；
ϕ——孔隙度，%；
ϕ_{std}——孔隙度标准值，%。

4 致密油藏储层综合评价方法的应用

应用综合评价方法，对吉林乾246、让70、让53三个区块的致密储层进行了储层评价，并与长庆和四川0.2mD的致密砂岩储层进行对比（表2和表3）。从对比参数可以看出，不同评价参数无法单独对致密储层的好坏进行评价，必须通过多参数的组合进行综合评价，用渗透率也难以准确评价。长庆致密砂岩油藏（0.2mD）综合评价系数为7.23，评价最好；其次为吉林乾246区块Ⅰ砂层组致密砂岩油藏，综合评价系数为3.46；次之为让70区块Ⅲ砂层组，综合评价系数为2.45，四川致密砂岩综合评价系数为1.97，相对较差。

表2 吉林致密砂体储层综合评价结果统计表

评价参数	乾246Ⅰ砂层组（0.16mD）	让70Ⅲ砂层组（0.15mD）	让53Ⅲ砂层组（0.12mD）	长庆（0.2mD）	四川（0.2mD）
平均喉道半径/μm	0.19（Ⅳ）	0.15（Ⅳ）	0.13（Ⅳ）	0.24（Ⅲ）	0.19（Ⅳ）
可动流体百分数/%	45.46（Ⅱ）	45.24（Ⅱ）	41.78（Ⅱ）	62.3（Ⅱ）	51.81（Ⅱ）
启动压力梯度/（MPa/m）	0.38（Ⅲ）	0.53（Ⅳ）	0.65（Ⅳ）	0.09（Ⅰ）	0.508（Ⅳ）
黏土含量/%	19.2（Ⅳ）	17.3（Ⅳ）	17.3（Ⅳ）	11（Ⅲ）	18（Ⅳ）
原油黏度/（mPa·s）	1.95（Ⅰ）	1.95（Ⅰ）	5.60（Ⅲ）	0.97（Ⅰ）	2.10（Ⅱ）
压力系数	1.04（Ⅲ）	1.04（Ⅲ）	1.04（Ⅲ）	0.90（Ⅰ）	1.44（Ⅱ）
脆性指数/%	45（Ⅲ）	45（Ⅲ）	45（Ⅲ）	57（Ⅰ）	59（Ⅰ）
亲水系数	0.77（Ⅰ）	0.46（Ⅱ）	0.61（Ⅱ）	0.52（Ⅰ）	0.36（Ⅲ）
孔隙度/%	9.9（Ⅲ）	9.6（Ⅲ）	8.5（Ⅲ）	11（Ⅲ）	3.10（Ⅳ）
综合评价系数	3.46	2.45	1.13	7.23	1.97

通过单评价系数对比乾246区块Ⅰ砂层组与让53区块Ⅲ砂层组可知，起主要影响的评价参数中影响大小依次为原油黏度大于启动压力梯度大于平均喉道半径大于亲水系数；对比让70区块Ⅲ砂层组与让53区块Ⅲ砂层组可知，起主要影响的评价参数中影响大小依次为原油黏度大于亲水系数大于启动压力梯度大于平均喉道半径；对比乾246区块Ⅰ砂层组与让70区块Ⅲ砂层组可知，起主要影响的评价参数中影响大小依次为亲水系数大于启动压力梯度大于平均喉道半径大于黏土含量。

表3 吉林致密砂体储层单因素评价结果统计表

评价参数	乾246Ⅰ砂层组（0.16mD）	评价系数	让70Ⅲ砂层组（0.15mD）	评价系数	让53Ⅲ砂层组（0.12mD）	评价系数
平均喉道半径/μm	0.19（Ⅳ）	-0.05	0.15（Ⅳ）	-0.29	0.13（Ⅳ）	-0.43
可动流体百分数/%	45.46（Ⅱ）	0.82	45.24（Ⅱ）	0.82	41.78（Ⅱ）	0.74
启动压力梯/（MPa/m）	0.38（Ⅲ）	-0.27	0.53（Ⅳ）	0.06	0.65（Ⅳ）	0.26
黏土含量/%	19.2（Ⅳ）	0.88	17.3（Ⅳ）	0.77	17.3（Ⅳ）	0.77
原油黏度/（mPa·s）	1.95（Ⅰ）	-2.04	1.95（Ⅰ）	-2.04	5.60（Ⅲ）	-0.99
压力系数	1.04（Ⅲ）	0.14	1.04（Ⅲ）	0.14	1.04（Ⅲ）	0.14
脆性指数/%	45（Ⅲ）	0.12	45（Ⅲ）	0.12	45（Ⅲ）	0.12
亲水系数	0.77（Ⅰ）	-3.82	0.46（Ⅱ）	-4.33	0.61（Ⅱ）	-4.05
孔隙度/%	9.9（Ⅲ）	0.21	9.6（Ⅲ）	0.18	8.5（Ⅲ）	0.06

5 结论

（1）建立了致密油藏储层评价参数分类界限和储层综合评价方法，储层评价参数为平均喉道半径、可动流体百分数、拟启动压力梯度、黏土矿物含量、原油黏度、地层压力系数、岩石脆性指数、亲水系数和孔隙度。

（2）用单一参数很难综合评价致密储层的好坏，必须通过多参数的组合才能评价好。长庆致密砂岩油藏（0.2mD）综合评价系数最高，其次为吉林乾246区块Ⅰ砂层组致密砂岩油藏，次之为让70区块Ⅲ砂层组和让53区块Ⅲ砂层组，最差的为四川致密砂岩。

（3）通过分析单因素评价系数发现，起主要影响的评价参数为原油黏度、启动压力梯度、平均喉道半径和亲水系数。

参考文献：

[1] 宿航,李瑞雪,邓虎成,等.致密砂岩储层压裂效果地质—工程影响因素评价[J].石油实验地质,2024,46(6):1349-1361.

[2] 康小斌,闫钰琦,屈亚宁,等.致密砂岩储层孔喉结构特征及流体可动性影响因素[J].大庆石油地质与开发,2024,43(5):79-88.

[3] 张华锋,邱隆伟,王军,等.基于多参数融合的致密储层有效性综合评价方法研究[J].测井技术,2023,47(4):462-469.

[4] 夏宏泉,梁景瑞,文晓峰.基于CQ指标的长庆油田长6—长8段致密油储层划分标准研究[J].石油钻探技术,2020,48(3):114-119.

[5] 惠伟.四川盆地致密砂岩储层测井评价方法[J].石油地质与工程,2015,29(2):80-83,148.

本文编辑：温志杰

CCUS工业化推广中气窜风险分析及应对措施

黄明心　王　硕　魏　波

（中国石油吉林油田公司勘探开发研究院）

摘　要：CCUS不仅作为实现"双碳"目标的重要举措，还是油田提高采收率的重要举措之一。在其工业化推广过程中，由于受气驱易指进、储层平面纵向非均质性强的影响，不可避免地出现气窜现象，影响扩大气体波及体积，制约开发效果。基于此，首先分析了导致气窜出现的原因，而后提出方案设计、储层动用和注入政策调整等应对措施，并通过吉林油田的矿场实践提供实例说明。实践证明，吉林油田CCUS推广应用过程中制定了合理的调控政策，达到了良好的控窜效果，大幅提高了采收率，打造了CCUS典型的控窜名片。

关键词：CCUS；提高采收率；气窜；调控方式

吉林油田位于吉林省中部，区域构造位于松辽盆地南部和伊通盆地，油气产区主要分布在松原、白城、四平和长春四个地区，是我国陆上开发的典型"三低"油田。随着油田勘探开发的逐步深入，资源劣质趋势日益加剧，老区效益稳产难度加大，新区效益上产挑战严峻，"十二五"以来吉林油田已全面进入非常规开发阶段，新探明和待探明储量油藏品质日益变差，建产难度大，实现油田稳产形势严峻，亟须转变开发方式。

经过约30年的探索实践证明，吉林油田走CCUS道路可实现一举多得：（1）可以通过二氧化碳驱油提高采收率，规模增加原油产量，工业化埋存CO_2，这是集"端牢能源饭碗"、落实"双碳"目标和发挥老油田稳产作用于一体的战略性举措；（2）实践证实，CCUS技术成熟，且适宜CCUS探明地质储量大，加快推进CCUS工业化进程，既可解决吉林油田效益稳产现实问题，又可为集团公司实现化石能源清洁化、清洁能源规模化贡献"吉林方案"。

CO_2对低渗透油藏有较强的注入能力，对原油有较强的溶解与膨胀作用，通过注入大量CO_2，快速提高地层能量实现混相驱替。但随着开发过程的深入，地下含气饱和度逐渐升高，加之非均质等因素影响，出现高产气井（气窜井）的风险逐步增大，油井高产气后产量下降较大，驱油效果变差。因此，对于气窜风险分析及制定相应的应对措施，是提高CO_2驱开发效果的必经阶段。

1　气窜风险分析

吉林油田CCUS事业从室内实验到矿场实践再到工业化推广，积累了丰富的经验，总结提炼了诸多实质性的规律认识。基于此基础，分析气窜影响因素主要有以下几个方面：

（1）由于转CO_2驱开发的区块已历经数十余年的开发，长期的注采不均衡导致地层压力大幅降低，保持水平仅为70%左右。在地层压力小于最小混相压力的条件下，注入地下的CO_2与原油处于非混相驱替状态，更多是以游离状态存在，极易快速推进到油井附近，从而造成气窜，致使无效气循环。以黑125区块为例，2020年转CO_2驱开发前，地层压力为17.6MPa，小于最小混相压力22.1MPa，初始注入的CO_2以非混相的游离态存在，用以补充地层能量。

（2）CCUS实施区块是典型的"低渗透、低丰度、低产出"的三低油藏，受不同期沉积的影响，油藏储层层间、层内、平面和纵向非均质性强，注采井之间层位连通性差异大，优势储层连通在水驱阶段不断巩固优势地位，保持了绝对的吸入占比，形成水驱优势通道，注气后CO_2会沿着水驱优势通道突进，出现气窜的风险更高，以黑125区块黑+79-10-4井为例，在所有射孔层位中，青一段12号小层厚度和孔渗条件最好，2020年、2021年和2022年吸水量分别占13.25%、29.05%及49.31%，吸入量逐步增大，优势通道形成，气驱后极易沿着12号小层出现气窜。

（3）受"三低"制约，转CO_2驱区块内油井大

作者简介：黄明心，男，1996年出生，2022年毕业于北京石油化工学院化学工程专业，现从事CCUS提高采收率工作，工程师。通讯地址：吉林油田公司勘探开发研究院提高采收率所，邮编：138000，联系电话：0438-6226656。

多均已压裂，存在人工裂缝，因此，在人工裂缝及本身存在的天然裂缝因素的影响下，气体沿着裂缝突进，油井易出现快速气窜现象，通常只出气不出液，无效气产出比例大，对本井组其他油井产量影响严重。

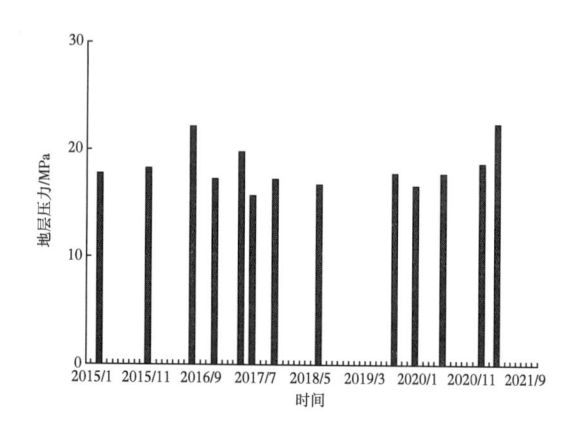

图1 黑125区块地层压力变化柱状图

2 气窜应对措施

2.1 快速恢复地层压力，实现混相驱替

针对地层压力低易造成气窜风险，主要采取快速提升地层压力和控制油井流压，实现CO_2混相驱替，降低气窜风险。

2.1.1 快速恢复地层能量

在大多数油藏条件下，CO_2为超临界状态，密度与液体相似（$0.3\sim1.0g/cm^3$），对物质溶解能力强；超临界CO_2黏度与气体相似（$0.02\sim0.09mPa\cdot s$），在孔隙介质中渗透能力强，物理模拟实验与矿场试验相结合也证实注CO_2启动压力梯度，由注水的0.35MPa/m降至0.14MPa/m，吸气指数是吸水指数的1.4～6倍。因此，利用CO_2的强渗流以及强吸入的特性，可有效为低渗透油藏补充能量。

大情字井油田原始地层压力为22～24MPa，水驱开发地层压力保持水平只有70%左右，前期试验区为了快速恢复地层压力，先注入一个大CO_2段塞，快速恢复地层能量。根据黑59井和小井距等经验，一般注气6～8个月地层压力可达到最小混相压力以上。因此，在方案设计和实施中，第一个阶段就是快速恢复地层能量，实现混相驱替。

2.1.2 控流压生产

在地层条件下，CO_2与原油混相后饱和压力由7.01MPa上升至15.02MPa，为保证油井井底不脱气，影响混相状态，混相油井的井底流压应控制在15.02MPa以上。

流压控制水平越高，注采井间混相段长度越大，设计油井流压分别为8MPa、10MPa、12MPa、15MPa和18MPa，数值模拟研究表明，当流压控制在12～15MPa可有效保持地层压力。因此，油井合理流压应控制在12～15MPa。

矿场实践表明，控流压生产见到了很好效果。例如黑125区块的黑79-8-6井（图2），注气后，日产气量高达$3039.8m^3$，只出液不出油，只能通过间抽的方式生产，安装控压阀后，不仅实现了连续生产，还见到了明显的"降水增油"混相特征，日产油升高至6.6t，实现了高产。

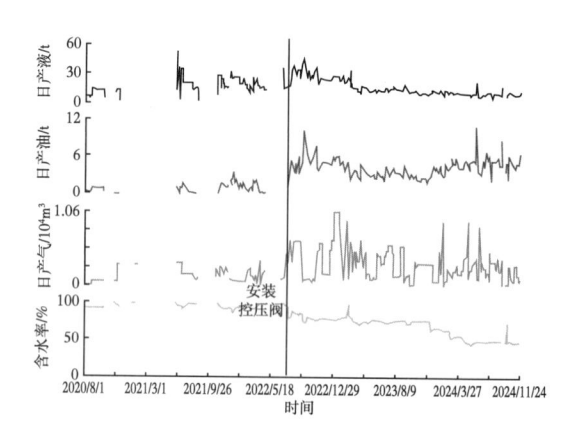

图2 黑79-8-6井控压前后采油曲线图

2.2 合理方案设计，降低气窜风险

针对受储层非均质性显著、高渗透条带发育等因素制约的油藏，在CO_2驱替开发方案设计中需构建多维度的技术应对体系。通过储层构型表征技术开展精细地质研究，整合三维地质建模、动态监测数据及示踪剂测试成果，明确高渗条带的展布规律与渗透率级差特征。研究表明，当储层渗透率级差超过10倍时，气窜风险概率将增加65%以上，因此，需通过井网优化建立差异化开发单元。对条带发育区采用"小井距、密井网"部署模式，将井距由常规300m缩减至150～200m；对均质区则保持经济性开发井距，同时采用注采参数动态优化技术，将注气速度控制在0.08～0.12HCPV/a，生产井流压梯度维持在0.6～0.8MPa/km。

2.2.1 合理井网优化设计

2.2.1.1 已实施试验区气影响情况

吉林油田目前注气时间较长且保持持续注气的为小井距、黑46区块和黑125区块等三个试验区。小井距试验区2012年7月开始注气，采用80m×240m反七点井网，按照单层注气方式开展试验（注青一段11、12号小层），已实现混相驱替，目前累计注气$43×10^4t$，日产油稳定在20t，较水驱递减提高7倍。小井距试验区已累计注气12年，诸多生产井中只有黑79-1-5井发生过严重气窜，该井与注气井处于同一河口坝主体，高渗透通道发育，且注采井井位为东西向，受东西向裂缝影响增加了储层的连通性，导致该井气影响较重，其余气影响井通过水气交替等调控措施有效防控了气窜。小井距气窜井比率为4%，混相驱条件下，加密反七点井网通过水气交替等综合调控措施能够有效控制气窜。

黑46区块于2014年10月开始注气，主体采用150m×600m反九点井网，受气源和注入能力等因素影响，整体为非混相驱，黑46区块已注气9年，累计发现气影响严重井28口，气影响井比率19.9%，其中北东向最多20口井，东西向气影响井6口，北西向井2口，气影响井多发生为北东向顺砂体方向，高渗透条带影响油井的气窜程度。针对黑46区块气窜井，重点开展优化提高注水强度+压裂引效引导气体流向的组合调控措施，扩大波及体积。

黑125试验区于2020年8月开始注气，采用160m×240m五点井网，目前累计注气35.9×10⁴t，地层压力24MPa，整体实现了混相驱替，试验过程中共发现气影响3口井，气窜井比率8%。通过优化注入速度与气水段塞，使气影响井得到了有效控制，见到了降气增油效果。

通过分析小井距、黑46区块和黑125区块等已实施试验区气窜井特征，气影响井与注入井多位于同一高渗透条带，井间发育高渗透通道，试验区混相后将大幅降低气窜井比例。为降低气窜井的发生风险，井网设计应重点考虑可能发生气驱的优势方向，并针对性开展注采参数优化设计。

2.2.1.2 推广区块井网优化设计

通过对各试验区气影响井影响因素分析，气影响井与注气井多发育于同一高渗透条带，多为顺砂体沉积方向。因此，为规避整体气窜风险，通过精细地质研究，分析水驱见效规律，明确驱替优势方向，优化注气井排，从根本上扩大气体波及。

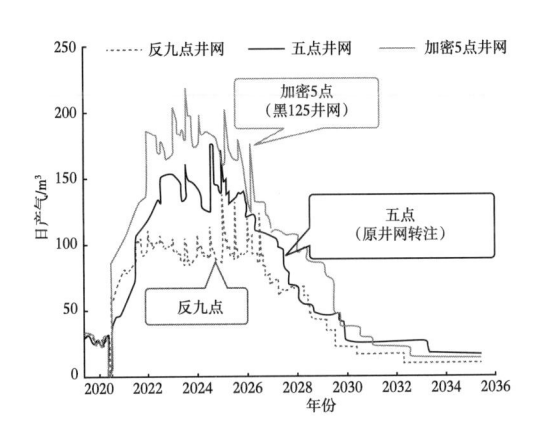

图3 不同井网日产气曲线图

结合矿场实践，以提高整体注入能力、同时扩大波及为目标，按照转注模式与钻井模式，设计不同井网，分析对比不同井网效果与效益。根据单井注入能力与气窜方向，转注井网主要考虑在顺砂体方向的反九点转五点井网。为保证整体注入速度，同时考虑投资和进度等因素，按照反九点转五点井网与加密五点两种井网模式，开展方案对比。

根据数模结果，反九点转五点、井间加密五点两种井网都可以实现混相，加密五点（井间加密五点）井网见效更早（图3）。

以CCUS一期工程推广区块黑71区块为例，结合前期水驱优势方向研究，分区设计井网，规避气窜风险。根据资源状况可将黑71区块划分为主体区与非主体区，主体区资源品质好，油井累计产量高且初产高，井网采用加密五点井网模式，最大限度提高采收率。非主体区主要为区块边部，油井产量低，井网根据储量控制情况进行相应转注，提高边部储量动用率，增加埋存总量（图4）。

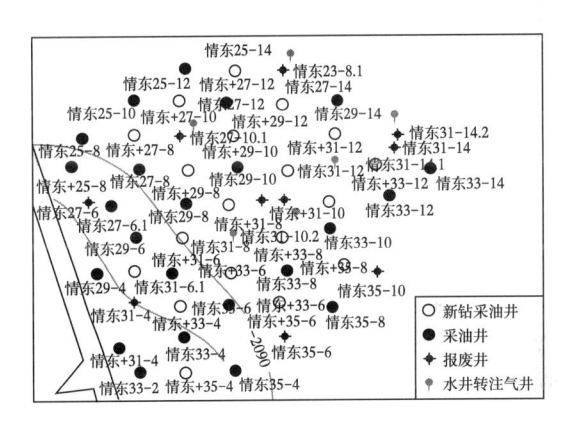

图4 黑71区块井网调整部署图

2.2.2 优化注采井储层动用方式

2.2.2.1 油井压裂控规模

考虑合理优化规模提产，采用小规模解堵+转向压裂造多裂缝、控缝长，挖潜侧向剩余油，防止后期注气气窜。

2.2.2.2 注入井差异化射孔

针对CO_2驱笼统注气条件下不同渗透率的储层吸气差异大，影响低渗透储层有效驱替的问题，建立了差异化射孔注入模式，从根本上解决了促进纵向储层有效吸气的问题。对目标层段多期砂体叠置小层，细分单砂体，建立孔渗模型，识别各小层单砂体物性特征，完成储层分类评价；对不同渗透率的储层应用差异化射孔工艺完井，从设计源头改造各小层吸气能力，促使先天渗透率差异不同的各小层通过人工参与实现储层改造，实现后天吸气能力相对均匀，解决了CO_2驱笼统注气条件下降低不同渗透率的储层吸气差异大的问题，有效控制了气体沿高渗层位和高渗透条带的渗流，使渗透率最小的低渗储层也能实现CO_2驱有效驱油。

差异化射孔主要针对注入井，通过改进传统的射孔方案编制方法，确保在注入端各层的有效驱替。根据注入井的测井曲线资料，确定相应注气层位，并完成储层分类评价。结合大情字井油田CCUS实施区储层特点，将储层单砂体划分为三类：Ⅰ类储层（$k > 5mD$）、Ⅱ类储层（$0.2 < k ≤ 5mD$）和Ⅲ类储层（$0.06 < k ≤ 0.2mD$）。根据各小层渗透率所属类型和其顶界、底界具体深度及相应的厚度，编制差异化CO_2驱射孔方案，差异化主要参数包括射孔枪类型、射孔单类型和孔密等主要射孔工艺参数。

2.2.3 注采参数优化防控气窜
2.2.3.1 优化气水段塞，结合提流压自喷控窜

室内实验表明，水气交替可以减缓层间矛盾，动用特低渗储层。根据试验区储层的沉积特点，利用组分数值模拟，对水气交替方案进行优化，在高产气井区域实施1∶2或1∶1的气水段塞比能够有效地控制油井高产气，在未明显见效井区域实施2∶1的段塞比能够促进区域见效。实施水气交替后，小井距试验区纵向储层剖面有效改善，吸入和驱替状况趋于均衡。

黑125区块黑79-10-6井（图5）注气3个月发生气窜后停井，通过动静结合分析，该井主要受黑+79-10-6井控制，2021年7月将黑+79-10-6井的气水段塞比由1∶1调整为1∶3，并实施自喷生产。调控后自喷生产日产液28t，日产油5.2t，含水率81%；之后液量下降至13t左右，产量保持稳定；目前含水下降，产量上升。

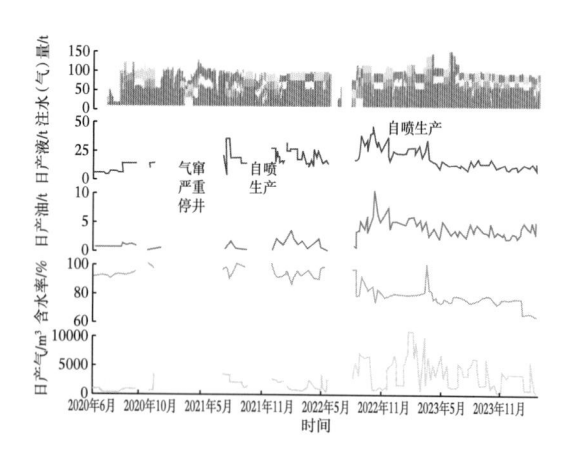

图5 黑79-10-6井采油曲线图

2.2.3.2 泡沫驱扩大波及体积控窜

2018年11月，小井距试验区优选核心区2个井组与外围1个井组开展泡沫驱试验，探索泡沫驱扩大波及体积可行性。从注入特征看，注泡沫后注气压力上升3MPa，注水压力上升2MPa，停注后注气压力下降幅度更大。从产出特征看，注泡沫阶段产液、产油上升后保持平稳，气油比下降，2020年7月后受停注泡沫和泄压等因素影响，产量下降，说明泡沫能够起到控制气窜扩大波及体积的作用。

2.3 气窜源头治理，减少无效气产出

针对受裂缝性气窜油井，可采取油井反向调剖和封层等方式，从源头治理气窜，减少无效气产出，提高气体利用率。

2.3.1 气窜井反向调剖控窜

油井高产气后，近井地带含气饱和度很高，注采井间已形成高渗透通道，为抑制气体沿渗流通道的快速渗流，在油井端注入一个较大的调剖段塞，调剖液的用量一般大于200t，对油藏中的流体给一个反向压力，促进气体向其他方向渗流，也促进气体与油层原油的充分溶解，降低含气饱和度，达到控窜提液增油的目的。

2.3.2 封层

小井距试验区只有一口井（黑79-1-5井）出现裂缝性气窜，该井注气1个月气油比上升至2000m³/t以上，通过水气交替和反向调剖等方式无法实现正常生产，后期封堵青一段12号小层，井组实现正常生产，该井已封层5年，未出现安全问题。

3 结论

针对CCUS工业化推广过程中不可避免地出现气窜问题，基于吉林油田多年的矿场实践，首先分析气窜产生原因，再从方案编制过程中的井网优化、生产井投产前的射孔方式、投产后注入政策的调整和多元方式协同调剖等方面提出应对措施，最后给出不同应对措施的应用实例。实践证明，吉林油田CCUS达到了良好的控窜效果，进一步扩大了气体的波及体积，改善了开发效果，树立了CCUS典型的控气窜范例。

参考文献：

[1] 岳湘安,赵仁保,赵凤兰.我国CO_2提高石油采收率面临的技术挑战[J].中国科技论文在线,2007,2(7):487-491.

[2] 胡伟,吕成远,王锐,等.水驱转CO_2混相驱渗流机理及传质特征[J].石油学报,2018,39(2):201-207.

[3] 王智林,林波,葛永涛,等.低渗油藏水驱后注CO_2补充能量机理及方式优化[J].断块油气田,2019,26(2):231-235.

本文编辑：温志杰

机械式漂浮工具研制与应用

张　驰[1]　朱云波[2]

（1.中国石油大庆钻探工程有限公司地质录井公司　2.中国石油大庆钻探工程有限公司工程技术研究院）

摘　要：针对普通单一盲板式漂浮工具承压能力低、开启压力不稳定及盲板破碎后边缘有残留的问题，研制了ϕ140mm机械式漂浮工具。该工具由上接头、本体、下接头、剪切环、撞击环、支撑环、高压破裂盘和剪销等组成。通过对工具的优化、计算与校核，确定了高压破裂盘的厚度和剪销的数量。通过大量的室内实验，确保了高压破裂盘承压能力的稳定性及打开压力的精准性。工具在115MPa交变载荷下连续循环50次，未发生泄漏，可满足后期105MPa高压压裂需求。现场应用4次，有效降低了套管下入摩阻，下套管作业时效提高了20%～30%，实际打开压力和理论打开压力一致。固井顶替胶塞过工具时未产生压力波动，固井测声幅时爬行器未发生卡阻。

关键词：漂浮工具；高压破裂盘；全通径；压力波动

随着大庆油田勘探开发的不断深入，水平井的数量逐年增多，垂直深度和水平段的长度屡创新高，对漂浮下套管工具提出了更高的要求。大庆油田目前在用的ϕ140mm普通盲板式漂浮工具存在以下三个问题：（1）盲板材料为普通的脆性材料，承压能力不稳定，有提前打开造成漂浮失效的风险；（2）采用井口加压直接憋破盲板的方式建立循环，会出现盲板破碎后边缘有残留的状况，固井顶替胶塞过工具时易引起大的压力波动，严重时可能刮坏胶塞，影响后续施工；（3）工具承压能力只有25MPa和30MPa两种，单一漂浮工具无法满足垂深大于2000m以上井的实际需求。为了解决以上问题，并为大庆古龙页岩油3000m及以上长水平段水平井提供技术支撑，研制了ϕ140mm机械式漂浮工具。

1　工具的研制

1.1　研制思路

按照"三更一通径"的研制思路，优选承压能力高、稳定性好和破碎颗粒更细小的特殊材料制成的高压破裂盘，通过边缘撞击机构实现边缘破碎，达到全通径的目的。

1.2　整体结构设计及工作原理

ϕ140mm机械式漂浮工具由上接头、本体、下接头、剪切环、撞击环、支撑环、高压破裂盘和剪销等组成。工具最大外径为ϕ180mm，内径与套管内径一致。当工具助力套管顺利下入到设计位置后，高压破裂盘以上的套管串内灌满钻井液，用泥浆泵在井口加压。当压力达到设计压力时，剪销剪断，剪切环带动撞击环下行，撞击环上均布的撞齿从边缘撞击高压破裂盘，使其从边缘破碎，钻井液循环通道打开。剪切环上下有限位机构和补偿机构，可以确保测井爬行器爬行时不会遇阻（图1）。

图1　ϕ140mm机械式漂浮工具结构示意图

1.3　材质优选

1.3.1　金属材料选择

为了保证整个管串的一致性，上接头、下接头、剪切环、撞击环和支撑环均选择经过调质处理（淬火+高温回火）的42CrMo。该材料的最小屈服强度和抗拉强度均优于P110和Q125/TP125钢级套管，且工具壳体最小壁厚大于等于10.54mm，可以满足后期

作者简介：张驰，女，1986年出生，2008年毕业于大庆石油学院机械设计专业，现从事钻完井工具研发、录井仪器及工具检测工作，工程师。通讯地址：大庆钻探工程有限公司地质录井公司工艺装备研究与应用所，邮编：163413，联系电话：0459-4893674。

压裂的强度（表1）。

表1 钢级套管力学性能对比数据表

序号	材质	抗拉强度/MPa	屈服强度/MPa 最小	屈服强度/MPa 最大	备注
1	42CrMo	≥1080	930	/	GB/T 3077—2015
2	P110	≥862	758	965	API Sec 5CT
3	Q125/TP125V	≥931	862	1034	

1.3.2 高压破裂盘

借鉴深水探测器玻璃视窗可以多次下潜无损伤的特性，与专业生产厂家对接，定制了一种特殊材料的高压破裂盘。经过上百次的室内实验，总结出了不同承压能力高压破裂盘的厚度公式：

$$t=\frac{D}{2}\sqrt{\frac{\pi p}{2\delta}} \qquad (1)$$

式中 t——高压破裂盘的最小厚度，mm；
p——理论承压能力，MPa；
D——高压破裂盘的直径，mm；
δ——高压破裂盘的抗弯强度，MPa。

由公式（1）计算了常用高压破裂盘的厚度（表2），为了确保高压破裂盘的质量，每一块高压破裂盘都要经过严格的尺寸检查和内部缺陷检测。

表2 常用高压破裂盘技术参数数据表

序号	承压能力/MPa	外径/mm	抗弯强度/MPa	厚度/mm
1	40	129	780	18
2	50			20.5
3	60			22.5

1.3.3 撞击环

撞击环本体采用接箍料加工而成。为了保证撞击环的撞击效果，对撞击齿部分进行中频感应淬火。

1.3.4 密封橡胶件

工具内部共有4道"O"形圈密封。工具使用现场多用油基钻井液，井底温度为100℃左右，且要求密封圈的密封能力达到30MPa以上，所以选用氟橡胶"O"形圈。此外，工具中涉及的2个环型胶垫同样选用氟橡胶压制而成。

1.4 连接螺纹设计

工具两端螺纹与套管螺纹相匹配，常用螺纹主要有DLP-JT和TP-BM（S）等。工具本体与上接头和下接头采用直螺纹连接，在本体上内螺纹根部设计扭矩台肩，连接前在螺纹上涂抹厌氧胶，连接完成后在螺纹连接部位钻孔、攻丝、装顶丝和焊接，确保螺纹连接的可靠性，同时满足旋转下套管的工艺要求。

1.5 剪销剪切压力的设计

选定H62作为销钉材料（τ_b=350MPa），根据工具的承压面积计算不同开启压力下的剪销数量（表3）。

剪切公式： $$\tau_b=\frac{4F_t}{\pi d^2 Z} \qquad (2)$$

横向力公式： $$F_t=pA \qquad (3)$$

由式（2）和式（3）可以得出：

$$Z=\frac{4pA}{\pi d^2 \tau_b} \qquad (4)$$

式中 p——工具的开启压力，MPa；
A——承压面积，mm²；
d——剪销的直径，mm；
τ_b——剪销的剪切强度，MPa；
F_t——横向力，N；
Z——剪销的数量，个。

表3 不同开启压力的剪销数量计算数据表

序号	开启能力/MPa	承压面积/mm²	剪销直径/mm	剪切强度/MPa	剪销数量/个
1	30	3339.98	10	350	4
2	40	3339.98	10		5
3	50	3339.98	10		6

2 室内性能测试

为了验证设计值和实际值的一致性，分别开展了高压破裂盘承压能力稳定性测试、工具壳体承压能力测试、剪销剪切压力测试及工具整体性能测试等，并对高压破裂盘破碎颗粒粒度进行了分析。

2.1 高压破裂盘承压能力稳定性测试

选择电动试压泵1台，设计专用测试工装1套，定制理论承压能力为40MPa、50MPa和60MPa的高压破裂盘各10块，在确保高压破裂盘单边承载面宽度大于3mm的情况下依次开展直接爆破实验。从实验结果来看，定制的各压力等级的高压破裂盘实际承压能力均大于等于理论承压能力，且波动范围在3MPa以内，稳定性相对较好。

2.2 工具壳体承压能力测试

为了验证工具是否满足后期压裂的要求，在未安装高压破裂盘的情况下，按照升压（115MPa）—保压（30min）—泄压（0MPa）的顺序开展交变载荷实验。连续循环50次，工具无任何泄漏，满足页岩油105MPa的压裂需求。

2.3 剪销剪切压力测试

用ϕ129mm×23mm代替高压破裂盘，按照设计开启压力测试剪销的剪切压力，分别安装不同数量的剪销，打压测试剪切压力，多次实验结果显示，实际开启压力和理论开启压力差别不大，可以满足现场施工要求（表4）。

表 4 剪销剪切压力测试数据表

剪销直径/mm	剪销数量/个	设计开启压力/MPa	实际开启压力/MPa				
			1	2	3	4	5
10	4	30	31	31	29	32	31
	5	40	41	42	40	41	42
	6	50	50	52	51	49	51

2.4 工具整体性能测试

组装理论开启压力分别为 30MPa、40MPa 和 50MPa 的工具各 5 只，分别连接电动试压泵，记录剪销剪切情况、剪切压力及是否实现全通径等（表 5）。从测试结果来看，打开压力与理论开启压力基本一致，且每次都能实现全通径。

表 5 工具整体性能测试数据表

高压破裂盘承压能力/MPa	理论开启压力/MPa	测试情况					
		次数/次	1	2	3	4	5
40	30	打开压力/MPa	31	32	30.5	31	30
		剪销是否剪断	是	是	是	是	是
		是否全通径	是	是	是	是	是
50	40	次数/次	1	2	3	4	5
		打开压力/MPa	40	39.5	41	42	41
		剪销是否剪断	是	是	是	是	是
		是否全通径	是	是	是	是	是
60	50	次数/次	1	2	3	4	5
		打开压力/MPa	52	51.5	52	50	51
		剪销是否剪断	是	是	是	是	是
		是否全通径	是	是	是	是	是

2.5 高压破裂盘破碎颗粒粒度分析

高压破裂盘破碎前重量为 946g，破裂后回收颗粒重量为 425g，回收率为 45%，未收集到的粉末状（冲击飞溅至别处）占比 55%。回收的颗粒中，最大的颗粒粒径为 7.5mm（最长边），粒径 $d \leq 2$mm 的占比为 17.12%，4.75mm $< d \leq$ 7.5mm 的占比为 9.73%（图 2），浮箍浮鞋的水眼大于 46mm，颗粒完全可以循环出去，不会发生堵塞浮箍浮鞋水眼的情况。

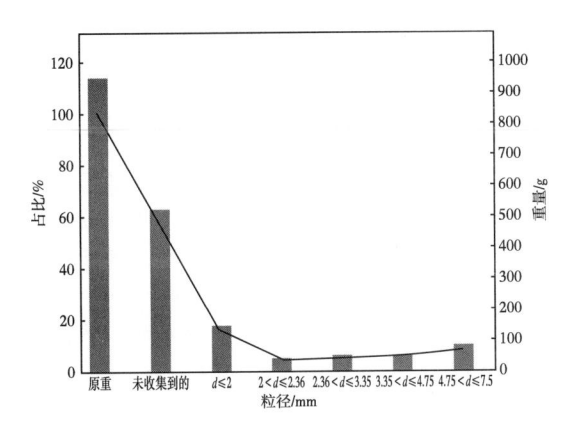

图 2 高压破裂盘破碎颗粒分布综合图

3 现场应用

3.1 试验 1 井使用情况

试验 1 井设计井深 3540m，完钻井深 3796m，完钻垂深 2016.63m，最大垂深 2023.91m，水平段长度 1650m，技套下深 1335m，钻井液密度 1.42g/cm³。漂浮工具接在井深 2153.45m 处（垂深 1974.54m，静液柱压力 28MPa），设计承压能力为 40MPa，理论打开压力 12MPa，实际打开压力 12.5MPa。全井共下套管 338 根，用时 41h。固井施工顶替时，胶塞过工具未产生压力波动。固井测声幅时爬行器爬行顺畅，在工具处未发生卡阻，实现了全通径的目的。

3.2 试验 2 井使用情况

试验 2 井设计井深 5146m，完钻井深 5146m，完钻垂深 2358.77m，水平段长 2546m，套管下深 5143m，钻井液密度为 1.62g/cm³。漂浮工具接在井深 2600m 处（垂深 2359.42m，静液柱压力 37MPa），设计承压能力为 50MPa，理论打开压力 13MPa，实际打开压力 14MPa。全井共下入套管 455 根，用时 30h。固井施工顶替时，胶塞过工具未产生压力波动。固井测声幅时爬行器爬行顺畅，在工具处未发生卡阻。

4 结论

（1）通过设计边缘撞击结构，优选承压能力高、稳定性好及破碎颗粒更细小的特殊材料定制的高压破裂盘，提升了漂浮工具的承压能力，解决了边缘残留的难题。工具在 115MPa 交变载荷下连续循环 50 次，未发生泄漏，可满足后期 105MPa 高压力压裂的需求。

（2）工具现场应用效果好，有效降低了套管下入摩阻，确保套管顺利下至设计井深，下套管作业时效提高了 20%~30%，实际打开压力和理论打开压力基本相符，固井顶替胶塞过工具时未产生压力波动，固井测声幅时爬行器爬行顺畅，未发生卡阻。

参考文献：

[1] 张明昌,张新亮,高剑玮.新XPJQ系列下套管漂浮减阻器的研制与试验[J].石油钻探技术,2014,42(5):114-118.
[2] 于小波,万发明,李玉海,等.漂浮下套管技术失效原因分析探讨[J].西部探矿工程,2022(1):38,43.
[3] 杨睿.漂浮下套管技术在吉木萨尔页岩油水平井的应用[J].新疆石油天然气,2020,6(1):21-24.

本文编辑：董 华

川南配置区油层套管安全下入技术探讨

袁志丽　徐祺林　贾聚全

(中国石油吉林油田公司油气工艺研究院)

摘　要：川南配置区页岩气水平井水平段长、套管钢级壁厚大、靶前位移受限、造斜段狗腿度大、地层变化快、井眼轨迹频繁调整、临井压裂水窜、井壁垮塌及井下复杂情况等因素，导致油层套管下入速度慢和周期长，甚至无法下至目的井深，造成钻井周期和采气资源双向浪费。针对这一难点，结合AnyCem固井模拟软件分析结果，从井眼轨迹控制、降低摩阻、消除屈曲、加强通井管理及保障下套管工艺等技术手段出发，积极探索解决措施。截至目前，配置区完井54口，油层套管下入到位率100%。

关键词：油层套管；套管下入；套管屈曲；长水平段

1　地质及工程简况

川南配置区位于四川盆地中南部，分布在自贡、宜宾和内江三市，为了加快页岩气勘探开发速度，有效开发页岩气藏，采用水平井+大型压裂开发模式，二开采用ϕ311.2mm钻头+ϕ244.5mm技术套管下深至栖霞组；三开采用ϕ215.9mm钻头+ϕ139.7mm油层套管开发龙马溪组（垂深大于4000m），封固石牛栏和龙马溪组等高温、高压圈闭气层，水平段长度多大于1800m，地层压力系数大于2.0，钻井液密度高，固相含量高，摩阻大。同时，由于受轨迹变化和井眼清洁度等影响，套管下入过程中会形成屈曲现象，常规下套管模式难以保证套管顺利下入到位，前期26口井下套管平均周期为4.8天，最长周期为9.5天。

2　油层套管下入影响因素

2.1　套管柱受力产生屈曲

配置区水平井平均水平段长1800m，钻井液平均密度2.20g/cm³，钻井液切力大，摩阻高，油层套管柱下放过程中一方面受钻井液浮力、切力和摩阻等各种外力的阻碍，另一方面管柱在轴向上受压而失去稳定性，发生弯曲，直至锁死，这种弯曲称为屈曲，分螺旋屈曲和正弦屈曲，发生正弦屈曲临界状态管柱受到轴向力称为临界正弦屈曲载荷$F_{正弦}$［式（1）］，发生螺旋临界状态管柱受到轴向力称为临界螺旋屈曲载荷$F_{螺旋}$［式（2）］，其计算如下：

$$F_{正弦} = 2\sqrt{\frac{EIq\sin\theta}{r}} \quad (1)$$

$$F_{螺旋} = 2\sqrt{2}\sqrt{\frac{EIq\sin\theta}{r}} \quad (2)$$

式中　$F_{正弦}$——正弦屈曲，kN；
　　　$F_{螺旋}$——螺旋屈曲，kN；
　　　E——管柱的弹性模量，N/m²；
　　　I——管柱的惯性矩，m⁴；
　　　q——管柱浮重，N/m；
　　　θ——井斜角，（°）；
　　　r——管柱与井眼之间的环空间隙，m。

2.2　套管柱受侧向力大

川渝地区地形复杂，平台修建受限严重，井眼轨迹设计过程中要尽可能地增加水平段长度，保证开发效益，需要缩短靶前位移。个别井狗腿度大于7°/30m，阻碍套管顺利下入主要有三方面因素：（1）配置区使用ϕ139.7mm×12.7mm×140V高钢级、大壁厚套管屈服强度965MPa，套管经过大狗腿度井段时需要克服本体屈服强度，产生一定弯曲，套管与井壁在此井段接触面积增大，摩阻增大，套管受侧向力急剧增加，阻碍套管顺利下入；（2）管柱在复杂的"双二维"井眼轨迹中穿行，作为套管串最大外径的刚性扶正器与井壁多点"硬"接触，下放摩阻大于套管悬重，套管无法使用常规手段下放到位；（3）造斜段井眼轨迹的变化较大，且由于此井段钻井速度慢和反复起下钻原因，极易形成键槽而导致岩屑床堆积，继而进一步增加套管下入摩阻。

2.3 局部狗腿度超标

配置区页岩气水平井储层特点为地层变化快、层薄、断层及挠曲多，钻进过程中为保证优质出层钻遇率，需要频繁调整井眼轨迹，单井最多导向调整指令90余条，为实现追层及靶体钻遇率，甚至出现局部狗腿度超标现象，井壁呈现"阶梯形"，进一步增加了套管的下入摩阻，套管下入过程中受轴向力和侧向力影响大，屈曲严重，难以正常下入。

3 套管安全下入技术探讨

3.1 井眼轨迹优化

在平台井设计之初进行井眼轨迹优化，优选出下套管最容易的井眼轨迹。以自205H58-1井为例，造斜段选择4°/30m（勺形）、5.5°/30m和6.5°/30m三种狗腿度进行井眼轨迹设计（图1至图3），通过AnyCem软件模拟三种狗腿度对应井眼轨迹套管下入情况（表1），三种轨迹在二维轨迹情况下临界屈曲井深相近（套管锁死点），但当套管下入至井底时5.5°/30m狗腿度轨迹的钩载剩余量较大，因此，选择造斜段5.5°/30m狗腿度的井眼轨迹。

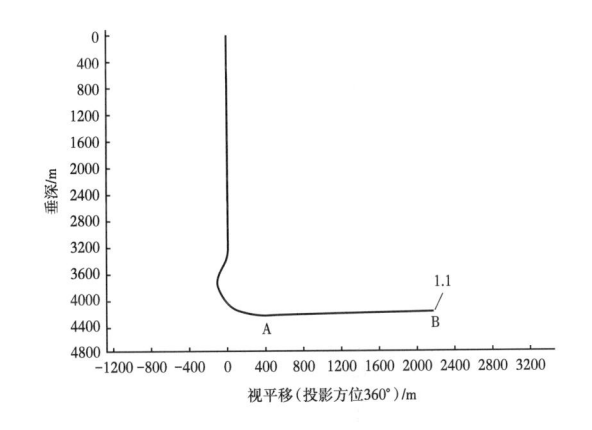

图1 4°/30m狗腿度轨迹曲线图

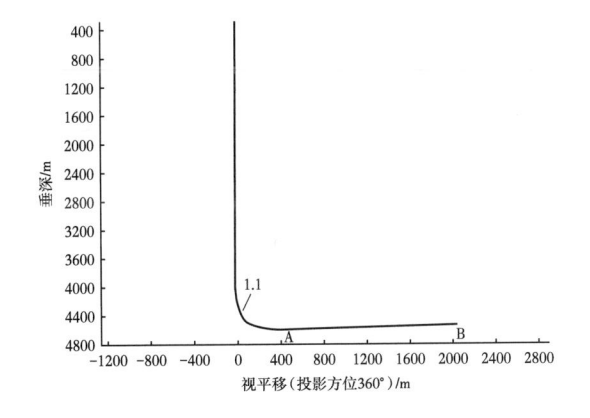

图2 5.5°/30m狗腿度轨迹曲线图

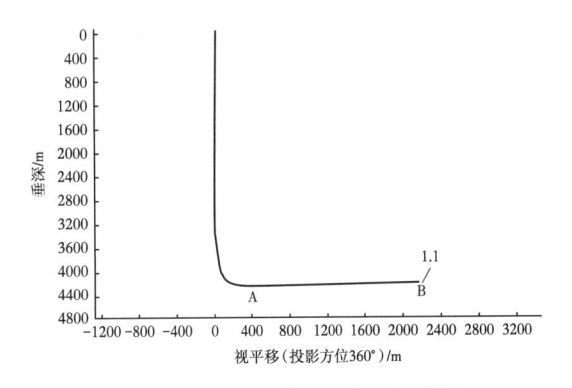

图3 6.5°/30m狗腿度轨迹曲线图

表1 自205H58-1井套管下入模拟数据表

井号	完钻井深/m	狗腿度/[(°)/30m]	钩载/kN	临界屈曲井深/m
自205H58-1	6477	4	578	5324
	6383	5.5	-21.9	5280
	6383	6.5	-107	5230

3.2 实钻控制井眼轨迹

为避免因水平段频繁调整轨迹导致套管下入困难，配置区开展工程地质一体化研究，打造"双甜点"一体化导向模式，建立工程地质模型，在水平段导向过程中，根据三维地震资料、伽马及元素变化，精确预测钻头钻遇层位，提前预测地层变化，锚定2小层中下部地质及工程"甜点"，避免轨迹大范围波动，同时，从造斜段开始，优选进口旋导，保证井眼轨迹光滑，严控井眼轨迹，杜绝出现"阶梯形"井眼。

3.3 优选下套管工具

3.3.1 旋转下套管工具

为最大限度地降低水平段摩阻，减少屈曲发生，借鉴邻区下套管经验，配置区下套管普遍使用旋转下套管工具，通过在顶驱上安装可夹持并带动套管旋转的工具，使套管下放过程中不但可以转动，而且可以进行循环，消除下套管屈曲现象，保证套管下入到位。

3.3.2 漂浮下套管工具

为进一步降低套管下入摩阻，提高下套管速度，降低下套管周期，选取石牛栏组圈闭气较低的自205H2-3井试验漂浮固井技术，全井套管以常规方式下入，下套管周期为3.5天。综合考虑钻井成本，配置区在完钻后进行下套管模拟，在使用旋转下套管工具仍然下入困难的情况下，准备漂浮下套管工具，根据现场套管下入情况选择漂浮下套管方式或者旋转+漂浮方式，保证套管顺利下入。

3.4 其他技术措施

3.4.1 通井技术措施

下套管前采取近钻头单扶正器及双扶正器钻具组合畅通井眼，对遇阻、卡及狗腿度大的井段反复划眼通过，采用稠浆和携砂等技术措施将井底沉砂带出井底，保证井眼畅通。

3.4.2 短起下测后效措施

下套管前在 A 点附近短起下 30 柱测油气上窜速度，根据油气上窜速度尽量下调钻井液密度，既保证下套管井控安全，又降低钻井液固相含量，降低摩阻。

3.4.3 提高钻井液润滑性能

旋转下套管期间扭矩大于套管最小上扣扭矩后，循环钻井液，在钻井液中混入 1%～3% 的石墨或者塑料小球，覆盖造斜点以下位置，降低摩阻，保证套管安全下入。

3.4.4 井壁稳定保障措施

针对水窜及井壁失稳的井，优化沥青类、微米封堵剂（含量大于等于 3%）、纳米封堵剂（含量大于等于 1.35%）配比及加量，提高井壁稳定性，保证井眼畅通。

4 现场应用

4.1 自 205H2-3 井基本情况

以自 2025H2-3 井为例，完钻井深 6291m，A 点井深 4525m，B 点井深 6231m，水平段长 1706m，最大井斜 90°，水平段钻进过程中坚持地质工程"双甜点"模式，提前预测地层变化，轨迹狗腿度不超过 2°/30m 进行调整，保证轨迹平滑，现场备用旋转下套管工具 2 套，漂浮接箍 2 个。

4.2 下套管施工方案

4.2.1 通井方案

为保证套管安全下入，采用 ϕ139.7mm 钻杆近钻头倒装双扶通井钻具组合进行通井。通井钻具组合：ϕ215.9mm 牙轮钻头 +ϕ168mm 双母 +ϕ168mm 浮阀 +ϕ168mm 钻铤×1 根 +ϕ212mm 扶正器 +ϕ168mm 钻铤×1 根 +ϕ211mm 扶正器 +ϕ168mm 钻铤×1 根 +ϕ139.7mm 钻杆×9 根 +ϕ127mm 加重×2 根 +ϕ165mm 震击器 +ϕ127mm 加重×3 根 +ϕ127mm 钻杆 +ϕ139.7mm 钻杆。测井前后反复通井 2 次，对阻卡井段反复拉划通过，下至井底以后通过分段注入稠浆和稀浆方式清洁井眼。

4.2.2 现场施工方案

根据下钻钩载，通过 AnyCem 软件进行摩阻系数反演，测的重合段摩阻系数为 0.15，裸眼段摩阻系数为 0.45～0.55，通过模拟发现，当裸眼段摩阻系数为 0.5 时，套管难以依靠自身重量顺利下入到井底（图 4），通过在套管串中加入漂浮接箍可实现套管的顺利下放（图 5）。

4.2.3 现场下套管情况

全井下套管施工正常，未使用旋转下套管工具，2 个漂浮接箍分别安放在 2100m 和 4200m 处，井口憋压 7MPa，打开上部漂浮接箍，通过套管内钻井液静液柱压力打开下部漂浮接箍，套管头两侧阀门经压井管汇进行循环排气，保证井控安全。

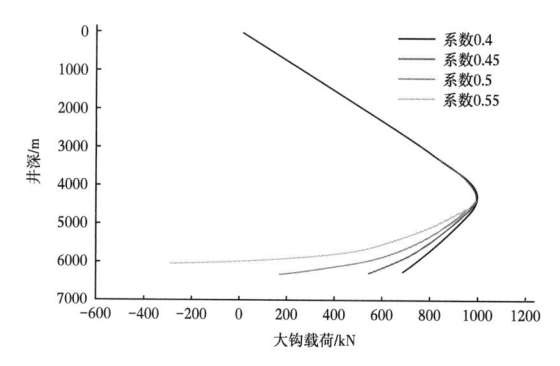

图 4 常规下套管钩载模拟曲线图

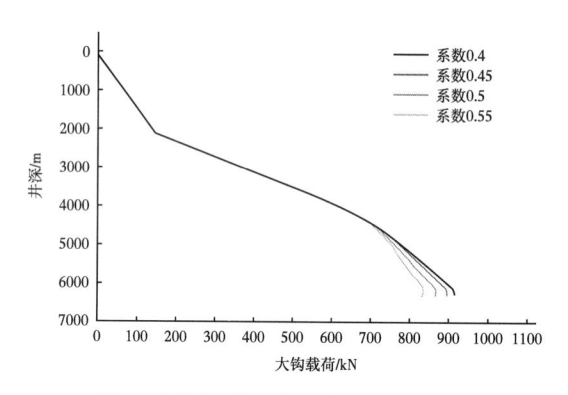

图 5 漂浮固井下套管钩载模拟曲线图

5 结论

（1）调整钻井液流变性和润滑性，做好井眼准备及测好油气上窜速度，保证水平井套管顺利下入到位。

（2）通过在设计源头控制井眼轨迹，降低下套管摩阻，有利于套管顺利下入。

（3）坚持地质工程"双甜点"工作模式，结合地质工程参数，提前预测地层变化，避免频繁调整井眼轨迹，降低下套管摩阻。

（4）优选顶驱旋转下套管、漂浮固井下套管及旋转+漂浮下套管等技术手段，降低下套管摩阻，减少屈曲发生，保证套管顺利下入。

参考文献：

[1] Mitchell R F.Simple Frictional Analysis of Helical Buckling of Tubing[J].SPE Drilling Engineering,1986,1(6):457-465.

[2] 刘华祺.长水平段水平井固井技术探讨[J].江汉石油工程职工大学学报,2014,27(1):36-38.

[3] 肖平,张晓东,梁洪军,等.通井钻具组合刚度匹配研究[J].机电产品开发与创新,2011,24(3):33-34.

[4] 曾艳春.大位移井漂浮下套管技术研究[D].大庆:东北石油大学,2016.

南一西区浅层套损对钻井的危害与认识

孙 巍　田立俊

（中国石油大庆钻探工程有限公司质量安全环保监督检测公司）

摘　要：在长期开采、注水过程中，套管在各项作用力下易发生浅层套损。套损后，下部地层高压油气通过浅层套损点外漏，深部地层油气运移到浅层形成次生气藏等原因，导致浅层压力逐渐增大，在钻井施工过程中易出现水侵、井塌、卡钻、井喷和报废进尺等复杂事故。南一西区位于萨中背斜构造的南部区域，该区块是套损井严重区块之一，结合某钻井公司在该区施工的409口井复杂情况统计，总结了南一西区复杂地层钻井生产实践经验，对同类区安全钻井具有借鉴意义。

关键词：套损井；浅层高压；复杂事故

1 南一西区区域概况

南一西区钻井区块位于采油厂某矿西侧，南一路北侧100m，居民楼区外环路东侧3km，城市主干路南侧500m处。南一西区待钻井钻遇地层自上而下依次为第四系、白垩系（上统明水组、四方台组，白垩系下统嫩江组、姚家组及青山口组部分地层）。研究区缺失古近系—新近系（泰康组、大安组和依安组）和白垩系下统嫩五段地层。

研究区位于萨中背斜构造的南部区域，总体上处于构造轴部以西部位。区内构造复杂，落实到高一油层组顶面发育有多条断层，这些断层均为正断层，以北西走向居多，倾向北东或南西向，119号、124号、138号和139号等断层规模相对较大，在高一油层组顶面平面延伸距离可超过1000m，垂向断距达到50m，纵向断穿全部萨葡油层。大断层周围发育有次级序小规模断层，走向多为北西向；区内还发育少量北东走向断层，倾向南东或北西向，平面延伸长度不一，但断距较小，纵向断距均小于10m。

地层倾角多数在3°~4°，但由于区块内发育多条断层，这些断层形成部分规模不同的地堑、地垒及阶梯状组合，造成断层附近待钻井地层倾角较大。依据萨中开发区的地质分层数据、构造情况及实钻资料，在嫩二段顶部构造海拔-360m（相当于嫩三底510m）范围内发育浅气层。

2 套损井情况

套管损坏受到地质构造因素影响很大，套损井主要分布于地层倾角大、断层附近的区域。在进入中高含水期后套损井逐年增多，主要原因是地层水和注水进入断层或者地层的破碎带，使得原本胶结物质水化，导致断层或破碎带"复活"，受到断层蠕动影响造成的套管损坏。另外，在地层倾角大的区域，高压水进入两种岩性界面后，减小了不同岩层之间的滑动摩擦，使上下岩层产生相对滑动，对套管产生一个剪切力，也会导致套管的损坏。

对萨中开发区成片套损机理研究认为，嫩二底油页岩部位套管成片损坏，除了区域内发育多条断层以外，还与采注失衡、区域压差过大有关。2006年以来，南一区西部频繁钻井关停降压和注聚三采等多次调整，引起压力频繁变化，当区域间油层压力差异较大时，上部地层会随着油层厚度的变化发生区域性抬升或者下降，地层形变聚集的能量会以层面错动的方式得以释放。嫩二底油页岩是地层中稳定分布的弱结构面，含有多期裂缝，易发生层面滑动，在该部位易发生成片套损。

截至2020年，南一西区累计钻井2498口井，累计发现问题井1652口，其中套损井1534口，拔不动等井况问题井131口，累计套损率61.4%。套损类型：累计证实套损井1534口（已报废更新326口），目前套损井1208口，套管错断井731口，占60.5%，其中已报废待更新井297口。套损层位：嫩二、萨Ⅰ和萨Ⅱ₁部位居多，分别占62.4%、6.9%和3.3%，其中非油层部位套损井主要发生在2008—2013年套损高峰期。标准层套损井669口，占非油层部位套损井73.9%；浅层套损井236口。

作者简介：孙巍，女，1984年出生，2007年毕业于辽宁科技大学测绘工程专业，现从事科研技术管理工作，工程师。通讯地址：大庆钻探工程有限公司质量安全环保监督检测公司市场与生产协调部，邮编：163000，联系电话：0459-6866211。

3 以往钻井情况

在南一西区区域内 N1-3 水井排共有 15 口井套变，套变深度在 271.9~930m 之间，套变深度都与 138# 断层对应。套变后继续高压注水，沿断层面上窜形成水窜通道，侵入上部泥岩地层，因无外泄点造成泥岩地层局部异常高压，该井区 N_2 段以上泥岩含易吸水膨胀的蒙皂石，泥岩浸水后造成泥岩膨胀缩径，导致井下复杂事故。在该泥岩浸水高压区形成后，以往钻井 66 口，报废进尺 11 口，报废进尺井比率达 16.7%（表1）。

表1 不同钻井时期事故情况统计表

项目	1989	1990	1991	1992	2000	2003	总计
钻井口数/口	29	13	20	3	1	33	66
井漏口数/口	10	6	4	0	1	3	21
报废进尺井口数/口	4	2	3	0	1	1	11
油气水显示井口数/口	6	2	1	0	1	1	10

1989—1991 年，该井区钻一次加密调整井时，在钻进过程中发生水侵、井塌、井漏及卡钻等事故，处理难度大，报废井眼 10 口井；2000 年钻高台子遗留井时，在该井区又报废 1 口井眼，外扩一个井距（300m）避开浸水泥岩段钻定向井成功，据查这 11 口报废井报废进尺井段从 477~732m 不等。经 RFT 测压证明，338m（N_4 段）、344m（N_4 段）、602m（N_2 段）地层压力系数分别为 1.84、1.83 和 1.73。

2003 年，该井区钻井施工 37 口井，从浅层 400m 开始将钻井液密度加至 1.75~1.80g/cm³，以平衡浸水泥岩的压力。新钻井时有 2 口井发生水侵，6 口井发生缩径，钻井液密度均为 1.80g/cm³，未发生报废进尺的情况。水侵和缩径井钻井液密度均为 1.80g/cm³，钻井液密度为 1.85g/cm³ 所钻井未发生异常，分析该高压区浅层压力系数应在 1.80~1.85 之间。

2008 年，该井区钻井施工 13 口井，为保证钻井安全，该井区外扩一个井排，10 口井也采取了措施钻井施工。为平衡浅层高压水层压力，套损区内待钻井二开后钻井液密度加至 1.75~1.80g/cm³ 至完井，外扩待钻井二开后钻井液密度加至 1.50~1.55g/cm³ 至完井。该井区施工时发现浅层（300m 至嫩二段底部）泥岩缩径严重，尤其以嫩二段泥岩缩径最为明显，其 5 口井井漏均由上部井眼缩径导致。而且缩径区域比原套损区扩大，在扩大一个井距的范围内有明显缩径现象，在一个井距以外未采取浅层加重的待钻井上也零星有缩径情况发生。

4 施工情况

2021 年 6 月，某钻井公司承接采油厂萨中南一西东萨葡水驱区块 409 口钻井施工项目，待钻井共分三套井网：高台子油层加密、PI_5~PII_{10} 三次采油区块及更新井。自 2021 年 8 月至 2022 年 1 月 409 口井全部施工完毕。全区为嫩二套损区，同时受套损井的影响，钻进过程中共出现 3 个复杂井区。

（1）G357-XA 井区：该井区 300m 范围内共有套损注水井 25 口，错断 12 口井，破裂 1 口井，在井深 200~400m 套损注水井共有 2 口井，其中错断 1 口井，变形 1 口井。注水井 N1-220-PB 在 350m 错断，易在浅层形成浸水区域。该井区共有 6 口待钻井，二开加重密度设计在 1.40~1.45g/cm³ 之间。

（2）N1-220-X2PA4 井区：该井区 300m 范围内共有套损井 29 口，其中注水井 17 口。错断 12 口井，破裂 1 口井。标准层套损 8 口井，油层套损 12 口井。套损深度在 600~700m 之间，注水井有 6 口，其中 4 口错断井，1 口井破裂，1 口井变形。其中 N1-211-PB 在 616.60m 错断，后仍然注水，易形成高压。在以往钻井中，距离 N1-110-X2PA 井 95m 的老井 G156-Y 井，钻进中发生 3 次水侵，分别在井深 675m、705m 和 742m。该井区共有 3 口待钻井，油层设计密度预计在 1.55~1.65g/cm³ 之间。

（3）浅层套损侵水高压区：该井区位于南一西区三排北侧，易发生水侵、缩径、井塌和井漏复杂事故。该区共有待钻井 93 口，浅层侵水高压区使用的钻井液密度平均为 1.80g/cm³，最高密度为 2.0g/cm³，依然不能平衡径向压力，南一区其他井使用平均密度仅为 1.52g/cm³，钻井液密度在 1.60~1.70g/cm³ 之间有 19 口井、1.70~1.80g/cm³ 之间有 17 口井、1.80~1.90g/cm³ 之间有 47 口井及大于 1.90g/cm³ 有 12 口井。

浅层侵水高压区建井周期延长，该区的平均建井周期为 7.16 天，其他区域为 6.03 天，增加建井周期 1.13 天。同时，该区憋压和起钻超拉现象普遍存在，该区共 58 口井发生复杂情况，其中 27 口井出现超拉，18 口井憋压，缩径 5 口井，井漏 2 口井，水侵 6 口井，复杂井数远高于其他钻井区域（表2）。

南一区西部主要的钻井复杂情况集中在南一西区三排浅层侵水高压区，地质预测方面存在以下问题：（1）注水井套损实际影响范围难以准确预测；（2）套损时间短的注水井钻关后，注入地层的高压水在上覆岩层应力作用下，可重新返回至注水井井筒内，造成影响范围扩大；（3）依据油田动静态数据无法对泥岩侵水膨胀产生的压力进行描述。

表2 复杂井情况统计表

序号	井号	复杂类别	发生复杂情况经过
1	N-155-XJA	水侵	钻至井深500m（层位：N_2）发生水侵，密度由1.53g/cm³降至1.45g/cm³，密度提至1.55g/cm³正常钻进
2	N1-031-X2PA	水侵	钻至井深540m（层位：N_2）发生水侵，密度1.75g/cm³降至1.65g/cm³，密度提至1.80g/cm³恢复正常钻进
3	G362-XA	水侵	钻至井深740m（层位：S_2）发生水侵，密度1.77g/cm³降至1.65g/cm³，密度提至1.80g/cm³正常钻进
4	N1-321-X2PA	水侵	钻至井深580m发生水侵，密度由1.70g/cm³降至1.46g/cm³，侵入量3m³，将密度提至1.95g/cm³后循环正常
5	N1-110-X2PA	水侵	钻至井深630m发生水侵，侵入10m³，钻井液密度由1.50g/cm³降至1.36g/cm³，将密度提至1.55g/cm³后循环正常
6	N1-10-XJPA	水侵	测井后通井到底，循环15min发生水侵，钻井液密度最低降至1.42g/cm³，持续30min，将密度提至1.55g/cm³后循环正常
7	N1-10-XJPA	井漏	钻至井深800m（S_2），钻井液密度1.45g/cm³，黏度55s，泵压由15MPa降至13MPa，井口返出排量变小，漏失钻井液8m³，用45m³堵漏浆堵漏成功
8	N1-311-X2PA	井漏	钻至井深854m（S_3），钻井液密度1.50g/cm³，黏度55s，接单根时井口外吐，漏失4m³；通过划眼、加2t封堵剂堵漏成功
9	N1-121-X2PA	缩径	下钻至540m遇阻，起钻井段在540～360m之间时超拉现象严重，同时部分井段灌不进去钻井液
10	G359-XA	缩径	下钻至596m遇阻，同时部分井段灌不进去钻井液，停泵后井口倒返钻井液，泵压下降缓慢，疑似环空憋压，经处理后恢复钻进；完钻通井后测井仪器多次在嫩二段遇阻，经和采油厂协商后完井电测方式改为存储式测井
11	N1-120-2PA	缩径	通井准备电测，起钻至580m处卡钻，再下钻至580m下放遇阻，在580～620m多次划眼处理
12	N1-321-X2PA	缩径	钻至724m（比重1.70g/cm³，黏度58s），环空憋压，井口出口不吐钻井液，复杂处理后下钻474m有遇阻显示
13	G159-XJA	缩径	下钻至680m遇阻，起钻井段在680～610m之间时超拉现象严重，同时部分井段灌不进去钻井液，采用分段循环的方式起出钻具

5 应对策略

5.1 施工前全面评估

（1）地质资料分析。施工前深入研究该区域的地质构造，包括地层的岩性、厚度和倾角等信息，了解地层的应力分布情况。同时，根据以往钻井施工情况对区块进行难度分析，预测可能出现的套损风险点。

（2）压力测试与分析。进行精确的地层压力测试，确定高压区的压力范围和压力变化规律。分析压力来源是由于地层能量高还是注水开发等因素导致。通过压力数据分析，合理选择施工设备和工具的耐压等级，以确保施工安全。

5.2 施工方案的优化设计

（1）井身结构设计。在井身结构设计上要充分考虑高压区的特点和套损风险。增加套管强度和壁厚，选择优质的套管材料，提高套管的抗挤压和抗腐蚀能力。合理设计套管的下入深度和层次，确保能够有效封隔高压层和套损部位。

（2）钻井液设计。浅层套损浸水高压区套损严重，嫩二段泥岩吸水膨胀，按照施工经验钻井液密度控制在1.70～1.80g/cm³之间。同时，注意在该复杂区需提前加重，加重井深为嫩三段底，其他区域为嫩二段底以上50m。

5.3 施工过程中质量控制

（1）压力控制。在施工过程中，实时监测井口压力和井底压力，严格控制压力波动范围。配备先进的压力控制系统和安全装置，如防喷器和安全阀等，一旦压力超出设定范围，能够及时采取措施进行控制，防止井喷等事故的发生。

（2）维护好钻井液性能。使用优质钻井液以减少对套管的腐蚀和磨损。特别浅层套损高压区内待钻井，在起下钻过程中，严格控制速度，避免套管与井壁的剧烈碰撞。保持井眼畅通，防止环空憋压。同时，加强对套管的实时监测，一旦发现套管有异常情况，立即停止作业进行处理。

5.4 施工后的监测与维护

（1）生产动态监测。该区新井投产后，密切监测油井的生产动态，包括产量、压力和含水率等参数。通过对生产数据的分析，判断施工效果是否达到预期，及时发现潜在问题。如果发现产量未达到预期，要分析是由于施工质量问题还是地层因素导致，以便为后续该区施工提供方案调整依据。

（2）套损情况检测。建议采油厂对该区域再次进行查套，对套损层位进行治理，对套损集中部位和高压部位进行射孔泄压，将上部地层的高压流体排出，减少因套损而造成的局部憋压。

6 结论

在南一西区复杂地层钻井生产实践经验中，通过施工前深入的地质构造及压力分析，预测可能出现的风险点及优化的井身结构设计、钻井液密度设计等一系列应对策略的综合应用，能够在一定程度上降低施工事故风险，提高钻井施工的安全性和成功率，为同类区域钻井施工提供了实践经验。在未来的油气勘探开发中，随着对浅层套损高压区的进一步开发，还需要不断探索和创新钻井技术，以应对更加复杂多变的地质条件和挑战。

参考文献：

[1] 王凤山,吴恩成.大庆油田套管损坏预防对策探讨[J].石油机械,2004,32(12):12-15.

[2] 丛玉森.萨中开发区嫩二底油页岩进水与套损关系研究[J].内蒙古石油化工,2014,50(5):131-133.

本文编辑：温志杰

川南配置区页岩气水平井轨迹优化设计

李传均[1]　李俊锋[2]　项忠华[1]

(1.中国石油吉林油田公司油气工艺研究院　2.中国石油吉林油田公司川南天然气勘探开发分公司(一体化中心))

摘　要：钻井工程的主要任务是安全、快速钻达目的层，建立地面与目的层的通道，实现储层油、气的顺利采收。若要实现单井油、气的最大收益，水平井眼无疑是当下最经济的选择，如何安全、快速、高效地建立水平井眼则需要顶层的轨迹设计指导。合理的轨迹设计是钻井工程设计环节中的一个重要方面，直接关系到钻井施工的安全、质量和速度，进而影响到全井的开发效益。川南配置区页岩气水平井分为两种井眼轨迹模型(五段制井眼轨迹剖面设计模型和双二维井眼轨迹剖面设计模型)，同时地质工程一体化，根据地震剖面断层预测，优化轨迹，绕开断层，实现提速降本的目的。

关键词：页岩气水平井；井眼轨迹优化；双二维；地质工程一体化

井眼轨迹设计工作分三个方面，即地面有位置、地下有目标、过程有手段，这里的手段便是井眼轨迹设计。井位处于山地和丘陵地带，地面条件受限，加之投资预算较低，若要实现效益建产，最可靠的办法便是采用平台丛式水平井组和应用"工厂化"作业模式进行水平井开发。而实际工作中，地面与地下已基本确定，唯一要进行优化调整的便是井眼轨迹。吉林川南配置区主要采用1800～2000m长水平段水平井和平台丛式井开发，钻井过程中存在邻井碰撞风险高、钻柱摩阻扭矩大、井下复杂情况多和井眼轨迹控制难度大等诸多难题。结合配置区多储层、多地层压力梯度和可钻性差等地质特点，设计操作性强、与地质条件配伍性好、摩阻扭矩小的井眼轨迹及控制方法是钻井需要解决的关键技术。经过近两年的地质工程一体化研究，同时借鉴长宁—威远地区成功经验，基本形成了水平井五段制井眼轨迹剖面设计模型和三维井"双二维"井眼轨迹剖面设计模型，同时结合地质，优化轨迹，减少复杂情况发生。

1　井身剖面设计选择

一口水平井的实施，首先要有一个剖面设计，以此设计为依据进行具体的钻井施工。对于不同的勘探、开发目的和不同的设计限制条件，水平井的设计方法多种多样，而每种设计方法，都有一定的设计原则。水平井设计是非常重要的环节，好的设计是成功的一半。剖面设计在水平井中占有十分突出的位置，由于油藏和区块现状的不可变性，同时有受到水平井钻井和轨迹控制施工及完井作业的限制，剖面选择就直接影响到钻井周期、钻井成本和井下安全。因此，合理设计井身剖面，是水平井成功的保证。

当前，长水平段水平井和大斜度井常用的剖面形状主要有常曲率设计和变曲率设计两种。常曲率设计就是在定向井钻井中普遍采用的"直—增—稳"剖面，而在变曲率设计主要有准悬链线剖面设计和修正的悬链线剖面设计。目前，吉林油田水平井现场施工最为常用的为"直—增—稳"剖面及在"直—增—稳"剖面基础上，为满足水平段精确着陆要求，形成的"直—增—稳—增—稳"剖面类型，主要是直增稳单圆弧剖面设计和施工均较为容易，双增圆弧剖面设计方案主要优点在于实际施工中可以为目的层垂深发生变化和入窗预留调整空间。

结合川南配置区页岩气平台水平井的井口、靶点等基本情况，从不同造斜率、不同剖面类型和不同曲线类型角度，对水平井的井身剖面进行了优化设计，小偏移距井采用五段制井身剖面，大偏移距井采用双二维井身剖面。

2　五段制井眼轨迹剖面设计

针对偏移距较小(<50m)的水平井，设计轨迹可按二维进行处理，轨迹模型为"直—增—稳—增—平"(表1)。鉴于水平井五段制的使用条件为小偏移距井，对于轨迹设计唯一要考虑的便是尽可能将靶前

作者简介：李传均，男，1979年出生，2007年毕业于中国石油大学(北京)油气井工程专业，现从事钻井方案设计研究工作，高级工程师。通讯地址：吉林油田公司油气工艺研究院探井工程设计所，邮编：138000，联系电话：0438-6337633。

距扩大至 350m 左右，将狗腿度设计（5.5°~6°）/30m，前期这种小偏移距五段制轨迹基本满足现场施工要求。

表 1 水平井五段制井眼轨迹设计表

测深/m	井斜/(°)	真方位/(°)	垂深/m	北坐标/m	东坐标/m	闭合距/m	狗腿度/[(°)/30m]
0	0	0	0	0	0	0	0
3550.0	0	3550.00	0	0	0	0	0
3588.4	14.49	3588.37	168.00	-19.21	26.27	32.55	5.80
3854.3	14.49	3853.45	168.00	-0.20	34.76	34.76	0
4278.9	90.66	4139.90	180.00	279.41	35.25	281.62	6.00
6133.3	90.66	4118.54	180.00	2132.4	35.25	2132.7	0
6193.0	90.66	4117.85	180.00	2192.1	35.25	2192.4	0

但小偏移距五段制也存在弊端，当靶前距不足 300m 时，五段制上部与下部轨迹狗腿度均较大，现场施工难度大，后期完井下套管早就需要旋转下套管作业。同时，由于地层偏软，采用推靠式旋导易产生托压问题，钻速慢。针对五段制存在的问题，开展轨迹优化设计，提前走 100m 负位移，相当于增加靶前距，造斜率由（5.5°~6°）/30m 降至 4.5°/30m（表 2）。

表 2 水平井五段制井眼轨迹优化表

测深/m	井斜/(°)	真方位/(°)	垂深/m	北坐标/m	东坐标/m	闭合距/m	狗腿度/[(°)/30m]
0	0	0	0	0	0	0	0
600.00	0	0	600.00	0	0	0	0
935.72	10.24	168.00	934.18	17.98	19.32	26.39	1.50
3707.39	10.24	168.00	3661.66	144.71	495.69	516.38	0
3883.26	20.00	180.00	3831.24	120.52	527.16	540.76	4.50
4366.68	90.66	4139.90	-300.43	527.16	606.76	4.50	
6166.83	90.66	180.00	4118.54	-2100.43	527.16	2165.57	0
6227.00	90.66	180.00	4117.85	-2160.36	527.16	2223.75	0

尽管井深增加 34m，但通过理论计算，轨迹优化前后摩阻扭矩持平，不会影响水平段钻进和完钻后下套管作业。优化后较低的狗腿度可满足现场施工要求，滑动钻进减少轨迹平滑，利于后期施工，复合钻进比例增加，利于钻井提速，造斜段平均机械钻速由 5.7m/h 提高至 7.9m/h，平均钻井周期由 10.2 天降至 8.3 天。

3 双二维井眼轨迹剖面设计

3.1 双二维井眼轨迹设计

与三维水平井不同的是，双二维水平井的井眼轨迹设计在 2 个相交的铅垂面中，每个铅垂面中分别为一段二维轨迹。首先，在空间直角坐标系 $O-XYZ$ 中建立 2 个相交的铅垂面 $BDCA$ 和 $BDFE$，其中 $BDCA$ 为第 1 铅垂面，$BDFE$ 为第 2 铅垂面（图 1）。图中，O 为坐标原点，X 为北坐标，Y 为东坐标，Z 为垂深，ϕ 为 2 个平面的夹角，I 为井口，J 和 K 分别为入靶点和出靶点，M 为钻井轨迹与第 1、第 2 铅垂面的交点。

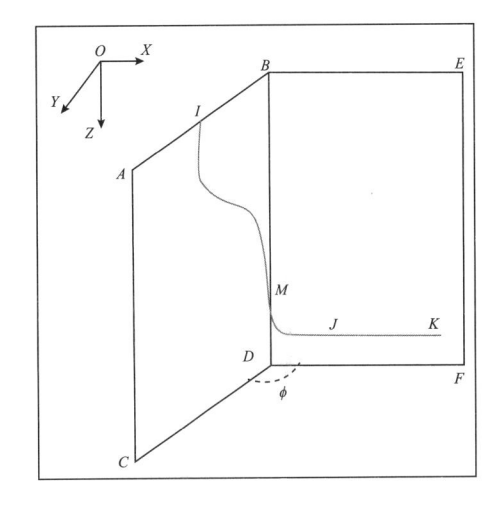

图 1 双二维井眼轨迹设计示意图

先在第 1 铅垂面内设计第 1 段二维轨迹，采用"直—增—稳—降—稳"的井眼剖面。为降低邻井相碰的风险，在设计一段直井段后，轨迹开始在第 1 铅垂面中朝着第 2 铅垂面的方向进行增斜，增斜后的井斜角不超过 20°。待增斜到设计井斜角时开始稳斜，稳斜一定长度后开始降斜，降斜段井眼曲率较小，降斜后的井斜角控制在 5° 以内。待降斜到设计井斜角后再开始稳斜作业，直到钻至 2 个铅垂面的交会位置 M，该位置为第 2 铅垂面内造斜段起点。由于 M 点处的井斜角较小，其方位角可以不考虑，在第 2 铅垂面内可直接按二维水平井设计。

表 3 双二维井眼轨迹设计表

测深/m	井斜/(°)	真方位/(°)	垂深/m	北坐标/m	东坐标/m	闭合距/m	狗腿度/[(°)/30m]
0	0	0	0	0	0	0	0
2600.00	0	0	2600.00	0	0	0	0
2691.87	15.31	305.33	2690.78	7.06	-9.96	12.20	5.00
3291.12	15.31	305.33	3268.75	98.58	-139.05	170.45	0
3382.99	0.00	305.33	3359.54	105.63	-149.01	182.65	5.00
3482.99	0.00	305.33	3459.54	105.63	-149.01	182.65	0
3951.34	78.06	205.36	3795.87	-140.74	-265.76	300.73	5.00
3981.34	78.06	205.36	3802.08	-167.27	-278.33	324.27	0
4011.34	83.06	205.36	3807.00	-194.00	-291.00	349.74	5.00
5227.55	83.06	205.36	3954.00	-1285.00	-808.00	1517.92	0

双二维井眼轨迹设计（表 3），虽然在水平投影图上的视觉效果不如传统意义上的三维图像，但其因现场施工操作简单，减少了定向施工过程中的方位与井斜需要同时兼顾的情况，提高了现场施工效率，得到了工程施工人员的青睐。

3.2 钻柱摩阻扭矩对比分析

在研究钻柱摩阻扭矩的过程中，修正软杆模型可以在减小大刚度管柱计算误差的同时，又保留了软杆模型计算过程简单的优点。因此，采用修正软杆模型对两种井身剖面模式的钻柱摩阻及扭矩进行对比。

根据川南配置区页岩气水平井钻井过程中的实际情况，结合钻柱摩阻扭矩模型，取计算参数：裸眼段摩擦系数0.3，套管内摩擦系数0.2，转盘转速60r/min，钻压60kN，钻井液密度2.2g/cm^3，计算出不同工况下井口大钩载荷及井口扭矩。由计算结果可知，双二维水平井在不同工况下的摩阻和扭矩均比三维水平井更小，说明双二维水平井轨迹设计更为合理，利于井眼轨迹控制和水平段钻压的传递。

4 地质工程一体化优化轨迹

在地质工程一体化理念中，"地质"泛指以油气藏为中心的地质建模、地质—油藏表征、地质力学和油气藏工程评价等综合研究，而非特指学科意义上的地质学科；"工程"是指在勘探开发过程中，指导钻井到生产等一系列钻探及开发过程中的工程技术问题及解决方案，确保高效安全作业。在地质方面，包含了油气藏地质力学研究、地质模型建立与数值模拟和油气藏评价等；在工程方面，包含了水平井井眼轨迹设计优化、井距优化、酸化试油和水力压裂等。各种随钻测试设备的投入使用，如随钻成像和随钻元素测井，达到了提高随钻实时分析地质和工程情况并及时调整钻探方案的目的。

川南配置区上部地层断层和裂缝发育，漏失问题突出，钻完井过程中31口井发生99井次，累计漏失钻井液1.8678×10^{4}m^3，损失时间422天，严重影响钻井安全和钻井速度。针对问题，采用地质工程一体化，钻前开展过路层断裂—裂缝识别预测，识别井漏风险层段，源头上优化轨迹，避开断层，优化轨迹共10井次，8井次顺利钻穿风险井段，无漏失；钻中实时跟踪井眼轨迹和分析地震剖面，预判可能钻遇的风险点，充分识别过井轨迹地震异常体及实钻情况，进一步优化井眼轨迹，较好解决上部井段易漏问题，减少事故复杂处理时效，同时应用堵漏技术模版，强化水泥堵漏技术应用；钻后与物探紧密结合，明确复杂与地震的响应特征，为后续井钻前防漏提供技术支撑。对比同井区自301井，H94平台漏失量由863m^{3}降低至358m^3，损失时间由10天降低至4.5天。

以H94-2井为例，钻前将轨迹设计和地震剖面相结合，发现轨迹钻遇茅口—栖霞组断层，为避免钻遇断层发生井漏，提前优化轨迹以避开断层（图2），该井实际施工未出现井漏，充分体现地质工程一体化的优势。

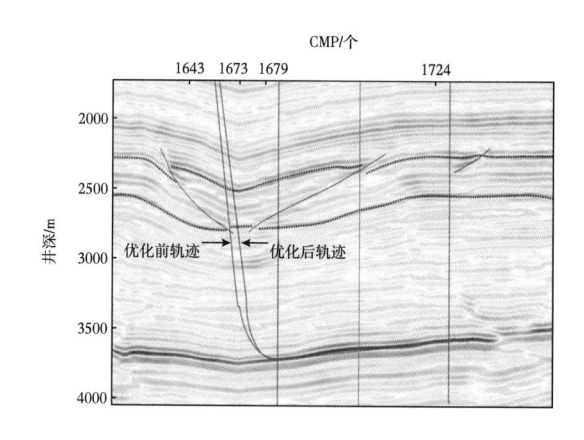

图2 H94-2井优化轨迹避断层地震剖面图

5 结论

（1）对于双向布井的平台，在偏移距较小，垂直靶前较小，且南北或东西两井横向距离较小的情况下，可以考虑小角度稳斜至下部，进而采用三维设计的办法实现轨迹的优化设计。

（2）双二维水平井钻柱摩阻扭矩小于三维水平井，轨迹在每个铅垂面内只有井斜变化，没有方位变化，施工难度大大降低，有利于提高钻井速度和降低钻井成本，提高页岩气开发的经济效益。

（3）地质工程一体化较好解决了上部地层因钻遇断层而发生井漏问题。针对龙马溪目的层小断层和微幅构造发育，地震识别难度大，现场施工因追求储层钻遇率频繁调整轨迹，导致钻井后续施工难度大，建议下步深度结合，综合考虑轨迹平滑和储层钻遇率，实现地质工程双"甜点"。

参考文献：

[1] 乐宏,郑有成,李杰,等.页岩气水平井钻井技术[M].北京:石油工业出版社,2021.

[2] 王月红,耿浩男.威远页岩气储层水平井轨迹优化设计与分析[J].世界石油工业,2022,29(1):59-63.

[3] 刘茂森,付建红,白璟.页岩气双二维水平井轨迹优化设计与应用[J].特种油气藏,2016,23(2):147-150.

[4] 吴石磊,冯恩民,江胜宗.二维定向井轨道优化设计与实例研究[J].应用基础与工程科学学报,2005,9(2):125-132.

[5] 青春,文华国,张航,等.川东北地区高含硫气井地质工程一体化技术及其应用[J].成都理工大学学报(自然科学版),2023,50(4):431-444,485.

本文编辑：温志杰

浅表套二开井提高地层承压能力技术研究

张 清 于 达 郭 葳

（中国石油吉林油田公司油气工艺研究院）

摘　要：为防止浅表套二开井固井过程中发生漏失，需采取承压堵漏技术提高地层承压能力，但受表套鞋处破裂压力限制，施工效果难以满足固井要求。因此，研发了适用于浅表层套管二开井提高地层承压能力的工艺来解决此类难题。首先，分析了裂缝性地层的岩石力学特性，通过岩石三轴应力实验来预测地层漏失压力与破裂压力；其次，设计了一种可回收的承压堵漏工具，该工具通过磁吸机械式操作来实现坐封和解封，具有简单操作、稳定可靠和可重复利用的特点；最后，对工具进行了不同工况下的力学模拟分析，验证了该工具能承受6MPa外部载荷，满足吉林油区浅表层套管二开井承压堵漏的需要，为破解浅表层套管二开井漏失难题提供了新思路，具有较大应用潜力。

关键词：浅表套；易漏失地层；承压堵漏；工具设计

吉林油田大情字井地区地层裂缝发育，压力系数低，钻井液密度在 1.20g/cm³ 情况下钻井漏失率达到 90% 以上；固井作业一次封固段长（超过2000m），首浆采用 1.40g/cm³ 密度水泥浆，仍出现不同程度固井漏失。针对固井漏失问题，在降低水泥浆密度基础上，应用了常规井口憋压的承压堵漏方法，一般情况下，该地区井深超过 2000m 的井，固井施工至少需要承压 6MPa，而现场施工中实际承压值仅为 2MPa，达不到预期的要求。出现上述问题的原因：一方面是地层压力体系认识不清导致固井施工参数不匹配；另一方面是表层套管下深浅（一般为 200～300m），套管鞋处破裂压力低，仅能承受 2MPa 压力。因此，开展地层岩石力学参数测试，准确预测地层漏失压力与破裂压力，分析漏失原因，同时研发了适用于浅表层套管二开井的承压堵漏工具，提高易漏失地层的承压能力，使其达到预期值，从而降低固井漏失风险。

1 裂缝性地层岩石力学特性分析

以吉林油田大情字井地区岩心为例，取心井段深度分布在 2365.51～2473.22m 之间，开展岩石三轴应力实验，由岩石破碎形态可以看出，岩石发生了剪切破坏，破碎后的岩石有非常明显的剪切裂纹产生，这说明岩石表现出了较强的脆性。岩心三轴抗压强度测试结果见表1。

表1 岩心三轴抗压强度测试结果数据表

岩心编号	围压/MPa	杨氏模量/GPa	泊松比	抗压强度/MPa
1	28	1.1	0.252	88.51
2	28	1.9	0.203	196.89
3	28	1.6	0.233	85.14
4	28	1.6	0.251	119.7
5	28	1.6	0.218	116.39
6	28	1.3	0.223	97.12
7	28	2.0	0.235	182.58
8	28	1.5	0.233	134.06
9	28	1.7	0.216	99.82
10	28	0.9	0.215	79.63

通过绘制莫尔圆得到了各岩心的内聚力和内摩擦角参数见表2。

表2 岩心内聚力与内摩擦角计算结果数据表

编号	深度/m	内聚力/MPa	内摩擦角/(°)
1	2393.07	10.659	19.95
2	2388.88	14.135	20.34
3	2441.76	21.153	7.74
4	2440.68	22.942	18.67
5	2469.99	34.461	7.4
6	2472.05	20.18	13.38
7	2366.26	38.199	9.48
8	2381.50	29.86	17.53
9	2379.93	23.894	11.25
10	2387.44	13.197	13

作者简介：张清，男，1985年出生，2008年毕业于大庆石油学院石油工程专业，现从事固井技术研究工作，高级工程师。通讯地址：吉林油田公司油气工艺研究院完井技术研究所，邮编：138000，联系电话：0438-6337521。

对于完整性地层，漏失压力近似等于破裂压力，而层理、节理及微裂缝地层的漏失机理不同于完整性地层，其漏失压力通常小于破裂压力。弱面结构决定了漏失通道的类型，为井漏发生提供了必要条件。这些软弱面是井筒稳定性的"短板"，在钻井液液柱压力、侵入及钻头破岩情况下先于地层本体破裂，发生漏失。借鉴破裂准则，裂缝性地层裂缝扩展时无须抵抗岩石抗拉强度。因此，井壁上任一点处的最小主应力为0时得到的压力即为漏失压力。

建立漏失速度系数、裂缝宽度、流体黏度和井眼半径因素作用下随时间变化的诱导裂缝漏失压差模型：

$$\Delta p_{tx} = \frac{6K\mu}{\pi} \ln \frac{\left[\frac{V_t}{\pi W_{(x)}} + r_w^2\right]^{0.5}}{r_w} \quad (1)$$

$$K = Q_{loss} \times 10^{-4} / W_{(x)}^3 \quad (2)$$

式中　K——稠度系数，$Pa·s^n$；
　　　Δp_{tx}——漏失压差，Pa；
　　　μ——流体动态黏度，Pa·s；
　　　V_t——流体体积流速，m^3/s；
　　　$W_{(x)}$——在位置x处的裂缝宽度，m；
　　　r_w——井眼尺寸，m；
　　　Q_{loss}——漏失速率，m^3/s。

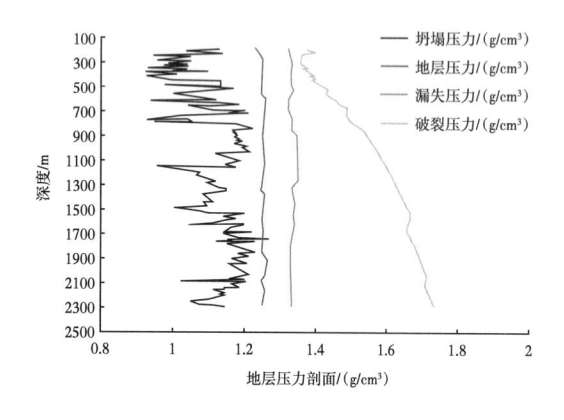

图1　地层压力剖面预测曲线图

结合区块地质资料、井史资料和测井数据对地层压力剖面预测（图1），区块的漏失压力在1.33～1.34g/cm³之间，破裂压力在1.36～1.74g/cm³之间。在200m附近漏失压力接近破裂压力，说明极易在浅表层发生严重漏失，而现有技术无法有效提高地层承压能力及预防固井漏失。因此，有必要研发一种承压堵漏工具，既可以实现漏失层位的承压堵漏，又可以避免压力传递到上部裸眼段薄弱地层，提高承压堵漏效果，满足固井防漏施工需要。

2 可回收承压堵漏工具的研制

2.1 工具的结构及性能特点

通过对现有技术的改进，研制了一种可回收式提高地层承压能力的封隔器装置，其目的是为了降低封隔器中的胶筒在使用过程中的损伤，提高胶筒使用寿命，确保封隔器装置的安全性以及密封性。此外，工具还能通过对内部零件的调整，用于不同直径的井眼，该装置包括锚定系统、密封系统和旋转系统（图2）。

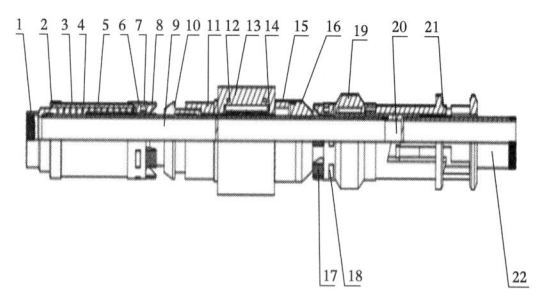

1—下接头；2—锁帽；3—套筒；4—弹簧；5—隔套；6—下卡瓦座；7—垫环；
8—下卡瓦；9—内中心；10—下锥体；11—接头；12—支撑铁片；
13—胶筒；14—胶筒支撑体；15—下套环；16—上锥体；17—上卡瓦；18—上卡瓦座；
19—外扶正壳体；20—上端内套筒；21—轨道套筒；22—上端中心管

图2　可回收承压堵漏工具结构示意图

锚定系统包括下接头、锁帽、套筒、弹簧、隔套、下卡瓦座、垫环和下卡瓦，当密封系统中的下锥体与锚定系统的下卡瓦接触时，下卡瓦被撑开卡在井壁上，进入锚定工作状态。

密封系统包括内中心套、下锥体、接头、支撑铁片、胶筒、胶筒支撑体、下套环和上锥体。在作业过程中，胶筒和胶筒支撑架在受到外界作用力时，胶筒会发生形变，最终形变之后的形状会根据胶筒支撑架的具体尺寸而定，因此，对待不同尺寸的井眼只需改变胶筒支撑架的尺寸便可以继续使用，上锥体和下锥体分别可以用于撑开上卡瓦和下卡瓦，使上卡瓦和下卡瓦固定于井壁，形成支撑点。

旋转系统包括上卡瓦、上卡瓦座、外扶正壳体、上端内套筒、轨道套筒和上端中心管。旋转系统连接于管柱的下部，上卡瓦与密封系统中的上锥体接触，在受到上锥体的挤压时被撑开，在井壁上建立支点，进入锚定状态。

上述可回收承压堵漏工具功能具有以下特点：

（1）由于该封隔器设计采用双向卡瓦双向锚定的工艺方法，坐封之后，无论受到封隔器上方还是下方的压力都可以承受住，所以坐封时封隔器的工作状态稳定可靠。

（2）封隔器只需采用最简单的旋转操作，利用工具的磁吸作用即可实现工具的坐封和解封，操作简单且灵活可靠。

（3）相比于其他胶筒，该装置在胶筒的内部添加一个支撑架，在胶筒上增加支撑铁片，用于固定胶筒的形状，提高胶筒的密封性能。

（4）相比于其他封隔器的工艺操作，该装置利用工具材料间的磁吸作用来实现工具的坐封和解封，除去了传统的机械式操作对工具的损伤，简化了操作步骤。

2.2 可回收承压堵漏工具的工作原理

通过使用 Solidworks 软件建立了可回收承压工具模型（图3），所设计的可回收承压工具可以通过磁吸机械式操作来实现坐封和解封过程，操作简单，双向卡瓦锚定，工作状态更稳定可靠。双向卡瓦封隔器连接于管柱下端，下井时将销钉处于短轨道上，推动整个封隔器沿着井壁下移。

图3 可回收承压堵漏工具模型图

2.2.1 坐封过程

封隔器随着管柱下至坐封深度，左旋转下端中心管，使得销钉由短轨道至中间弯曲轨道，当销钉接触到轨道的控制器后，电源供电，电磁元件工作产生磁场将金属内套管磁化，磁化后的内套管变成磁体，通过改变电流的方向来控制磁极。形成磁极后与轨道套筒内壁阵列分布的异性磁极块形成斥力，推动轨道套筒，使得轨道套管向下滑行，随后旋转系统中的上卡瓦与上锥体接触，推动密封系统下移，直到下锥体撑开下部卡瓦在井壁上建立支点，胶筒支撑架与胶筒在受到外力的作用下被挤压，最终与井壁接触形成密封结构，此时轨道套筒继续下移直至销钉位移至上槽道上控制器处，此时控制器向电元件发出停止供电的信号，磁场消失，轨道套筒不再运动，此时上锥体撑开上卡瓦形成上部支点，整套装置形成双向锚定密封装置。

2.2.2 解封过程

向右旋转中心管，使得滑块与控制器接触，向电磁元件发出通电信号，此时电流方向与坐封时释放的电流方向相反，轨道套管在磁力的作用下进行复位，销钉沿着轨道继续移动，待上卡瓦压力被释放，上卡瓦收缩，上部支点消失，胶筒也由于弹性作用紧缩复原，密封结构消失，下卡瓦脱离下锥体，下部支点消失，此时销钉接触轨道套筒下端的控制器，发出停止供电信号，磁场再次消失，整个封隔器恢复原状，完成解封过程。

2.3 工具在不同工作环境下的力学分析

将工具模型简化，提取胶筒及内部支撑架等主要受力模块导入 Abaqus 软件，模拟工具在不同工况下的受力情况（图4）。

图4 胶筒模型图

胶筒的工作原理：当胶筒收到上部、下部工具的挤压时，内部支撑架由于挤压被撑起，胶筒内部由于嵌有钢片圈，使得胶筒顺着钢片圈的形状被支撑起，此时胶筒与井眼紧密接触，形成密封结构。

对钢材材料支撑架进行模拟，得到了堵漏剂施加外部载荷 0～6MPa 时，工具在施加载荷作用下的工作情况。外部载荷为 1MPa 时，工具几乎无变形，可以正常工作；外部载荷为 2.4MPa 时，支撑架中间位置出现轻微变形，此时工具仍可正常工作；外部载荷为 4.2MPa 时，支撑架中上部完全变形，此时工具已失效无法使用。由此可见，当支撑架材质为普通钢材时，其最大支撑载荷在 2.4～4.2MPa 之间。

对工具内部支撑架的材料进行优化，把钢材材料改为钛合金，并对工具进行模拟分析。对于钛合金支架，外部载荷为 2MPa 时，工具几乎无变形，可以正常工作；外部载荷为 4MPa 时，支撑架中间位置出现轻微变形，此时工具仍可正常工作；即便外部载荷为 6MPa 时，支撑架也只是发生轻度变形，此时的工具并不影响性能，仍然可以继续使用。由此可见，钛合金支撑架的力学性能优于钢材支撑架，并且此时的工具完全可以达到预想的要求。

2.4 工具回收过程的力学分析

在选择工具时，不仅要保证工具的性能可以达到预想的要求，还需要保证能够将工具安全的送达所需要应用的地层位置，并且能够安全回收。由于研究对象为浅表套二开井，而在浅表套二开井中固井易漏区域多为水平井段，故针对工具在水平井段的回收状态进行模拟分析。

首先对工具施加自然垂直重力，这时工具将与井壁发生接触，并且之间具有一定的摩擦力，此外在工具的左端施加（0~50）×10^4N 幅值的拉力，以带动工具沿着水平方向运动，最终得出工具的主要应力集中于外扶正壳体，但是其所受的应力不足以对工具造成伤害，所以在回收过程中，工具仍然可以安全回收。

利用上述研发的可回收承压新工具和新工艺，根据地层压力体系预测结果，优化了承压工具的构造、材料、下放及回收工艺参数，形成了针对裂缝性地层的浅表套裸眼承压工艺，使薄弱地层承压能力提高到6MPa以上，解决了承压受限难题，其具体工艺原理如图5所示。

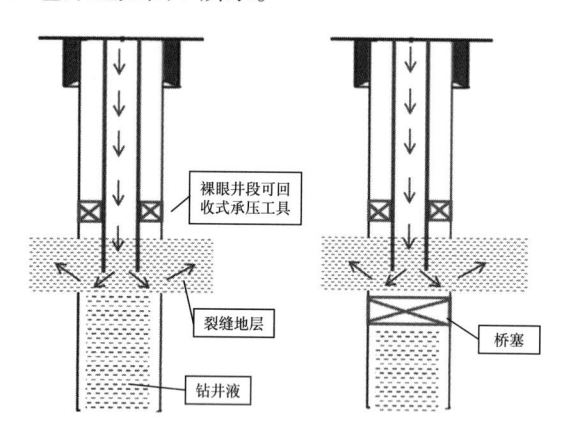

图5　浅表套裸眼承压工艺示意图

3　提高地层承压能力的工艺流程

以大情字井油田黑69-7-2井为例。根据大情字井地区的地质实际情况，结合提高地层承压能力理论模型进行研究，由于油田区块储层大多为低渗储层，岩性多以砂岩为主，考虑到对储层的保护，因此，优选应力笼法来提高地层承压能力。

对于承压工具的使用，需要在易漏区下端先下入桥塞，再将所设计的提高地层承压工具连接在管柱下端，随着管柱将工具下放至易漏区，按照坐封过程坐封工具。

对于承压配方的选择，首先通过建立裂缝宽度预测模型，优选堵漏材料。为了满足水泥浆一次返地面高度的现场需求，根据设计要求二开井固井前全井承压能力必须达到6MPa。因此，需要对堵漏配方进行实验，测试堵漏配方的性能，通过对比不同参数堵漏剂的粒度分析、砂床侵入实验、漏失模拟实验和承压能力实验，最终优选的堵漏剂配方为4%~5%膨润土+0.5%纯碱+0.15%~0.30%FA-367+1%~1.5%铵盐+0.30%XY-27。

根据油田区块易漏区的渗透率、地层参数和岩石特性等因素，结合提高地层承压能力理论模型，应用关井憋压法的操纵工艺提高地层承压能力，泵入堵漏浆250m³，替浆8m³，静置2h，关井憋压。憋压的初始泵压为3MPa，在憋压过程中，以1.5L/s的排量缓慢分次向井内注入钻井液，泵压每上升1MPa，静止2~3h观察，直到泵压稳定后仍可以达到现场要求的6MPa泵压，停止注入钻井液，结束憋压操作。

最后，按照解封过程解封工具并回收，完成一次提高地层承压能力的工艺流程。

4　结论

（1）通过对裂缝性地层岩石力学参数的测试，预测了地层漏失压力与破裂压力剖面，找出了漏失原因，研发了承压堵漏工具，为解决吉林油区钻完井漏失问题提供了新思路。

（2）通过有限元分析得到，设计的承压堵漏工具可以承受住外部6MPa的压力，满足该地区的施工需要。

（3）设计的可回收承压堵漏工具具有更大的内通径，使得其适用范围更广，通过磁吸机械式操作来实现坐封和解封过程，操作简单，双向卡瓦锚定，工作状态更稳定可靠。

（4）钛合金材料支撑架可提高胶筒的整体力学性能，确保了工具的密封性能。

参考文献：

[1] 符豪,孙一流,徐伟宁,等.裂缝性地层承压堵漏新工艺技术及应用[J].钻采工艺,2023,46(4):137-143.

[2] 金勇,陈彬,张伟,等.漏失地层封堵层致密性与承压能力试验研究[J].能源化工,2023,44(1):44-47.

[3] 孙永涛,魏安超,陈宗琦,等.高温高压封隔器胶筒密封结构设计[J].润滑与密封,2023,48(9):140-145.

[4] 李林涛,万小勇,黄传艳,等.双向卡瓦可回收高温高压封隔器的研制与应用[J].石油机械,2019,47(3):81-86.

[5] 王智勇,刘军严,朱帅,等.封隔器胶筒非线性仿真及性能评价[J].机械制造与自动化,2023,52(3):112-116.

[6] 张富仁.压缩式缩径井封隔器胶筒的结构优化研究[J].石油机械,2006(6):67-68.

[7] 林付利.基于有限元数值模拟的封隔器胶筒力学特征分析[J].石油和化工设备,2022,25(10):20,24-27.

[8] 孙金绢,田建辉,瞿金秀,等.Y211型封隔器胶筒及卡瓦的有限元分析[J].西安工业大学学报,2020,40(2):160-167.

本文编辑：董　华

小修自动化背钳研制与应用

屈艳飞[1]　孙　雨[2]　刘成双[1]

(1.中国石油吉林油田公司油气工艺研究院　2.中国石油吉林油田公司生产运行部)

摘　要：随着油田的持续开发，新老油井不断出现各种问题，修井作业部分已成为所有油田必须面对的问题。修井作业正在逐步向自动化、智能化方向发展，为了进一步改善修井作业工人的劳动条件，减少劳动用工人数，降低作业风险。因此，设计了一种小修自动化背钳装置，该套装置是井口操作设备动力钳的主要配套部分，对其结构设计、工艺原理及关键部件理论设计进行了详细的介绍。通过现场试验，验证了其结构设计合理，性能安全可靠，在井口起卸过程中夹紧、松开管柱背钳支架一直处于平稳状态，满足现场需求。

关键词：自动化；背钳；关键部件；现场试验

目前，国内各大油田的小修作业基本上采用传统的作业模式，安全风险高、劳动强度大、工作环境差、工作效率低和运行成本高。近几年来，各大油田的小修井作业逐步采用小修自动化装置进行小修作业，其工作效率高、质量好、安全可靠，降低了工人劳动强度。

在小修自动化作业装置中动力钳是其重要组成部件，主要用于起卸油管、抽油杆和连接油管、抽油杆，其合理的设计能够提高修井作业的工作效率，保证修井的质量。而现有的动力钳设计并不适合小修自动化作业需求，油管钳和抽油杆钳不能相互兼容，主钳可以通过油管钳换额板来调节，但背钳没有办法共用：一方面原因主钳是旋转的，背钳是固定不动的；另一方面原因是现有抽油杆钳的背钳无法准确卡住抽抽杆的接箍处，工作时卡抽油杆和油管时必须更换钳子，降低了工作效率且增加了操作者劳动强度。以上问题将导致小修自动化作业无法正常进行，降低企业市场竞争力。因此，设计了一种新型的小修自动化背钳，可以提高小修自动化作业效率，满足小修自动化作业现场需求。

1 小修自动化背钳的设计

小修自动化背钳主要作用是起卸、连接油管和抽油杆时夹紧和松开油管柱、抽油杆柱，可提高修井自动化作业效率和修井质量，安全可靠，且生产成本较低，维护方便及易推广使用。

1.1 背钳结构

小修自动化背钳整体结构主要是由背钳支架、油缸总成、活塞杆、油缸外筒、螺钉、销轴、卡簧销、油缸固定板、螺钉、弹垫、对中板、固定螺钉、油管钳牙、抽油杆钳牙和固定耳等部分组成（图1）。

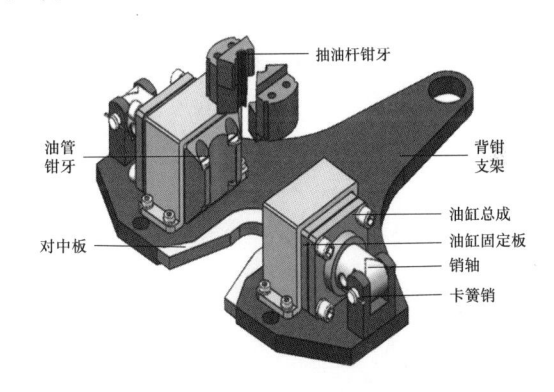

图1　小修自动化背钳结构示意图

1.2 工艺原理及使用方法

1.2.1 卡油管时的工作原理及使用方法

当小修自动化背钳卡油管接箍时，需要卡的是油管接箍B位置，外部呈圆形，松开固定螺钉，取下对中板，这时油管接箍B位置可以进入，两油缸总成的活塞杆伸出，油缸外筒上的油管钳牙卡持油管接箍B位置，可以形成抵抗主钳夹持油管旋转时形成的背力，形成反扭矩。上扣结束时，两油缸总成的活塞收缩，油缸外筒上的固定油管钳牙松开油管接箍B位置；卸扣操作同上扣（图2）。

作者简介：屈艳飞，女，1978年出生，2001年毕业于西南石油学院机械专业，现从事采油修井工具的研究工作，高级工程师。通讯地址：吉林油田公司油气工艺研究院修井所，邮编：138000，联系电话：0438-6337305。

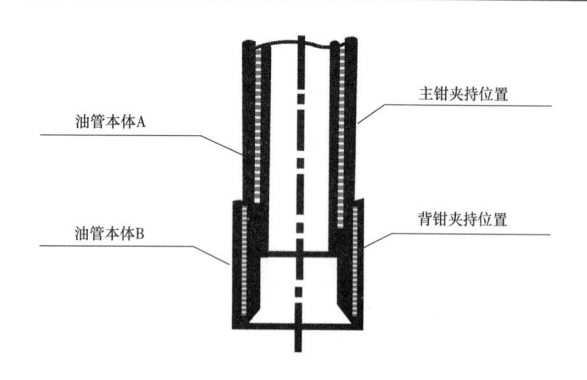

图 2 小修自动化背钳夹持油管位置示意图

1.2.2 卡抽油杆时的工作原理及使用方法

当小修自动化背钳卡抽油杆时，需要卡的是抽油杆本体 G 位置，外部呈圆形，装上固定螺钉，装上对中板，这时抽油杆的 G 位置可以进入，两油缸总成的活塞杆伸出，油缸外筒上的抽油杆钳牙夹持抽油杆 G 位置，可以形成抵抗主钳卡抽油杆旋转时形成的背力，形成反扭矩。上扣结束时，两油缸总成的活塞收缩，油缸外筒上的油杆钳牙松开抽油杆的 G 位置；卸扣操作同上扣（图 3）。

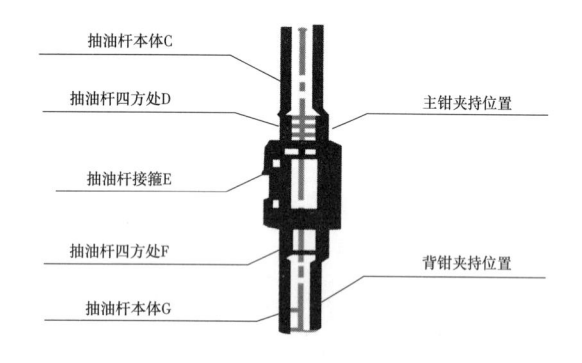

图 3 小修自动化背钳卡抽油杆夹持位置示意图

1.3 主要设计技术参数

适用于油管：$\phi 73 \sim 89$mm；适用于抽油杆：$\phi 16$mm、$\phi 19$mm、$\phi 22$mm、$\phi 25$mm、$\phi 28$mm；其结构组成：主要由导轨、门型架与动力钳主钳；额定扭矩：4.0kN·m；上卸扣时间：60~70s；定位精度：±5mm；主要功能：上卸扣油管、抽油杆时夹紧与松开；工作环境温度范围：-35~50℃。

2 关键部件的设计

2.1 液压油缸的设计

在理论上设计背钳支架整体结构的尺寸与质量之后，合理设计各配件的大小是设计的关键，在设计背钳支架液压油缸时，尽量选用强重比大的材料，减小液压油缸的尺寸与质量。因此，需要对其部件（油缸的内径、油缸的壁厚、油缸的底部壁厚及油缸与端盖连接螺栓）进行设计计算。

2.1.1 油缸的内径

已知供油压力 $p=10$MPa，根据成熟产品参数的验证，设定理论作用力 $F=78.5$kN。油缸内径：
$$D = \sqrt{4F/\pi p} \times 10^{-3} = 0.1\text{m} = 100\text{mm}$$

2.1.2 油缸的壁厚

设定油缸壁厚 $\delta=10$mm，即：$\delta/D=10/100=0.1$。最大油压：$p_{max}=12$MPa；油缸内径：$D=0.1$m；油缸材料为 42CrMo，抗拉强度 $\sigma_b=1080$MPa，取安全系数 $n=5$，油缸材料的许用应力：$\sigma_p=\sigma_b/n=1080/5=216$MPa；可用式（1）代入数值，$\delta_0 \geq 2.6$mm。即取油缸壁厚 $\delta=10$mm。

$$\delta_0 \geq \frac{p_{max}D}{2.3\sigma_p 3p_{max}} \tag{1}$$

2.1.3 油缸的底部壁厚

在油缸的壁厚确定之后，可以采用式（2）代入油缸壁厚的相应数值，$\delta_1 \geq 10$mm，即取油缸底部最薄处壁厚 $\delta=20$mm，可行。

$$\delta_1 \geq 0.433D\sqrt{\frac{p_{max}}{\sigma_p}} \tag{2}$$

2.1.4 油缸与端盖连接螺栓

油缸承受最大推力 $F=PS=P\pi D^2/4=1000\times 10^4\pi 0.1^2=78.5$kN；螺栓外径 $d_0=16$mm；螺栓底径 $d_1=13.835$mm；螺栓数量 $Z=4$；拧紧螺纹的系数 $K=1.5$（不变载荷），螺纹连接摩擦系数 $K_1=0.12$；油缸材料为 42CrMo，屈服强度 $\sigma_s=750$MPa，取安全系数 $n_0=2$，油缸材料的许用应力：$\sigma_p=\sigma_s/n_0=750/2=375$MPa。螺纹处的拉应力、剪应力和合成应力用式（3）~（5）代入相应的数值，$\sigma \geq 191.3$MPa。$\tau \geq 0.025$MPa。$\sigma_n=191.3$MPa；即：$\sigma_n \leq \sigma_p$，螺栓 4 个 M16 可行。

$$\sigma \geq \frac{KF}{\frac{\pi}{4}d_1^2 Z} \times 10^{-6} \tag{3}$$

$$\tau \geq \frac{K_1 K F d_0}{0.2 d_1^2 Z} \times 10^{-6} \tag{4}$$

$$\sigma_n = \sqrt{\sigma^2 + 3\tau^2} \tag{5}$$

2.2 背钳支架的设计

具有适当强度是设计背钳支架的最基本要求，因此在设计背钳支架时，需要对其最大挠度和各处应力进行设计验算。

2.2.1 最大挠度

在设计的过程中，设定支架厚度 $h=50$mm，支架开口孔 $r=58$mm，支座单位长度 $R=282.5$mm；由液压油缸设计中油缸与端盖连接螺栓可知：油缸承受最大推力 $F=PS=P\pi D^2/4=1000\times 10^4\pi 0.1^2=78.5$kN，单位长度

上受的力矩 M：$M=FR$，代入数值，$M=22\text{kN}\cdot\text{m}$。挠度计算系数 $C_8=3.281$，金属材料的杨氏模数 $E=206\text{GPa}$，支架的最大挠度 f 用式（6）代入数值，支架的最大挠度 $f=0.2760\times10^8/E=1.3\times10^{-4}$ 在设计范围内，符合设计要求，则支架厚度 $h=50\text{mm}$ 可行。

$$f = 2\times C_8\frac{MR^2}{Eh^3} \quad (6)$$

2.2.2 各处应力

根据计算最大挠度的相关数据，其中力矩 $M_0=M=22\text{kN}\cdot\text{m}$。挠度计算系数 $A_{10}=8.99$，$A_{11}=2.698$，$B_9=5.69$，其内周界处应力分别为径向应力 σ_r 与周向应力 σ_t，外周界处应力分别为径向应力 σ_{wr} 与周向应力 σ_{wt}，根据相应的式（7）~（10）代入相应的数值，$\sigma_r=0.7911\times10^8\text{N/m}^2=79.112\text{MPa}$，$\sigma_t=0.2374\times10^8\text{N/m}^2=23.7424\text{MPa}$，$\sigma_{wr}=0.5280\times10^8\text{N/m}^2=52.8\text{MPa}$，$\sigma_{wt}=0.5007\times10^8\text{N/m}^2=50.072\text{MPa}$。故圆周界处径向应力最大为 79.112MPa，支架材料为 45 号钢，抗拉强度 $\sigma_s=360\text{MPa}$，取安全系数 $n=2$，支架材料的许用应力 $\sigma_p=\sigma_b/n=360/2=180\text{MPa}$，故 $\sigma_r\leq\sigma_p$，材料强度可行。

$$\sigma_r = A_{10}\frac{M_o}{h^2} \quad (7)$$

$$\sigma_t = A_{11}\frac{M_o}{h^2} \quad (8)$$

$$\sigma_{wr} = \frac{6M_o}{h^2} \quad (9)$$

$$\sigma_{wt} = B_9\frac{M_o}{h^2} \quad (10)$$

2.3 背钳调压回路设计

液压系统设计是小修自动化背钳设计的重要部分之一，液压系统是背钳各机构运动的动力驱动部分。调压回路用来控制系统工作压力，使之保持稳定或者限制最高压力。前者为"稳压回路"，后者为"安全回路"。用于调压的元件主要是溢流阀。

背钳液压系统由三套电机泵组供油，在各泵出口分别并联溢流阀用以限制各子系统的最高工作压力。为防止背钳卡爪"咬伤"管柱接箍，在背钳卡紧正、反回路分别并联溢流阀，以便在样机调试过程中调定背钳卡紧扭矩。系统正常工作时溢流阀闭合，泵的工作压力由负载决定。当负载压力超出溢流阀调定压力时，溢流阀开启溢流，从而限定系统工作压力。

3 现场试验

小修自动化背钳是油井小修自动化作业系统动力钳组合配套装置中的重要组成部分。近几年以来，小修自动化作业系统先后在新民采油厂开展了 5 口井的现场试验，在试验的过程中，小修自动化背钳整体设备安装液压控制系统，运行状况良好，验证了小修自动化背钳液压控制安全可靠，整体配套设备性能良好。在整个现场试验过程中，由于小修自动化作业全程采用自动化系统操作，减少了操作人员的数量及工作强度，现场操服人员由原来的 4 人减为 3 人。其中，司钻 1 人，主要控制大钩上下运动、提升和下放油管；井口工 1 人，远程控制吊环、吊卡、液压钳、机械手和气动卡盘；场地工 1 人，远程控制举升机和接送油管。

从现场整个作业过程来看，其不仅可以大幅提高劳动生产效率、降低工人劳动强度和提升作业安全性，而且可以有效利用现有的装备，以较小投入获得高回报。同时，由于劳动用工的减少，可以改变传统的劳动组织关系，对于油田提质增效、可持续发展有至关重要的作用，整个作业系统改善了工人的工作环境，具有良好的应用前景。

4 结论

（1）该套小修自动化背钳的结构强度设计合理，在正常运行的现场试验中，小修自动化背钳支架未出现变形，一直处于平稳状态，安全可靠。

（2）该套小修自动化背钳是通过液压系统进行操控的，能够根据实际需求调整背钳的松开与夹紧尺度，对现场的适用性很强。

（3）该套小修自动化背钳是油井小修自动化作业系统动力钳组合配套装置中的重要组成部分，在现场运行中，所有起下管柱均由设备自动完成，大大降低了工人的劳动强度。

（4）该套小修自动化背钳可由操作工人远程操控，实现了井口无人操作，安全风险极大降低，作业环境极大改善，真正做到了改善操作工人的劳动条件，降低了作业风险。

参考文献：

[1] 常玉连,肖易萍,高胜,等.修井井口机械化自动化装置的研究进展[J].石油矿场机械,2008,37(5):62-67.

[2] 牛文杰,白永涛,余焱群,等.自动化智能液压修井机结构设计[J].石油钻采工艺,2016,38(2):195-200.

[3] 刘庆华.小修、试油修井装备自动化与智能化的现状与趋势[J].云南化工,2018,45(3):222.

[4] 王一岑,苑清英,符利兵,等.油套管上卸扣扭矩准确度的影响因素及改善措施[J].经验交流,2017,40(1):54-58.

[5] 张杰,占典明,李轩,等.多功能液力卡瓦[P].中国专利:103362464,2012-01-11.

[6] 濮良贵,陈国定,吴立言.机械设计[M].9版.北京:高等教育出版社,2013.

本文编辑：温志杰

提升封井作业安全与质量方法研究

丁 帅[1] 董 华[2] 徐峰阳[1]

（1.中国石油吉林油田公司油气工艺研究院 2.中国石油吉林油田公司勘探开发研究院）

摘 要：封井作业是一种重要的井况治理措施，主要针对位于自然保护区油水井的环保封井及没有开采价值油水井的报废封井。正确的封堵方式能够保证封堵效果，从而永久性地阻止流体在井内运移。因此，在不同的井况条件下，应采取具有针对性的封井工艺技术。阐述了四种注水泥工艺技术，重点介绍了自主研发的以注水泥桥塞为主的一体化封井工艺技术，可以实现一次管柱封层和封井筒作业，能够有效提升封井作业安全与质量，实现降本提效，应用前景十分广阔。

关键词：封井工艺；注水泥工艺；井控要求

随着民众对生活环境质量的期待越来越高，国家制定并颁布了新环保法，这部被称为"史上最严"新环保法的实施，表明了国家和地方政府对环境保护的要求越趋严格。随着城市建设的推进，大量的油气井需要进行永久性封井。需要废弃的井生产时间长、井型多（直井、定向井和大斜度井等）及井别多（油井、气井和注水井等），造成封井工程复杂，给封井作业带来了挑战。认真分析废弃井永久性封井面临的风险及挑战，探讨提升封井作业安全与质量的方法，保证封井设计科学合理、作业实施成功和封井数据提交全面，以确保废弃井井筒完整性，对降低环境污染风险有着重要意义。

1 封井作业目的

封井作业的主要工作是在井内适当层段注水泥塞，以防止井筒中形成流体窜流通道，其目的在于保护淡水层和限制地下流体的运移。封堵和弃井作业在环境关系上主要体现以下五点：

（1）保护淡水层免受地层流体或地表水窜入的污染。

（2）隔离开注采井段与未开采利用井段。

（3）保护地表土壤和地面水不受地层流体污染。

（4）隔离开处理污水的层段。

（5）将地面土地使用冲突降低到最小程度。

2 封井工艺技术

2.1 常规封井作业

常规封井作业是根据地质设计要求，结合油水井实际情况，采用封堵射孔井段、封堵井内所留套管、封堵淡水层及封堵地表层（井口）的标准封井工艺进行的作业。通过编制《封井地质设计》《封井工程设计》《封井施工设计》，指导安全封堵和顺利施工，以达到保护淡水层、限制地下流体的运移、避免环境污染和消除安全环保隐患的目的。

2.1.1 封堵射孔井段

为了防止地层流体进入井筒并通过套管运移，应对已射孔的生产层或注水层进行挤注封堵。施工时应考虑井眼大小、地层特征和储层压力等。依据SY/T 6646—2017《废弃井及长停井处置指南》中封堵射孔井段的规定，在炮眼以上至少15m处，通过下入水泥承留器或可取式封隔器等方式，向炮眼里挤水泥来封堵射孔井段（封堵半径0.5~2m），水泥浆的用量应满足挤注工具以下至少30m的套管内容积和封堵处理范围内的用量，并在其上留一个至少50m厚的水泥塞（图1）。

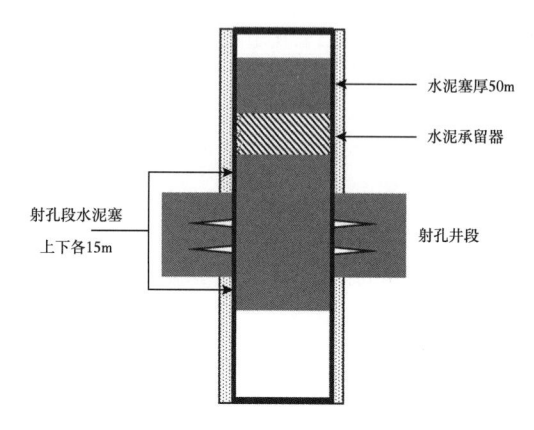

图1 水泥承留器封堵示意图

作者简介：丁帅，男，1996年出生，2020年毕业于圣彼得堡矿业大学机械工程专业，现从事修井工艺及工具方面的研究工作，工程师。通讯地址：吉林油田公司油气工艺研究院修井技术研究所，邮编：138000，联系电话：0438-6337305。

2.1.2 封堵套管及淡水层

依据 SY/T 6646—2017《废弃井及长停井处置指南》中有套管井废弃作业相关规定：套管外有水泥固结时，从淡水层最底部以下至少 30m 到淡水层的底部，注一悬空水泥塞来封堵淡水层；套管外无水泥固结时，需通过射孔或者切割并拔出套管的方式，挤水泥对淡水层底部进行封堵。如果可行，最好是将余留套管以上的井眼全部用水泥充填满。

2.1.3 封堵地表层

依据《废弃井及长停井处置指南》要求，设计封固井段的水泥塞顶面返至地面，割掉套管，下卧地面以下 2m，若井筒内无水泥则需用水泥浆填满这些空间，使用盲板焊牢并填平地面，恢复地貌，设置地面标志。

2.2 复杂井况封井作业

针对落物、套变、套漏和套返等复杂井况的封井作业，首先应采取合适的大修工艺进行井筒治理（例如落物处理和磨铣治套处理），井筒满足条件后再采用标准封井工艺进行封井作业，杜绝隐患风险。

2.2.1 落物处理

如遇井下有落物，应采取打捞处理或套磨铣使落物下移，尽可能使油层全部或部分裸露，以达到满足封井的条件。落物处理原则以安全为主，防止次生井下风险事故的发生。

2.2.2 磨铣治套处理

如遇套损、套变、套漏、套返和错段等井况，应采取磨铣治套工艺使井筒畅通，尽可能保证下一步封井工艺的顺利实施。

3 注水泥工艺技术

3.1 顶替法

顶替法也称循环法，该方法适用于地层能量稳定，井筒液柱处于静止平衡状态的封井筒作业。在钻杆或油管内注入水泥浆并顶替到管柱内外高度一致时，缓慢上提管柱，使水泥浆留在原位。若井内流体与水泥浆不配伍，则在顶替水泥浆的前后都要使用隔离液来减少井内流体对水泥浆的影响。在注水泥浆过程中，井筒液体应在静止状态（不自溢也不漏失）。

3.2 挤注法

挤注法适用于井内条件达不到静态平衡，且要求对地层进行封堵的作业。用油管、连续油管或钻杆挤水泥浆至设计封堵的层段，或直接在井口关闭油层套管环空进行挤注，水泥浆会顺着工作管串（油管或连续油管等）而下直至目的井段。高压挤注将使水泥浆脱水并留在炮眼、裂缝或地层表面，形成一个高强度的滤饼，凝固后的水泥形成一道阻止地层流体流入井筒的屏障。

3.3 机械塞法

该方法与挤注法具有相同功能，可以实现对地层的封堵，并且与水泥塞可以形成双重密封，封井效果更为理想。桥塞、水泥承留器和永久性封隔器等机械封隔工具，能有效地封隔井筒中流体的运移。这些机械塞可通过电缆、油管或钻杆完成在规定深度，同时在机械塞顶部注上水泥塞提供第二道密封。

3.4 一体化封井工艺技术

目前，最常采用的注水泥塞方法是顶替法和挤注法。其中，顶替法主要针对井况较好，井筒完整且具有一定的耐压能力，射孔段隔层小于 15m 的油水井封井作业；封隔器挤注法是以 Y341+ 定压器为注入工艺管柱，主要针对浅井和注入压力小于 10MPa 的油水井封井作业，工艺简单，但是存在"插旗杆"的风险；水泥承留器挤注法可以实现一次管柱封层和封井筒作业，适应的井况较宽泛，但是该种工艺工具成本高，且由于工具结构原因存在一定的施工风险。

针对上述问题，吉林油田自主攻关形成了以注水泥桥塞为主的一体化封井工艺技术。该工艺技术作业成本低、耐压级别高、现场操作方便和施工可靠，可以实现一次管柱封层和封井筒作业（一体化封井作业）。现场推广实施 10 多井次，经验证，该工艺能够有效提升封井作业的安全与质量。

结合水泥封井现场施工过程，简述注水泥桥塞工作原理，一体化注水泥封井管柱结构如图 2 所示。

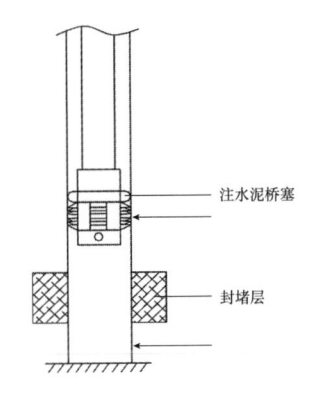

图 2 一体化注水泥封井管柱示意图

3.4.1 工具坐卡坐封

注水泥桥塞随着油管下入至待封堵层之上，距离射孔顶界 15m 以上，坐好井口，连接打压管线及打压设备。采用阶梯打压方式使封隔器坐卡、坐封和锁紧，实现油套环空的密封。

3.4.2 打开定压滑套

升高压力至 22~25MPa 时，滑套剪钉剪断，定压滑套落入井底，注入通道打开。

3.4.3 挤注水泥浆

向油层试挤清水，清洗井筒及地层，判断地层吸入情况及注入压力情况。挤注水泥浆过程中，控制注入压力和排量，防止套返等风险事故发生。

3.4.4 工具丢手

顶替清水后，停泵，拆开井口，投球。当泵压升至10~15MPa时，丢手剪钉剪断，实现丢手作业，此时注水泥桥塞中间通道关闭。

3.4.5 封堵井筒

丢手管柱上提，进行循环封井筒，井筒内水泥浆返高至射孔段以上50m。实现一次管柱封层和封井筒作业。

4 封井作业注意事项

封井作业过程中，应依据《中华人民共和国环境保护法》《中华人民共和国安全生产法》《中华人民共和国水污染防治法》及石油天然气行业相关规范、标准，结合实际情况，制定详细的井控设计，落实健康、安全和环境具体要求，制定相应应急预案，保证现场施工安全且顺利地进行。

4.1 风险分析

做好现场施工危险有害因素分析。在施工过程应重点预防井喷、高压、爆炸和中毒等危害因素，重点预防高温和高压等作业伤害，现场工作人员应警惕高空落物、机械伤害和管线破裂伤害等潜在危害因素。

做好环境危害因素分析。避免在井下作业施工过程中，因没有防治污染措施和"三废"未处理外排等造成的环境污染；避免擅自闲置和拆除治理污染设施造成的环境污染；避免违反操作规程致使原材料外溢流失造成环境污染；避免未按国家规定履行排污申报登记制度，偷排、乱排污染物和废弃原材料等造成的环境污染；避免发生井喷等突发性事件时造成的环境污染。

4.2 安全注意事项

应做好有毒有害气体预防措施。如发生事故及时通知疏散周围群众；如果进行动火作业，在作业施工过程中要特别注意浅层气体检测及井控工作，做好防喷措施。为确保该井顺利实施，在施工过程中要做好CO_2气的保护措施，做好易燃、有毒、有害气体的保护措施和浅层气井喷预防工作。施工作业前应明确井下管柱结构，避免由于井下状况不明造成的工程事故。施工单位依据工程设计，做好各个施工步骤的安全措施；建设单位做好作业过程管理。同时，要求各单位针对不同作业阶段做好清洁安全环保预案。

4.3 井控要求

进行封井作业前，要依据《JLYT-KF-03-02-2022吉林油田公司井下作业井控实施细则》的要求（简称《井控实施细则》），细化各项井控措施。

防喷器压力等级的选用应不小于施工层位预测最高井口关井压力，使用套管抗内压强度80%以及套管四通额定工作压力三者中最小值。防喷器通径应大于油管头配套的油管悬挂器最大外径。依据《井控实施细则》规定，节流管汇（线）、压井管汇（线）及防喷管线的压力等级应不小于施工层位预测最高井口关井压力，并与防喷器压力等级相匹配。

4.4 健康、安全和环境要求

封井作业过程中，要树立"以人为本、安全第一、能源与自然和谐"的原则，认真贯彻执行国家、地方、行业及企业有关健康、安全和环境的法律、法规和规定，各项施工作业必须制定应急预案。预案的制定是为了在发生事故后能及时有序有效的处理，减少事故的损失，同时为了预防和减少事故的发生。应急预案必须从人员、设备、组织机构和程序上做出规定，应急预案程序切实可行，具有可操作性。

5 结论

（1）封井作业是油田井下作业中一项工作量较大、难度较高以及技术性要求较高的工作之一。目前，各大油田采取的封井工艺各不相同，没有统一的方案，但原则上都应遵循依据SY/T 6646—2017《废弃井及长停井处置指南》，实现封层、封井筒和封淡水层的安全封井作业。

（2）吉林油田自主攻关形成的以注水泥桥塞为主的一体化封井工艺技术，可以实现一次管柱封层和封井筒作业，简化工艺流程。采用小修作业机即可完成现场施工，相比大修封井作业可节约作业成本60%，能够有效降低封井作业的风险及成本。

参考文献：

[1] 谢敏.逐级封堵水泥封井技术[J].石油钻采工艺,2014,36(1):120-122.

[2] 游子卫,游靖,高艳芳,等.华北油田油气井永久性封井挑战及对策[J].石油钻采工艺,2020,42(6):731-737.

[3] 秦金立,赵斌,阮臣良.系列新型双级注水泥器的设计与应用[J].石油钻探技术,2007,35(6):79-81

本文编辑：董 华

管道腐蚀失效类型识别方法研究与评价

黄天杰[1]　马　锋[2]　李永宽[2]

（1.中国石油吉林油田公司二氧化碳捕集埋存与提高采收率（CCS-EOR）开发公司　2.中国石油吉林油田公司油气工艺研究院）

摘　要：油田地面管道服役环境复杂，管道失效概率高，矿场腐蚀类型与形貌识别难，随着高后果区面积不断增大，安全环保风险不断增大。为实现现有油气田管道失效类型的有效判别，通过对失效管体和服役环境分析、采样和测试等方式，建立了管道腐蚀失效类型识别方法，建立了电偶腐蚀、冲刷腐蚀、垢下腐蚀及水线腐蚀一级腐蚀形貌识别方法，确定了相关腐蚀典型形貌，通过室内腐蚀实验模拟分析与矿场腐蚀形貌对比分析，形成了 CO_2 腐蚀、溶解氧腐蚀、细菌腐蚀、CO_2 和细菌共同作用下腐蚀的二级腐蚀形貌识别方法，确定了油田管道失效根本原因，实现了对现场失效类型的快速判断，为矿场失效管道防治技术研究提供了依据。

关键词：管道；失效类别；识别方法；验证评价；腐蚀形貌

油田管道失效率高，年失效次数在 2000 次左右。其中，内腐蚀失效占整体的 83.2%，但油田腐蚀失效样品库管线腐蚀形貌差异大，缺少腐蚀类型识别方法。建立管道腐蚀失效识别评价方法，需要强化内腐蚀识别与主要因素认识。针对现场失效管道多种失效类型同时存在的现象，根据腐蚀因素分析、室内模拟评价、微观失效分析和小类识别，形成失效类型识别与模拟验证方法，形成了可直接应用于现场失效管线的形貌识别技术，实现矿场集输管道腐蚀失效类型快速判断，为集输管道失效防治技术优选与油田安全环保生产提供了保障。

1 典型失效管道采集与分析方法

1.1 失效管道的采集

试样的合理采集对于整个检验检测分析环节非常重要，直接影响最终分析结果的准确性，具有代表性的样品采集是实验分析结果准确认识与针对性防护对策优选的前提。对于典型失效样品的现场采集，应避免对腐蚀失效区域带来二次损伤，对于典型失效管线的切取，至少应该选取上下游远离失效位置进行切割，以免切割产生的损伤。

对于现场切取的样品，应当及时进行真空烘干，尤其是一些带有微生物腐蚀的样品，更应该注意对失效区域的保护。送检过程中应尽量避免磕碰损伤，尤其是带有断口的失效样品，更应注意对断口的保护。

服役环境的采集主要包括影响材料腐蚀的温度、压力、介质和流速等生产工况与参数。记录腐蚀部位（部件）的原始资料，包括部件编号、使用日期、遭受腐蚀的时间和腐蚀环境等。对于存在腐蚀产物样品的采集，应根据腐蚀产物的位置、外观和颜色分别采样，收集在不同的密封袋或取样瓶内。

对于送检的腐蚀失效样品，首先应该对其表面腐蚀形貌进行采集判断，从而保留腐蚀的最初原始形貌。采集过程中应该尤为注意对细微腐蚀形貌的采集，包括腐蚀产物、断口腐蚀微裂纹以及失效管道内部是否存在微生物腐蚀迹象，从而为下一步试样微观位置切取进行判断。

通过对失效样品的一系列宏微观分析，从而得到样品发生失效的原因。在此基础上进一步通过实验室模拟腐蚀失效过程，对判断的腐蚀失效机理进行验证。同时，根据腐蚀诱因提出相应的解决方法并同步开展模拟实验进行验证。

1.2 失效样品分析及验证方法

从现场的失效管道采集结果可以看出，多种管道失效类型同时存在于吉林油田。根据《油气田管道和站场无泄漏示范区建设指导意见》中腐蚀类型识别要求，建立了管道腐蚀失效类型识别与模拟验证方法，确定了基于油田自主评价的二级失效样品失效类型识别方法。

一级识别是基于现场失效管道的位置、腐蚀形貌和腐蚀结垢产物信息等进行判断，针对管道的内腐蚀，主要可分为均匀腐蚀、水线腐蚀、冲刷腐蚀

作者简介：黄天杰，男，1982 年出生，2006 年毕业于西南石油大学油气田开发工程专业，现从事 CO_2 驱注采工程及防腐技术研究工作，高级工程师。通讯地址：吉林油田公司二氧化碳捕集埋存与提高采收率（CCS-EOR）开发公司，邮编：138000，联系电话：0438-6336812。

和垢下腐蚀，在一级识别的基础上，进一步结合实验室室内腐蚀模拟及微观形貌进行二次分析评价，确定失效类型判断的准确性（表1）。

表1 失效类型分级评价数据表

级别	管道种类	失效类型	识别方法
一级识别	金属管道	水线腐蚀、冲刷腐蚀、垢下腐蚀	矿场直观形貌验证评价
二级识别		溶解氧腐蚀、CO_2腐蚀、细菌腐蚀、CO_2和细菌共同作用下腐蚀	腐蚀规律、机理精细分析、腐蚀模拟对比验证

2 典型失效管道评价

2.1 一级识别与评价

2.1.1 水线腐蚀形貌

水线腐蚀是指由于气/液界面的存在，沿着该界面发生的腐蚀状况。腐蚀严重部位出现在液面及液面下部，气、水腐蚀介质的存在是导致水线腐蚀的主要因素。失效位置通常分布于管线底部油水界面处或水气界面处，而其他位置无明显腐蚀现象或呈均匀腐蚀。在气水界面的附近，因为腐蚀介质的扩散途径短，腐蚀性气体的浓度大，多生成致密性差的腐蚀产物。在室内模拟矿场工况条件下，将腐蚀试片悬挂于气液交界面，上部位于气相中，下部位于液相中。实验表明：气相中试片光亮基本无腐蚀，腐蚀严重部位出现在液面及液面下部，存在明显的腐蚀界面（图1）。

图1 水线腐蚀形貌图

2.1.2 冲刷腐蚀形貌

模拟冲刷工况条件下，随着腐蚀介质流速的升高，腐蚀速率增加，腐蚀严重部位出现在介质接触的管线下部，管线存在明显减薄现象。常发生于管道异形构件、变径和流向改变处，沿管口方向观察，管径厚度沿轴向方向存在"薄区"，截面上可以清晰地看出冲刷腐蚀痕迹，即局部位置存在明显的"薄区"，同时可以发现，部分"薄区"由于严重减薄，甚至发生肉眼可见的点蚀与穿孔现象。

在地面集输系统、弯头和三通处介质流向迅速改变，易在拐角位置引起湍流，进而导致冲刷腐蚀，主控因素为腐蚀介质和介质的流速。管道内输送介质引起的冲刷腐蚀，液相冲刷减薄区一般常位于5~7点钟附近，气相冲刷减薄区一般常位于11~1点钟附近，冲刷腐蚀减薄区呈一条带状，其他位置为均匀减薄区（图2）。

图2 冲刷腐蚀形貌图

2.1.3 垢下腐蚀形貌

在集输系统生产过程中，由于水质、钙镁离子、腐蚀与结垢产物、机杂及含油等影响，在温度、压力和流速变化条件下，易在金属管道的内壁上吸附而形成垢，在管道表面沉积。由于管道金属表面、沉积物及外部集输介质的差异性，导致垢下腐蚀的产生，造成管道缩颈与穿孔，影响安全生产。沿管口方向观察，存在一定厚度的腐蚀结垢产物层，且管径厚度有不均匀变化，常发生于集输介质（输水和输油）管道内。

针对矿场材质与室内材质的差异性，通过不同粗糙度的室内试片与矿场管道材料的腐蚀实验表明：材料的粗糙度大，比表面积就大，与腐蚀流体的接触面积就大，易使腐蚀结垢产物附着，从而加剧腐蚀。在腐蚀介质的作用下垢下腐蚀严重，垢层以下金属形成闭塞原电池加速腐蚀，垢下菌盐浓度差的影响导致点蚀和局部腐蚀加剧，在80℃相同条件下垢下腐蚀速率是无垢条件下的1.5倍以上（表2）。

表2 不同腐蚀试样腐蚀速率对比评价数据表

实验条件	试片类型	前重/g	后重/g	失重/g	表面积/cm²	腐蚀速率/（mm/a）
温度80℃，压力2MPa	标准试片	10.7518	10.7292	0.0226	13.6	0.257
	矿场管线	22.8107	22.7451	0.0656	33.6	0.302
温度70℃，压力2MPa	标准试片	10.8259	10.8091	0.0168	13.6	0.191
	矿场管线	21.6615	21.6135	0.048	33.6	0.221
温度60℃，压力2MPa	标准试片	10.9401	10.9287	0.0114	13.6	0.130
	矿场管线	20.7918	20.7591	0.0327	33.6	0.151

由于垢的存在，垢下菌盐浓差的影响导致垢下腐蚀严重，是导致试样表面产生大量点蚀的原因之一（图3）。

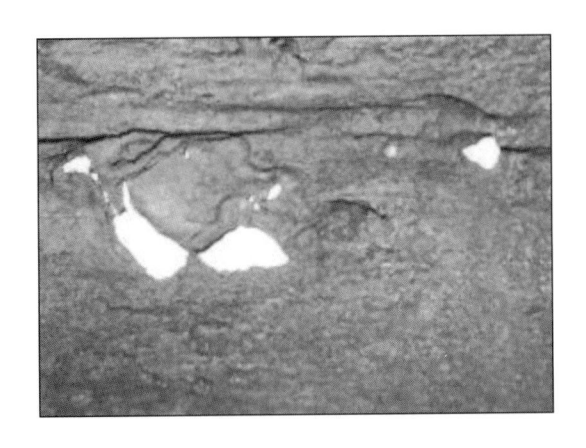

图3 垢下腐蚀形貌图

2.2 二级识别

2.2.1 溶解氧腐蚀规律与验证

在相同温度、相同压力和相同水质条件下，腐蚀速率随含氧量增加而增大。溶解氧腐蚀是氧与金属管道接触时，引起的电化学腐蚀，由于氧的去极化剂作用，腐蚀产物易氧化生成$Fe(OH)_3$和Fe_3O_4等沉淀物（通常颜色为暗深红色至红褐色腐蚀产物），由于腐蚀产物疏松，主控因素为氧浓度、温度和流速等，造成管道垢下腐蚀严重，形成溃疡状腐蚀形貌（图4）。

图4 溶解氧腐蚀形貌图

2.2.2 CO_2腐蚀规律与验证

油气管道中CO_2腐蚀是含有一定浓度的CO_2和水产生的腐蚀。CO_2腐蚀是电化学腐蚀，在无水条件下CO_2不腐蚀；含水率40%以下，腐蚀结垢较轻；含水50%以上，腐蚀结垢较重。pH值<5时腐蚀产物较少，pH值>5时腐蚀产物较多。腐蚀速率在80℃时达到峰值，主要包括点蚀、台地浸蚀和流动诱发局部腐蚀等（图5）。

图5 CO_2腐蚀形貌图

2.2.3 细菌与CO_2共存条件下腐蚀规律与验证

在单一存在SRB条件下，SRB对腐蚀影响较小，腐蚀速率为0.08mm/a；在灭菌水和存在CO_2条件下，CO_2导致的腐蚀速率较高，腐蚀速率为0.486mm/a，在相同温度条件下其腐蚀速率大约是细菌的5倍以上；在CO_2和SRB二者共同作用条件下，对腐蚀速率产生促进作用，腐蚀速率为1.021mm/a，腐蚀速率大于二者之和（表3）。CO_2和SRB二者的协同作用促使腐蚀加剧，在腐蚀产物下面存在明显的点蚀、坑蚀和局部腐蚀。

表3 细菌与CO_2共存条件下腐蚀规律数据表

实验系列	实验类型	平均腐蚀速率/(mm/a)
水质腐蚀	现场水+N_2除氧	0.088
CO_2腐蚀	现场水+CO_2腐蚀实验	0.486
细菌腐蚀	现场水+SRB细菌腐蚀实验	0.088
CO_2+细菌腐蚀	现场水+CO_2+SRB细菌腐蚀实验	1.021

3 结论

对选取的典型失效管线进行实验室微观失效分析，确定失效管道典型腐蚀形貌所对应的腐蚀类型，根据矿场管道形貌，建立了典型管道失效类型分析二级腐蚀形貌识别方法，实现了管道内腐蚀失效类型的快速判别，实现了腐蚀预警，为油田集输钢质管道腐蚀综合防治技术研究提供了依据。

（1）不同腐蚀工况与介质条件下腐蚀形貌差异大，需要根据腐蚀因素分析确定腐蚀失效类型。

（2）形成的典型失效形貌和管道失效类型识别方法，可以实现矿场管道失效类型的快速判断。

参考文献：

[1] 林冠发,白真权,赵新伟,等.温度对二氧化碳腐蚀产物膜形貌特征的影响[J].石油学报,2004,25(3):101-105.

本文编辑：董 华

解水锁技术在气田应用效果分析

王英姝

（中国石油吉林油田公司吉林东部油气新能源公司）

摘 要：伏龙泉气田气井普遍进入开发末期，措施选井难度逐年增大，急需提高气田采收率。根据伏龙泉气田的样品做了敏性实验分析，登娄库组储层具有中等偏强水敏，随着地层压力降低，岩石亲水性增强，易发生储层水锁伤害，这严重影响了气藏的开发效果。通过分析储层水锁伤害机理，提出了储层水锁气井的判识方法，并采取化学方式来解除储层水锁，使气井恢复产能并保持正常生产。并且在伏龙泉气田中部断块开展矿场试验，取得较好的增气效果，表明该工艺能够解除水锁，恢复气井产能，从而达到降本增效和提高采收率的目的，为气井持续稳产提供了重要保障。

关键词：低产低压；储层伤害；岩石亲水性；解水锁；解堵

1 储层特征

伏龙泉气田登娄库组及营城组储层岩性以粉、细砂岩及中—粗砂岩为主。储层物性较差，平均孔隙度9.8%，平均渗透率1.96mD，但主要分布在0.02~1mD之间，为低—特低孔隙度和低—特低渗致密储层，成岩作用强，以胶结作用为主，储集空间类型以粒间溶蚀孔和粒内溶蚀孔为主，孔隙结构为微细喉储层，登娄库组储层具有中等偏弱碱敏、中等偏强水敏和强酸敏特征。

2 井筒、储层堵塞、水锁原因

低渗透储层一般具有泥质胶结物含量高、含水饱和度高、毛细管压力高、敏性强、空喉细小、渗透性差、结构复杂和非均质性严重等特点，当初始含水饱和度低于束缚水饱和度时，储层有过剩的毛细管压力存在，当外来流体进入时，就很容易发生水相毛细管自吸，侵入储层的外来流体返排缓慢和返排困难，甚至不能返排，形成水锁伤害，而且一旦受到损伤，恢复起来比渗透率高的储层更加困难。

2.1 储层水锁的表现形式

储层水锁主要表现在试气无阻流量折算，目前，压力下无阻流量的理论值与实际产量存在偏差；储层基质渗透率降低；岩石亲水性强；近井地带表皮系数增大；产量下降快，长期关井不能复产，采收率下降等。

2.2 储层水锁对气井生产的影响

（1）造成气井减产甚至停喷，影响气井最终采收率。

（2）造成气井压力突降。

2.3 外来液体侵入造成储层水锁

气田开发过程中，钻井液、完井液和压裂液等外来流体浸入并滞留在地层中，对储层造成伤害，出现储层水锁现象。

2.4 含水饱和度造成储层水锁

原生水饱和度低于束缚水饱和度时，气驱替外来水只能将含水饱和度降至束缚水饱和度，必然出现水锁效应；原生水饱和度大于束缚水饱和度时，由于液体的长时间浸泡，在有限时间内含水饱和度无法下降到束缚水饱和度，从而造成储层水锁。

2.5 长期关井或积液造成储层水锁

当产水气井长期关井，或者当产量低于临界携液量后，会在井底形成积液。井底积液则在井筒回压、微孔隙毛细管压力和储层岩石润湿性作用下，向低渗储层中的微毛细管孔道产生反向渗吸，从而影响井底周围岩石的气相渗透率或对井底周围岩石的物性产生液相伤害，导致气井生产动态不正常，严重时产生液锁现象，使气井停产或失去产能，从而影响整个气田的开发程度与开发效果。

2.6 水锁伤害影响因素

伏龙泉气田属于典型的"低孔、低渗、低压、低丰度"气藏，气相的流动通道狭窄，渗流阻力大，液固界面及气液界面的相互作用力大，这使得水锁效应的影响尤为突出，部分学者的研究结果表明，影响水锁的主要因素为储层渗透率、含水饱和度及岩石润湿性等，压力与含水饱和度呈良好的指数关系，而压力与气相相对渗透率呈明显的对数关系，随着生产压差的增大，会导致含水饱和度的升高，而含水饱和度的升高又使得气象渗流能力降低，最终造成水锁伤害程度逐步加深。

（1）气藏初始含水饱和度与束缚水饱和度存在差异。差值越大，不利的相对渗透率效应也就越明显，水相圈闭渗透率造成损害的可能性就越大。在相同驱替压力梯度下，气藏含水饱和度上升后，其气体渗透率下降越大，水锁效应伤害越严重。水锁效应所造成的伤害程度与含水饱和度之间呈非线性关系，主要表现为：随含水饱和度的增加，水锁效应所造成的伤害程度上升并逐渐趋于平缓。

（2）由于孔隙介质不混相流体的多相干扰作用，流体低饱和度区间的气—水相对渗透率曲线越陡，说明水饱和度增加对气相渗透率的下降作用越明显。岩石的孔渗性影响相对渗透率曲线形态，岩石越致密，曲线越陡。

（3）滞留水的有效气藏压力。由于残余流体饱和度是毛管压力梯度的一个直接函数参数，一般情况下，有效气藏压力越大，有效毛管压力梯度就越大，最终形成束缚水饱和度越低。

（4）水相物理侵入深度。水相物理侵入深度严格制约着有效储层压力排出滞留水的能力。一般来讲，侵入深度越深，排出滞留水就越困难，水锁造成的渗透率降低量越大。

（5）流动压差。流体饱和度与施加在该体系中的毛管压力梯度直接相关，流动压差越大，产生的毛管压力梯度就越高，最终束缚水的饱和度就越低。

（6）岩石润湿性。对于水湿气藏，若具有异常低的初始含水饱和度，则水的自吸和水锁效应将非常明显。

因此，在工作液中加入表面活性剂降低气—水表面张力，可以有效降低天然气储层的毛细管自吸力，在毛细管半径保持不变的前提下缩短排液时间，相同时间内储层的含水饱和度变小，含气饱和度增加，能够有效预防水锁伤害的发生。

3 井筒除垢原理

应用相似相溶物理原理和改变垢物化学结构增加水溶性原理，解堵剂与井内、近井带有机及无机物发生物理和化学反应，拆散堵塞物骨架，溶解填充物，在气液搅动下经多次反复清洗，放空将垢物带出井内，实现解堵除垢的目的。

4 解水锁机理

国内外油气田采用的减轻或消除水锁伤害的主要方法有物理方法和化学方法两大类，其中物理方法包括水力压裂、预热地层、增大生产压差和注干气等；化学方法包括低级醇、添加表面活性剂和酸化处理等，根据苏东南区气井生产特征及成本考虑，此次解水锁试验选用化学方法进行。

毛细管阻力是导致水相在低孔隙度和低渗透率岩石孔隙喉道处产生水锁伤害的根本原因，因此，降低毛细管阻力是解除水锁伤害的有效手段。根据拉普拉斯方程式可知，通过降低气液表面张力或者增加液固接触角，可以降低毛细管阻力。井筒加注解水锁剂后，药剂在重力作用下进入井底，在气液置换下进入压裂裂缝，由于解水锁剂与岩石之间具有极低界面张力，通过储层反吸作用进入深部，药剂有效成分在岩石表面铺展，增加岩石表面与水之间的接触角，同时降低气水界面张力，从而降低地层水通过孔喉处的毛细管阻力，达到解除水锁目的，保持稳定的生产能力。

4.1 改变储层润湿性

通过向地层中挤注表面活性剂使岩石的润湿性由强水湿转变为中性水湿，增加气体的相对渗透率，并且在较宽的温度、压力、渗透率和盐水矿化度下保持稳定，从而达到解除气藏凝析液锁和水锁的目的。

4.2 减小界面张力

如果能使流体间界面张力减小，那么毛细管压力就会降低，从而把大部分滞留水排出。表面活性剂的特点是少量加入便能显著降低溶液的表面张力或界面张力，从而改变体系界面状态，使表面呈活化状态，从而产生润湿或反润湿。由于表面活性剂具有以上特有的热力学性质，使得气相和液相的界面张力降低，提高气相相对渗透率，从而使排液过程中克服水锁效应所需的启动压力降低。

4.3 降低贾敏效应

低渗透储层中流体因存在初始启动压力梯度，不满足达西渗流规律，而出现非线性渗流特征。通过向储层注入优化后的表面活性剂，可以有效地增大气液两相同流区，改变低渗透储层中流体的渗流特征，减小液体流动的初始压力梯度，使气、水流度更加接近，减少水滴的"卡断"现象，降低贾敏效应。

5 措施效果评价

5.1 储层水锁气井判别方法

结合理论分析，在气井实际生产中，可以通过以下情况来判断储层是否存在水锁现象。

5.1.1 气量突降气井

由于外来流体侵入地层，造成储层喉道的堵塞以及气相相对渗透率的下降，出现水锁反应，此时气井产气量出现明显下降趋势，若没有及时进行处理，气井产气量会不断降低，以致低于气井的临界携液流量，从而造成井底积液，井底储层无法产出气流，因此，套压在短时间内就会出现幅度较大的下降趋势。

5.1.2 积液严重气井

在气井生产过程中，由于井底压力不足，井筒逐渐出现井筒积液后则在井筒回压、孔隙毛细管压力和储层岩石润湿性等作用下，向储层中的毛细管孔道产生反向渗吸，造成水锁伤害，后采取间歇泡排等措施，井内积液日益增多，无法及时排出井筒。

5.1.3 返排液残留气井

通过压裂可以减小近井地带的流动压力，明显扩大有效的流入范围，提高近井地带储层的渗透率，但一般使用的水基压裂液也会通过渗吸方式沿人工裂缝两侧的岩石基面侵入地层，增加水相饱和度，堵塞基岩面上的孔隙通道，产生水锁效应，从而降低压裂效果，这一现象在低渗储层尤为明显。后期气井投产前压裂液返排不够彻底，也会进一步导致水锁程度加重。

在伏龙泉气田开展措施井10口，由于登娄库组储层为中—强水敏，主要选取的是中部断块登娄库组产层的气井。

5.1.4 选井原则

初步优选位于剩余井控储量富集区，初期高产，后期由于高产液或油蜡堵影响，产能下降的气井。

5.2 实例分析

伏12-3井于2016年1月11日采用二氧化碳干法压裂，敞口观察无气、无液，2018年5月重新完井，通过压缩机助排投产，初期压力6.3MPa，日产气0.5×10⁴m³，日产水24m³，2020年4月助排效果变差，设备搬走，累计产气447×10⁴m³，累计产液3112m³，关井恢复压力4.1MPa。分析认为该井措施（压缩机气举）初期由于地层压力较高，气液可以排除，后期由于地层近端压力降低，导致大量液体滞留近端毛细孔道无法排除，从而导致水锁（图1和表1）。

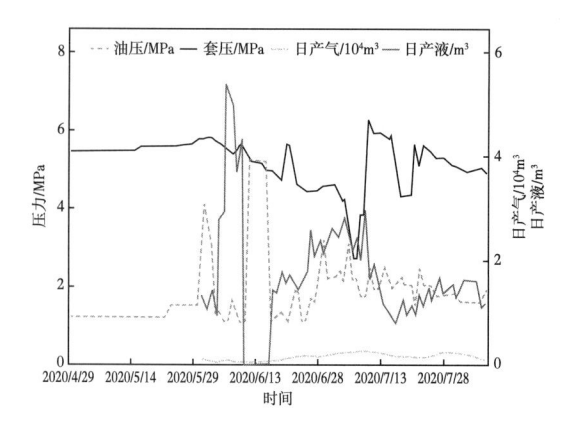

图1 伏12-3井生产曲线图

表1 施工过程统计数据表

时间	施工过程数据
2021年6月13日	油套压1.3/4.1MPa，油管加注解堵剂600L，套管加注水锁剂800L
2021年6月17日	油套压4.5/5.0MPa
2021年6月18日	油压下降至1.5MPa，套压上涨至6.8MPa，大量液体从地层进入井筒
2021年6月19日	油管加注解堵剂400L，套管加注水锁剂1200L，扩大解水锁影响
2021年6月22日	开井油套压6.4/6.6MPa，至2020年6月30日大量气液及垢物进入井筒，产水量上升。现场液样浑浊，静置有沉淀物。每两天油套分别加注水锁剂及解堵剂200L，间开携液生产，日均产量0.3×10⁴m³
2021年6月30日至今	每15天加注200L解堵剂，关井15h油管及射孔段清洗。连续生产正常，维护每3天加注起泡剂50L，日均产量0.5×10⁴m³

6 结论

（1）结合现场实际情况，优化形成了四种选井条件：剩余储量富集区和地层有一定能量，关井压力可以恢复的气井；气井投产初期产气量较高，日均产气量大于1×10⁴m³，目前处于停喷状态的井；有高产液历史和最高水气比大于8的气井；优选邻井有高压井口的，次选无高压邻井的，这类气井需要配合气举等辅助措施。

（2）井筒堵塞严重的气井，必要时得配合通井作业。

（3）复产难度与停井时间具有正相关性，对低产、停产井及早采取措施，降低后期复产难度。

（4）经过2019—2020年不断优化药剂体系和复产工艺，形成了一套适合于伏龙泉气田低产、停产井的解堵和解水锁增产工艺，证实具有良好的适应性，可进一步将试验拓展至其他中浅层气田。

参考文献：

[1] 徐洪明.伏龙泉气田登娄库组储层伤害机理分析[J].中国石油和化工标准与质量,2014,33(12):177.

[2] 谈士海.微生物采油增产机理及应用[J].油气井测试,2014,20(1):46-48.

[3] 林启才.影响川中八角场香四低渗气层改造的损害因素[J].天然气工业,1997,17(5):35-38.

本文编辑：董 华

扶余油田变排量压裂技术探索与思考

何增军　董惠勇　宋成立

(中国石油吉林油田公司扶余采油厂)

摘　要：扶余油田开发至今60余载，油田处于特高含水开发期，含水高达95.6%，特高含水开发期油藏储层含油饱和度和电阻率与低含水开发期对比，下降幅度高达20%以上，压裂井效果效益随着储层剩余油饱和度的下降，效益增产量无法保障。针对上述问题通过隔夹层控制下剩余油分析、产液强度分析和储隔层应力分析等，对压裂目的层的储隔层分层，计算最小水平主应力及不同排量下所产生的净压力，净压力与层内不同排量下产生的节流压差对比，最后确定合理的排量。通过变排量技术在老区内部应用和推广，2023年老井压裂有效率提高到70.3%，平均单井日增油0.3t。

关键词：扶余油田；老区；外围；变排量压裂；效果效益

1 老区内部压裂面临问题

1.1 老区内部储层含油性指标大幅下降

统计扶余老区内部不同年代不同小层的含油饱和度数值可以明显地看出（图1），2020—2022年完钻的新井与1980年以前的老井，含油饱和度指标下降了15%，面对特高含水开发期该类储层，压裂面对的储层特征发生了变化，目前的剩余饱和度在压裂技术和模式不改变的条件下，增产幅度下降10%左右，效益增产受到制约。

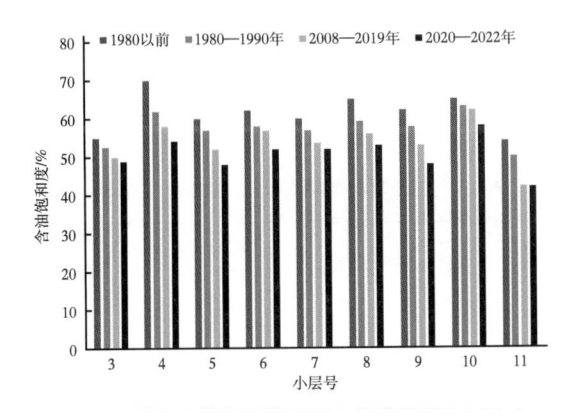

图1　扶余油田不同年代井含油饱和度柱状图

1.2 高渗透部位剩余油饱和度较高动用后高含水

老区内部在不同年代部署了5口检查井，针对不同年代的检查井取心，对同一储层按照渗透率级别进行含油饱和度分析，通过数据统计认识，对于目前较高的渗透率储层，虽然含油饱和度大幅度下降，但仍然高于低渗透储层，也就是含油饱和度水平与低渗透部位含油饱和度水平接近（图2）。但对于这种高渗透储层，在压裂动用时，综合含水饱和度较高，对于特高含水开发期储层而言，增产幅度低，含水上升，稳油控水难度较大（图3）。

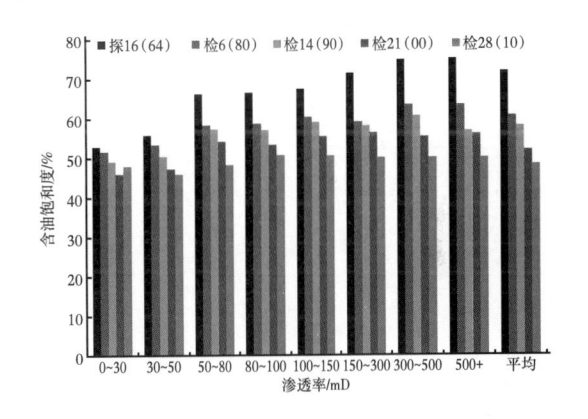

图2　不同年代检查井中低渗透率对应含油饱和度柱状图

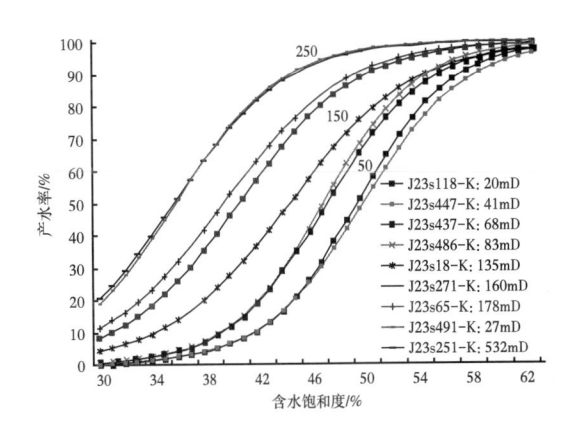

图3　老区内部含水饱和度与产水率对应关系曲线图

作者简介：何增军，男，1980年出生，2003年毕业于西南石油学院自动化专业，现从事油田措施方案设计及现场管理工作，高级工程师。通讯地址：吉林油田公司扶余采油厂工艺所，邮编：138000，联系电话：0438-6392037。

2 大厚度层常规低排量压裂动用不充分

通过油井产液剖面资料分析可以看出，厚度小于3m储层，产液强度较高，达到0.88m³/m，10m储层产液强度仅为0.25m³/m，大厚度层受储层物性差异、含水级别和压裂施工参数影响，低排量改造部分渗透性好且应力低，而渗透性差、应力高的层未得到有效动用，导致压裂后厚层产出较低。老井重复压裂井采取与第一改造相同的排量，但因老裂缝控制的裂缝原油采出程度较高，老裂缝的二次疏导及改造效果较差（图4和图5）。

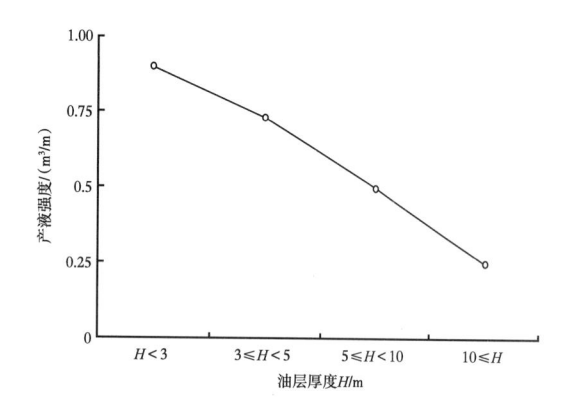

图4 产液强度与油层厚度关系曲线图

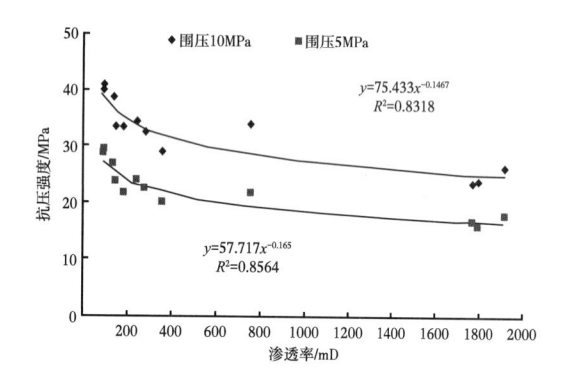

图5 不同渗透率储层与抗压强度关系曲线图

3 变排量压裂技术

3.1 优化施工排量

通过逐级提高排量，提升缝内净压力，进而扩大裂缝波及体积，提高压裂效果。通过软件模拟，注入排量Q=2.5m³/min、3.0m³/min、3.5m³/min和4m³/min，随着排量上升，裂缝内压力上升，同等液量条件下裂缝支撑高度和宽度呈上升趋势。

压裂过程中，随着排量的上升，井底净压力上升，表示缝高延伸受到一定限制，裂缝正常扩展；排量上升到一定程度后，净压力基本平稳，表示缝高稳定增长，天然裂缝张开，注入量与滤失量相同；当净压力急剧上升，表示裂缝内有砂堵迹象，应及时做出调整；净压力快速降低，表示缝高失控，还可能裂缝出现了分支或沟通了大量天然裂缝和断层等，压裂液滤失严重。因此，对于压裂目的层需要优化施工排量，排量过大，会出现压窜储层，造成压裂事故或者施工压力大幅度上升，需要的施工费将大幅度增加。

3.2 合理排量计算方法

3.2.1 层段内节流压差计算

利用测井曲线计算对应目的层储层/隔层最小主应力，计算出各层应力差，再计算不同排量下孔眼节流压差，并与层间应力差对比，使用节流压差大于层间应力差的小层都能压开下的排量。利用节流压差公式计算不同排量、射孔孔眼直径、孔眼数、液体密度和流量系数下的节流压差。

以老区内部典型隔夹层控制下剩余油井中2-11.1井为例，按照不同排量下对应压裂段内节流压差进行计算对比分析，确定最大排量。从表1中可以看出，排量2m³/min，产生节流压差为0.018MPa，可压开2+3号层；排量3m³/min，产生节流压差为0.031MPa，可压开最下面4号层（376.6~380.4m）；排量4~5m³/min，产生节流压差为0.055~0.084MPa，小于其余未压开层应力差，中间的隔夹层压不开，4号层（374.2~375.4m）处压不开。当排量提到7m³/min，产生节流压差为0.203MPa，节流压差大于所有压裂目的层段内应力差值，可全部压开所有储层及隔夹层，实现目的层在所有纵向上的开启及支撑。隔夹层受岩性影响，同一段内，闭合时间快于砂岩储层，利用此特点能预防支撑剂在闭合压力及重力作用下沉降，使支撑剂在纵向上隔夹层控制下支撑剖面分布均匀。

表1 中2-11.1井压裂层段内砂泥岩应力差及节流压差数据表

小层号	深度/m	厚度/m	最小水平主应力/MPa	压裂段内砂泥岩应力差/MPa	孔眼/(孔/m)	孔数/孔	节流压差(2.5m³/min)/MPa	节流压差(3m³/min)/MPa	节流压差(4m³/min)/MPa	节流压差(5m³/min)/MPa	节流压差(6m³/min)/MPa	节流压差(7m³/min)/MPa
2+3	363.6~373.6	10	7.99	0								
隔夹层	373.6~374.2	0.6	8.12	0.13								
4	374.2~375.4	1.2	8.11	0.12	13	148	0.018	0.031	0.055	0.084	0.14	0.203
隔夹层	375.4~376.6	1.2	8.12	0.16								
4	376.6~380.4	3.8	8.07	0.08								

$$\Delta p = \frac{0.237 q^2 \rho}{C_d^2 d_F^4 n^2} \quad (1)$$

式中 Δp——节流压差，MPa；

q——施工排量，m³/min；

ρ——液体密度，kg/m³；

C_d——系数；

d_F——孔眼直径，mm；
n——孔眼数。

3.2.2 净压力公式计算

改造目的层主要是提高储层的导流能力，通过提升作用在储层上的净压力来达到提升改造储层的目的。净压力与岩石的弹性模量、流体黏度、泵注排量、裂缝长度和裂缝高度有关。通过测井曲线和岩心资料可确定岩石的弹性模量。其余参数可通过变化来计算不同排量下对应的压裂目的层净压力，净压力提升越高，对储层的改造程度越好，但通过计算发现，净压力上升幅度到一定排量后变化平缓，幅度变化大和幅度上升幅度平缓的这个点定义为最佳排量（表2）。

$$p \approx \frac{(E^3 \mu_a Q L)^{\frac{1}{4}}}{H_f} \quad (2)$$

式中 p——裂缝净压力，MPa；
E——岩石的弹性模量，MPa；
μ_a——流体黏度，mPa·s；
Q——泵注排量，m³/min；
L——裂缝长度，m；
H_f——裂缝高度，m。

表2 净压力与排量数据表

排量/(m³/min)	净压力/MPa	层内净压力差/MPa
2.5	3.7	0
3	3.8	0.1663
4	4.1	0.4635
5	4.4	0.7135
6	4.6	0.9163
7	4.7	1.0719
8	4.8	1.1803

3.2.3 动态瞬时多次停泵法确定最佳排量

采取多次停泵剔除系统摩阻影响，录取地面瞬时停泵压力，结合施工过程中各节点压力分析，利用公式：$p_{净}=p_{地面}+p_{静液柱}-p_{闭合}$，计算不同排量下建立的净压力值，为施工排量优化提供依据。

正式压裂前进行阶梯升排量法，逐级提升排量，提升一级排量施工3min，停泵2min测压力。依据停泵压力、静液注压力和闭合压力等，计算不同排量下净压力，绘制曲线，通过曲线在不同排量下净压力上升幅度值来确定最佳排量。

随着排量上升，井底净压力上升，表示缝高延伸受到一定限制，裂缝正常扩展。随着排量再次上升，净压力基本平稳，表示缝高稳定增长，天然裂缝张开，注入量与滤失量相同，该阶段排量为最佳排量；再次增加排量，净压力急剧上升，表示裂缝内有砂堵迹象，应及时做出调整；另外一种情况排量再次上升，净压力快速降低，表示缝高失控，还可能裂缝出现了分支或沟通了大量天然裂缝和断层等，压裂液滤失严重，此阶段压裂失败，因此，需避免该类情况发生。

4 效果

4.1 典型井变排量压裂试验效果

以中2-11.1井为例进行分析，中2-11.1井扶余2+3+4号小层，厚度14m，隔夹层3个。2013年11月，以2.5m³/min排量压裂投产层2+3+4小层，日产液量2t，日产油量0.3t，综合含水率85%；2021年6月，第二次以2.5m³/min排量压裂，且增加了2倍的前置液及1.5倍加砂量的前提下，停泵压力2.4MPa，压裂后日产液量和日产油量基本不增，效果较差。2022年11月份，通过节流压差计算，确定最大排量为7m³/min，排量2.5～7m³/min，日增液4t，日增油0.5t，含水率下降4%，通过三次压裂可以看出，变排量多次提升净压力技术有效动用了压裂目的层低含水和低渗透部位剩余油。

4.2 总体效果

2023年累计实施210口变排量压裂井，压裂井增油有效率由2022年86%提升到90%，经济有效率由68%提升到70.2%，综合含水率与去年相比较下降2%。

5 认识

（1）变排量压裂技术旨在多次提升压裂目的层净压力，通过净压力的提升，达到多次开启新部位和新裂缝的目的。

（2）通过净压力计算方法，对压裂目的层最佳排量的确定提供了多种计算方法。

（3）变排量压裂技术对于特高含水开发期储层解决层内因非均质性强造成的低渗透、低含水部位的有效动用提供了计算方法和依据。

参考文献：

[1] 何增军.扶余油田东17块稠油降黏措施浅析[J].特种油气藏,2011,18(6):100-102.

[2] 何增军,王国宇,闫瑞.扶余油田安全清洁生产技术对策研究与应用[J].吉林石油工业,2019,39(2):84-86.

[3] 何增军,韩佳奇,王牧青.扶余油田措施保障技术实践与应用[J].吉林石油工业,2016,36(1):58-60.

[4] 张海龙,何增军,杨荣田.扶余油田预防压卡工艺技术研究与应用[J].吉林石油工业,2020,40(5):63-65.

本文编辑：董 华

长岭气田高含 SRB 气井缓蚀技术研究

王宁宁　张钰泽　王诗萌

（中国石油吉林油田公司松原采气厂）

摘　要：近年来，由于长岭气田在开采过程中，部分管柱存在落井和断管等情况，部分单井产出液内硫酸还原菌含量严重超标，严重影响后期气田的正常生产与经济效益开发。因此，针对长岭高含 SRB 气井缓释技术研究成为当务之急。通过采集长岭气田样品，结合微生物培养、腐蚀速率测量等方法，系统分析了 SRB 的分布特征、种类及其活性，并评估了不同缓蚀剂对 SRB 引起管道腐蚀的防护效果。研究结果表明：长岭气田存在高浓度 SRB，且其腐蚀活性强，是导致管道严重腐蚀的主要因素。在此基础上，筛选出了一种对 SRB 腐蚀具有良好抑制效果的缓蚀剂配方，为长岭气田管道腐蚀的防治提供了有效的技术支撑。通过对两种不同药剂（9BS 和 XY-618）分别进行杀菌实验和矿场试验，优选杀菌效果更好的药剂进行加注。

关键词：SRB；腐蚀；管断；缓蚀剂；高含碳气田

随着我国天然气需求的持续增长，高含碳气田的开发利用已成为油气行业的重要研究方向。相比于常规天然气田，高含碳气田通常具有较高的二氧化碳和硫化氢含量，给气田开发和气体利用带来了诸多挑战。其中，由于硫酸盐还原菌（Sulfate Reducing Bacteria，SRB）的存在，导致管道腐蚀问题日益严重，已成为制约高含碳气田安全高效开发的关键技术瓶颈之一。SRB 是一类厌氧细菌，能够利用硫酸盐作为最终电子受体进行新陈代谢，生成腐蚀性的硫化氢等产物。这些腐蚀性物质会加速管道材料的腐蚀过程，造成管道的渗漏甚至断裂，给气田的稳定生产带来严重隐患。

长岭气田登娄库组和营城组中二氧化碳含量较高，为 SRB 的生长繁衍提供了良好的环境条件。由于气田管道腐蚀，给气田的安全生产带来了严重威胁。因此，深入研究长岭气田中 SRB 的分布特征、活性状况及其引发管道腐蚀的机理，对于制定有针对性的防控措施，保障气田的安全高效运行具有重要现实意义。

1　长岭气田 SRB 背景简介

长岭气田位于吉林省松原市前郭县查干花镇境内，主要含气层系为营城组和登娄库组。长深 116 井采用 S13Cr 防腐材质油管完井，2019 年 3 月 7 日投产，稳产期间日产气 $2×10^4m^3$，日产液 $3m^3$，2021年下半年，产量断崖式下降，措施复产无效，采用连续油管气举，下至 3200m 遇阻，无法下入，初步判断为油管内堵塞，小修作业发现管断（图 1）。

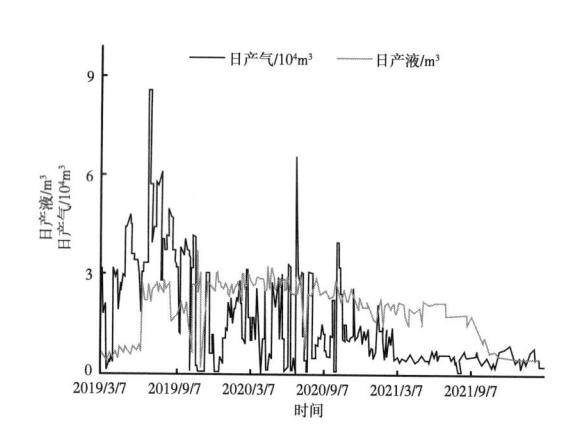

图 1　长深 116 井生产曲线图

SRB 的腐蚀机理有阴极去极化机理：缺氧条件下，阴极去极化作用是钢铁腐蚀过程中的关键步骤，SRB 的作用是将氢原子从金属表面除去，从而使腐蚀过程继续下去。SRB 代谢产物形成的腐蚀产物膜（如 Fe^{2+}、H_2S 和磷化物等）会加速金属的局部腐蚀。

$$4Fe+SO_4^{2-}+4H_2O \longrightarrow 3Fe(OH)_2+FeS+2OH^- \quad (1)$$

SRB 对钢铁腐蚀过程中会产生大量 H_2S 气体，H_2S 气体扩散到金属缺陷部位（微观裂纹、间隙或内部缺陷），氢原子变成氢分子过程中产生巨大的压力，这个压力与材料内部的残留应力及材料受的外

作者简介：王宁宁，女，1989 年出生，2012 年毕业于吉林化工学院化学工程与工艺专业，现从事气井防腐工作，工程师。通讯地址：吉林油田公司松原采气厂工艺所，邮编：138000，联系电话：0438-6223570。

加应力组成一个合力，当合力超过材料的屈服强度，就会导致氢脆断裂（图2）。

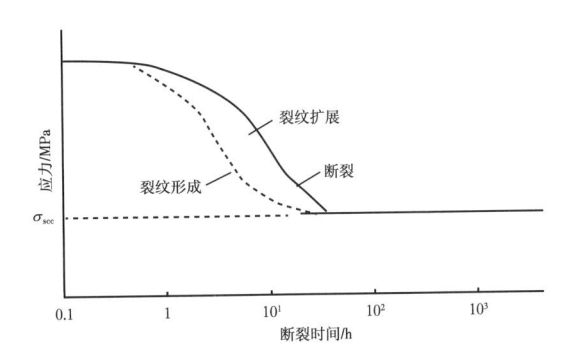

图2 应力—断裂时间曲线图

对长深116井管柱进行垢样分析，FeS为65.85%，含量较高，初步怀疑SRB引起管柱断裂。对临井水样分析，不同气井硫酸盐还原菌含量差异较大，从投产时间看，早期投产的长深平7井和长深平4井等井含菌量较少，后期投产加密井长深1更和长深120等井含菌量高（表1）。针对长岭气田中SRB引发管道腐蚀问题的严峻现状，通过研究气田SRB的分布特征、代谢活性以及其对管道腐蚀的具体影响机理，找到更加有效的防腐和断管预防措施。

为了分析长岭气田中SRB的分布情况，通过采集不同区域和不同深度的长岭气样，运用微生物培养等方法，详细测定SRB的种类和浓度分布特征。同时，结合气田的实际环境条件，如温度、pH值和盐度等，分析这些因素对SRB生长繁衍的影响，为后续研究SRB的腐蚀行为提供基础数据支撑。

表1 长深气田断管井周围临井水质分析数据表

序号	井号	测定种类	检测时间起	检测时间止	实验条件/℃	读数指数	菌数/（个/mL）
1	长深124	SRB	2024年1月4日	2024年1月11日	37	0	0
2	长深1更	SRB	2024年1月4日	2024年1月11日	37	21×10⁴	0
3	长深平4	SRB	2024年1月4日	2024年1月11日	37	212	2×10⁴
4	长深120	SRB	2024年1月4日	2024年1月11日	37	22×10⁴	2011×10⁴

通过腐蚀速率测量等手段，测定SRB的生长速率等指标，并分析影响SRB活性的关键因素。这有助于深入认识SRB在管道腐蚀过程中的作用机理，为预测和控制SRB引起的腐蚀问题提供科学依据。在开发部统一部署下，厂院联合攻关，对长岭气田进行全覆盖式取样分析84井次，分别开展了腐蚀速率分析、SRB菌含量分析两项实验。腐蚀性能分析实验结果表明，SRB对P110材质管柱腐蚀比较严重，对于S13Cr材质的腐蚀在可控范围内（表2和图3）。

表2 长深气田生产井产液腐蚀性分析数据表

井号	试片材质	试片号	前重/g	后重/g	时间/h	腐蚀速率/（mm/a）	平均腐蚀速率/（mm/a）
长深120	S13Cr	1	11.1063	11.1013	72	0.057	0.055
	S13Cr	2	11.1227	11.1183	72	0.05	
	S13Cr	3	11.0665	11.0613	72	0.059	
长深1更	S13Cr	4	12.5505	12.5451	72	0.0515	0.061
	S13Cr	5	12.3879	12.3813	72	0.0651	
	S13Cr	6	12.5187	12.5119	72	0.0674	
长深154	P110	7	12.5233	12.5143	72	0.1024	0.103
	P110	8	12.5004	12.4915	72	0.1013	
	P110	9	12.3374	12.3282	72	0.1047	
长深153	P110	10	12.3411	12.3277	72	0.1525	0.143
	P110	11	12.4181	12.406	72	0.1377	
	P110	12	12.1255	12.1132	72	0.14	

图3 高温高压反应釜腐蚀评价实验装置实物图

对长岭气田34口气井取样分析，实验结果表明，其中15口井不含SRB，7口井微含SRB，12口井SRB含量超标，共计19口井发现有SRB踪迹，占长岭区块总井数的一半以上。各井的SRB分布密度并不均匀，从2.5个/mL至14×10⁴个/mL不等，对标油田公司采油集输系统SRB允许含量110个/mL，认为存在SRB腐蚀风险。

2 高危井治理与评价

针对不同类型缓蚀剂的防腐性能进行系统评估，包括室内模拟实验和现场应用相结合的方式，对比分析无机盐类、有机胺类和季铵盐类等常见缓蚀剂，以及一些新型缓蚀剂（如聚合物缓蚀剂和生物缓蚀剂等）的防腐效果。在此基础上，分析不同类型缓蚀剂对长岭气田SRB引起管道腐蚀的抑制效果，最终筛选出最适用于该气田环境条件的高效缓蚀剂配方。

开展室内实验进行药剂优选，长岭气田各单井SRB含量差异性较大，针对4口高危气井，优选两种药剂（9BS和XY-618）分别进行杀菌室内实验（表3），在相同浓度下，9BS（吡啶体系）杀菌效果不明显，采用XY-618（咪唑啉体系）SRB杀菌效果良好。

表3 室内杀菌效果评价统计表

井号	管材	尺寸/mm	空白/(个/mL)	9BS 500μg/g/(个/mL)	XY-618 500μg/g/(个/mL)
长深120	CB110-13Cr	60.3	≥14×10⁴	≥11×10⁴	0.5
长深1更	P110S-13Cr	73	11×10⁴	11×10⁴	4.5
长深154	P110S-13Cr	60.3	≥14×10⁴	11×10⁴	45000
长深153	P110-13cr	60.3	4500	4500	/

根据室内评价结果，接下来开展矿场试验，根据杀菌剂试验方案，首先针对长岭含菌量超标严重的4口井，选用XY-618型号杀菌剂，以水药比6∶1进行配液，采用车载式加药方式，每日一次从环空加注（图4）。同时，跟踪评价加药效果，按旬调整加药制度。以24h为周期每日加注一次，药剂浓度1000μg/g室内实验满足杀菌要求，矿场试验杀菌效果未达到部门既定标准。药剂浓度200μg/g杀菌效果合格，但费用过高，加药制度与加药浓度仍需优化（图5）。

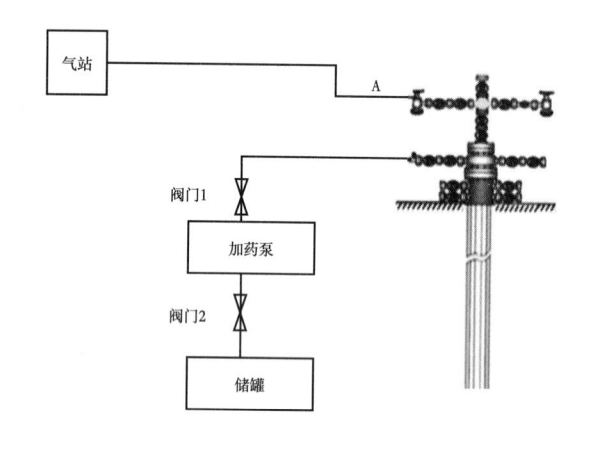

图4 杀菌剂加注工艺流程示意图

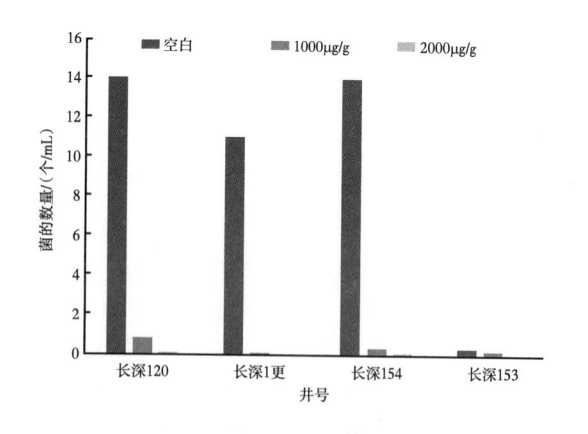

图5 药剂加注效果柱状图

通过对周期加药结果分析，认为问题原因是气井产液并不规律，周期加药会让药剂随气井产液带出而导致井内药剂含量过低。为了解决这一问题，改用244h连续泵注加药方式，并配备连续加药装置，保证井内药剂含量，从而达到更好的杀菌效果。通过室内模拟实验和现场应用相结合的方式，筛选出最适用于该气田条件的高效缓蚀剂配方，为长岭气田管道腐蚀防治提供了有效解决方案。

优化后加药效果评价：未采取防腐措施前，腐蚀速率高于行业安全标准0.076mm/a；优化加药制度后，腐蚀速率由0.0869mm/a降至0.0434mm/a，且杀菌率大于99%，费用相较一轮加注方案降低50%（表4）。

表4 产出液腐蚀速率评价结果统计表

实验条件	序号	试片号	前重/g	后重/g	时间/h	腐蚀速率/(mm/a)	平均腐蚀速率/(mm/a)
药剂浓度：0μg/g	P110	58	12.4181	12.4103	72	0.0888	0.0869
		112	12.0951	12.0871	72	0.0911	
		306	12.3616	12.3545	72	0.0808	
药剂浓度：1000μg/g	P110	358	12.2411	12.2277	72	0.0525	0.0434
		410	12.0181	12.0060	72	0.0377	
		471	12.1255	12.1132	72	0.0400	

3 结论

（1）长岭气田存在大量活性较强的SRB，其在不同区域、不同深度的分布存在明显差异。这些SRB通过新陈代谢产生大量的硫化氢，不仅直接腐蚀管道金属，还能在管道表面形成生物膜，加速局部腐蚀过程。

（2）筛选出了一种由聚合物缓蚀剂和季铵盐类缓蚀剂复配的高效缓蚀剂配方，在长岭气田环境下对SRB引起的管道腐蚀具有良好的抑制效果。该配方XY-618（咪唑啉体系）能够有效控制管道腐蚀，还可以大幅降低运行成本，当周期加注药剂浓度为2000μg/g时，可以满足杀菌要求，但从经济角度考虑，连续加注1000μg/g经济成本更低，效益更好。

（3）连续加药方式更适合矿场情况，因为气井产液并不规律，如果周期加药可能药剂随气井产液带出而导致井内药剂含量过低，而连续加药则可避免这种情况，保证井内药剂含量，从而达到更好的杀菌效果。

（4）从目前情况来看，SRB对P110材质管柱腐蚀比较严重，对于S13CR的腐蚀在可控范围内，所以现阶段更应关注的是套管的腐蚀情况。

参考文献：

[1] 石宝衍.油气田腐蚀与防护技术手册[M].北京:石油工业出版社,1998.

本文编辑：温志杰

吉林油田集输管道管材的耐腐蚀性评价

魏海涛　袁金芳　张　然

（中国石油吉林油田公司新木采油厂）

摘　要：吉林油田集输管道分布广泛，集输介质复杂，腐蚀所致的管道失效类型繁多且情况复杂。为深入了解常用金属管材在油田采出液环境及常温输送工艺条件下的耐蚀性，以新木现场典型失效区块的管道为评价对象，对其进行了化学成分测试、腐蚀速率测定及抗H_2S腐蚀性能评价。试验结果表明，金属管材的化学成分变化对其耐蚀性有显著影响，腐蚀速率与成分差异密切相关，且抗H_2S腐蚀性能存在差异。因此，在材料选择和方案设计期，就需充分考虑化学成分和耐腐性能的影响，以确保集输管道的结构可靠性和安全性。

关键词：管材；化学成分；耐蚀性能；完整性管理

对吉林油田现场典型失效区块的管道进行了采集，并结合宏观与微观分析方法，对失效管线类型进行了统计分析。研究发现，吉林油田地面失效管线类型主要集中在点腐蚀、垢下腐蚀、微生物腐蚀、冲刷腐蚀和均匀腐蚀等五大类，其中介质内腐蚀作用非常普遍。不同区块由于采出液性能差异，导致腐蚀失效类型与特征存在明显的区块化差异。例如，新民采油厂失效管线中垢下腐蚀情况较为严重，而新木采油厂失效管线中则存在氧离子辅助下的均匀腐蚀、点蚀和冲刷腐蚀，且腐蚀情况非常严重。通过现场调研，选取典型管件进行实验室详细剖析，系统研究了典型腐蚀的宏观与微观形貌特征，并对其腐蚀失效机理进行了分析。基于现场宏观形貌采集和实验室微观分析，吉林油田已建立典型管道失效类型分析图版及腐蚀失效程度表观判据，为实现腐蚀失效类型管线的现场快速判断和评价提供了科学依据，也为油田地面管道工程管理提供了简单快捷的方法和指导。为进一步探讨集输管材在油田地下水和含CO_2等酸性气体环境下的腐蚀性，研究还对管材的适应性进行了评价，以更好地了解其耐腐蚀性能是否能满足使用环境的需求。

1　管材化学成分测试

吉林油田集输管道使用$\phi 60mm\times 3.5mm$到$\phi 159mm\times 5mm$的无缝钢管，管材均为20#钢，管道埋深2.0m，无内防腐层，外防腐为3PE；管材20#钢化学组分直接影响管材的韧性、塑性和焊接性能，新木采油厂按管道服役年限以五年为单位对新建和现役管道进行取样，利用光谱仪测定管材试样的主要化学成分（表1），检测结果表明均符合20#钢化学成分组成相关标准。

管材的化学成分可能与服役年限相关，在服役过程中腐蚀导致化学成分产生微小波动变化，会对其性能产生显著影响，管材的强度和硬度主要受碳含量的影响。如果腐蚀过程中碳含量发生变化，可能会导致材料的强度和硬度降低；锰元素能提高管

表1　现役集输管道20#钢管材平均化学成分统计表

序号	取样数量/组	服役年限/a	质量分数/%									
			C	Si	Mn	S	P	Cr	Ti	Nb	Ni	Mo	V
1#	5	新建	0.171	0.31	0.6423	0.0359	0.0156	0.1839	0.003	0.0073	0.1636	0.0046	0.0021
2#	15	5	0.186	0.323	0.5433	0.038	0.007	0.2224	0.0048	0.0022	0.1617	0.004	0.0046
3#	15	10	0.187	0.234	0.5034	0.0461	0.0204	0.0339	0.0043	0.0053	0.0962	0.003	0.0045
4#	10	15	0.216	0.249	0.4911	0.0448	0.005	0.0804	0.0042	0.0093	0.2067	0.0025	0.0038
5#	5	20	0.226	0.185	0.4249	0.0456	0.0259	0.0084	0.0013	0.0064	0.1881	0.0042	0.0047
6#	5	25	0.222	0.24	0.461	0.0437	0.0248	0.0140	0.0011	0.0026	0.1543	0.0028	0.0042

作者简介：魏海涛，男，1981年出生，2006年毕业于辽宁石油化工大学环境工程专业，现从事地面工程设计和管道完整性管理工作，工程师。通讯地址：吉林油田公司新木采油厂地面所，邮编：138000，联系电话：0438-6228861。

材的韧性和塑性，而腐蚀可能导致锰的流失，从而影响材料的韧性和塑性；20#钢管材应具有良好的焊接性能，但腐蚀可能改变材料表面状态，碳含量和氧化物含量增加将影响焊接质量。腐蚀机制可能涉及 H+ 的酸性腐蚀和氧腐蚀以及由腐蚀生成的 Fe^{2+} 的次生反应，形成铁的氧化物和其他复盐。

2 微观组织结构

在 3#、4#、5# 和 6# 组管件中选择腐蚀最为严重的管件经过切割、打磨和抛光后，经侵蚀剂侵蚀，在激光共聚焦显微镜下观察到的金相组织照片（图1和图2）。图中可见白色基体为铁素体，黑色组织为珠光体（铁素体和渗碳体的机械混合物）。所有试样经侵蚀后，晶界非常明显，组织中并无特别粗大的晶粒，晶粒尺寸大小分布均匀。根据杠杆定律计算，材质中珠光体质量分数约为 23.8%，铁素体质量分数约为 76.2%。然而，6# 管件的金相组织中珠光体和铁素体的分布极不均匀，局部珠光体的质量百分数偏高。

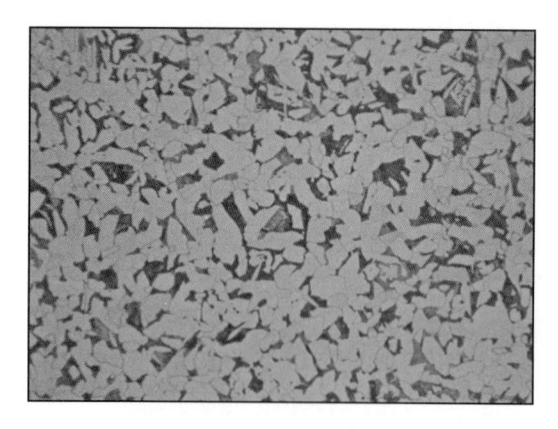

图 1 3# 组管件 200 倍激光共聚焦下微观组织图

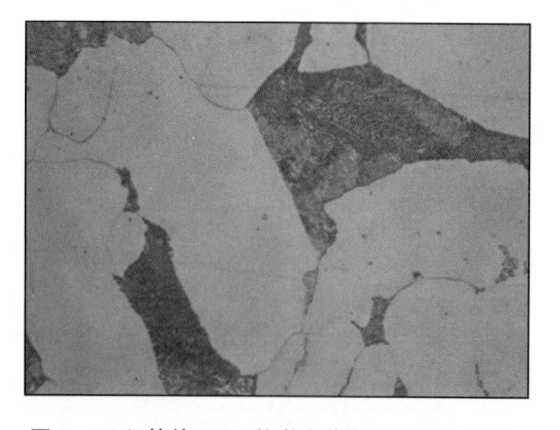

图 2 3# 组管件 1500 倍激光共聚焦下微观组织图

随后将 3#、4#、5# 和 6# 组管件样品置于扫描电镜下进行观察，可以看到晶界非常明显，其中黑色为铁素体组织，大小和分布较为均匀，白色为珠光体组织，呈现片层状，珠光体团的大小形态不一，最小尺寸约为 5μm，最大尺寸约为 20μm。同时，可以发现组织中存在着少量夹杂物和孔洞，尺寸大致在 1～5μm 左右。对于 6# 组管件，可以看到试样中有局部珠光体密集区域，该组织类似于高碳钢组织，而铁素体局部区域的晶界上并没有像上述试样出现渗碳体，其组织类似纯铁的组织。初步推断，6# 管件的微观组织结构可能存在组织不均匀性现象（图3和图4）。

图 3 6# 管件 500 倍扫描电镜下微观组织图

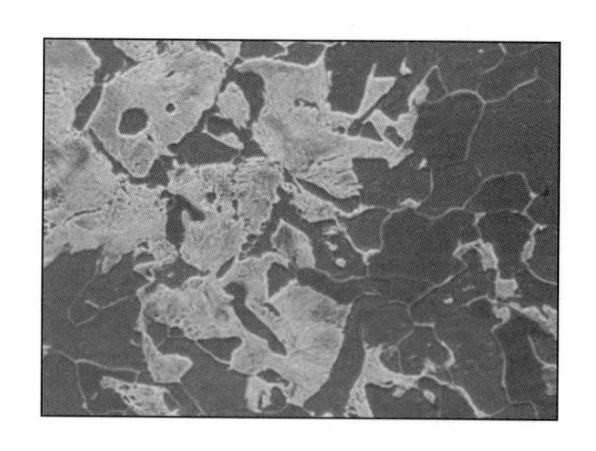

图 4 6# 管件 2000 倍扫描电镜下微观组织图

3 显微硬度

采用显微硬度计测量四种管件的显微硬度值，测试参数加载力为 100gf，保持时间 15s。分别在铁素体和珠光体组织处进行取点测量。每种管件测量 12 组数据，铁素体和珠光体位置各 6 处，最后将测得结果取平均值。通过测量过程可知，珠光体的显微硬度在 200HV 左右，铁素体的显微硬度明显低于珠光体的显微硬度，约为 150HV，这是由于珠光体中渗碳体相的存在，导致其硬度明显比铁素体高。

根据六组试样所测的硬度平均值及误差情况可知，服役年限越久测量数据值的离散偏差越大。由表 2 可知，1# 组管件的硬度最高，达到 222HV，2～4# 组管件有所降低。整体而言，6# 组管件的显微硬度

表 2　现役集输管道显微硬度测量数据统计表

序号	测量点	硬度/HV											
		1	2	3	4	5	6	7	8	9	10	11	12
1#	铁素体	222.7	230	227.1	221.5	220.7	225.3	221.5	222.9	221.9	225.9	227.2	227.4
1#	珠光体	165.4	165.8	169.3	167.9	164	162.4	163.4	161.9	162.4	166.4	167.5	168.7
2#	铁素体	223.4	228.4	219.6	221.6	224.2	218.1	222.6	220.5	227.1	220	218	219.9
2#	珠光体	161.9	163.5	158.6	159	164	161	165.2	164.9	161.4	165.7	160.7	158.5
3#	铁素体	218.9	226.2	220.1	226.1	225.1	221	227.6	219.9	226.7	219.7	225.4	221.8
3#	珠光体	157.5	160.4	162	161.8	164.9	160.4	159.7	158.7	155.8	162.5	164.5	159.3
4#	铁素体	220.3	221.4	217.2	220.2	220.7	224.6	224.3	222.2	224.2	223.9	215.9	217.7
4#	珠光体	152.4	155.3	150.9	156.5	151.3	153.8	159.1	151.5	158.1	157.1	150.9	156.9
5#	铁素体	217.3	213.3	223.3	220	218.8	223.5	214.6	213.4	215.4	215.3	214.2	218.5
5#	珠光体	151	151.9	157.7	155.9	148.4	150.3	157	155.2	151.3	149.5	155.7	150.3
6#	铁素体	211.1	218.9	212.6	213	215.6	215.6	210.4	207.6	216.1	211.8	217.1	219.3
6#	珠光体	147.4	144.9	153.6	150.2	150.5	146.8	147.3	147.3	144.3	143.3	149.1	152.3

最低，仅为211HV，说明其硬度值与铁素体组织的硬度下降均比较明显，其材料组织存在明显的不均匀性，这与上述微观组织分析相符合。

4　管材耐介质腐蚀性能

测试 20# 钢金属管材在缺少防腐层保护情况下能够抵抗采出液腐蚀破坏的能力，在新木采油厂联合站、前60站和木69站取三组采油井出液水样，将挂片和现有管材两种材料，共 6 个试样，悬挂在室温下水样中，静态暴露浸泡 720h，实验装置原理如图5所示。

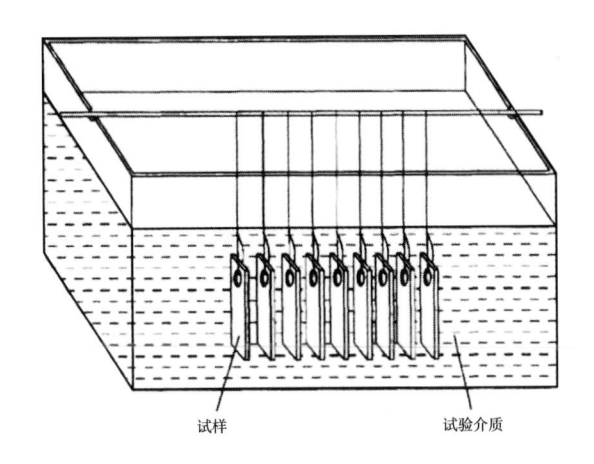

图 5　管材耐介质腐蚀静态暴露实验装置示意图

实验结束后，经清洗的试样表面呈明显的腐蚀形貌，有局部坑状腐蚀。对试样的夹杂物微观形貌及能谱进行分析，由静态腐蚀管材组织夹杂物形貌及能谱分析可知，共发现三种不同的夹杂物：第一种夹杂物呈条状，尺寸长约 2μm，宽约 1μm，由对应的能谱分析可知，该类夹杂物为复合夹杂物，成分主要为 MgO 和 Al_2O_3；第二种夹杂物为球状，直径约为 5μm 左右，由对应的能谱分析可知，该夹杂物成分主要为 MgO、Al_2O_3 和 CaO；第三种夹杂物同样为球状，直径大约为 4μm，但其成分主要由 MgO、Al_2O_3、CaO 和 SiO_2 组成。

5　结论

（1）在化学成分方面，所有送检管件的元素成分和含量均符合国家标准 GB/T699—2015，判定为合格的 20# 钢材料。

（2）微观结构分析表明，管件主要由珠光体和铁素体组成，晶粒尺寸一致，但存在少量小尺寸复合夹杂物，部分管件表现出组织分布不均匀现象。

（3）宏观腐蚀特征对比表明，此类轻微的组织不均匀并非导致管件结垢和快速腐蚀的主要因素。

（4）吉林油田服役管件的材质质量符合要求，而管件的结垢和快速腐蚀问题主要归因于其服役环境。在缺乏防腐保护的条件下，腐蚀机制可能涉及 H^+ 的酸性腐蚀、氧腐蚀以及由腐蚀生成的 Fe^{2+} 的次生反应，进而形成铁的氧化物和其他复盐。腐蚀可能导致 20# 钢表面出现腐蚀坑，且随着温度升高，腐蚀坑数量增多且深度加深，这可能是冲刷切削作用加剧的重要原因。

因此，管件的化学成分变化和性能影响在材料选择和工程设计阶段需予以充分考虑，以确保结构的可靠性和安全性。

本文编辑：温志杰

油田罐区挥发性有机物密闭回收技术研究

李士军

(中国石油吉林油田公司勘察设计院)

摘 要：VOCs 是指在标准状态下具有较高饱和蒸气压、低沸点和小分子量，且在常温下易于挥发的有机化合物，严重污染大气环境，危害人们的身心健康。主要来源于煤化工、石油化工、燃料涂料制造、溶剂制造与使用等过程。此外，燃料燃烧和交通运输也是 VOCs 的重要来源。逐步开展石油生产板块 VOCs 综合整治，大幅减少生产环节 VOCs 排放，不仅能减少油品损耗造成的经济损失，促进环境空气质量改善，同时可以积极推动油气田地面工程集输系统密闭改造，实现全流程的密闭生产和操作。针对油田罐区挥发性有机物特性，区别石化行业储罐 VOCs 治理技术，研究适合油田罐区的密闭回收技术，具有一定的实际意义。

关键词：VOCs；密闭回收；大罐抽气

1 研究背景

我国正面临细颗粒物（PM2.5μg/m³）污染形势依然严峻和臭氧（O_3）污染日益凸显的双重压力，挥发性有机物（VOCs）是形成 O_3 和 PM2.5μg/m³ 的重要前体物，是当前大气污染控制的关键指标，也是"十四五"大气污染治理的重中之重。同时，为坚决贯彻落实国家 VOCs 排放管控有关要求，为实现绿色安全发展目标，控制上游企业 VOCs 排放成为安全和环保重点工作。

根据《挥发性有机物无组织排放控制标准》（GB 37822—2019）的定义，挥发性有机物 Volatile Organic Compounds（VOCs）是参与大气光化学反应的有机化合物，或者根据有关规定确定的有机化合物。《陆上石油天然气开采工业大气污染物排放标准》（GB 39728—2020）采用非甲烷总烃（主要是 C_2—C_8）作为 VOCs 排放控制项目。

石油是多种碳氢化合物的混合物，其中轻组分在常温下蒸气压较高，极易挥发，故在油品储运过程中，储罐会因温度和压力波动等会产生挥发性有机物（VOCs），从而造成油品损耗，根据规范中关于挥发性有机液体储存排放的控制要求，需要对原油储罐采取相应措施。开展油田罐区 VOCs 治理，可以大幅减少上游企业 VOCs 排放，不仅减少油品损耗造成的经济损失，而且还能促进罐区安全环保高质量发展。

2 主要研究方向

2.1 研究范围

罐区 VOCs 主要来自储罐的大小呼吸、清罐排空、罐区工作损耗、动静密封和开口管线泄露、非正常工况损耗等。目前，吉林油田各级集输站场原油储罐 185 座，主要为固定顶储罐和外浮顶储罐。

浮顶储罐 VOCs 排放主要分为四部分：边缘密封损耗、浮盘附件损耗、挂壁损耗和浮盘接缝损耗。浮盘的选型和边缘密封均会显著影响储罐 VOCs 排放。

固定顶储罐 VOCs 排放量主要分为两部分：静止储存过程中的蒸发损失，即小呼吸损失；储罐进行收发物料过程中产生的工作损失，即大呼吸损失。

表 1 挥发性有机液体储存排放控制要求统计表

物料	现有或新建储罐	物料真实蒸气压 p/kPa	单罐设计容积/m³	排放控制要求
原油	现有	$p > 66.7$	> 100	①②③
		$27.6 \leq p \leq 66.7$	> 500	④⑤⑥⑦
	新建	$p > 66.7$	≥ 75	①②③
		$27.6 \leq p \leq 66.7$	≥ 75	④⑤⑥⑦
2号稳定轻烃		—	—	④⑤⑥⑦

注：①—采用压力罐或低压罐；②—采用固定顶罐，采取油罐烃蒸汽回收措施；③—采取其他等效措施；④—采用浮顶罐。外浮顶罐的浮盘与罐壁间采用双重密封，且一次密封采用浸液式、机械式等高效密封方式；内浮顶罐的浮盘与罐壁之间采用浸液式、机械式等高效密封方式；⑤—采用固定顶罐并对排放的废气进行收集处理，非甲烷总烃去除效率不低于80%；⑥—采用气相平衡系统；⑦—采取其他等效措施。

在常压储罐静置储油时，即使储罐采用隔热措施，也会随着大气温度升高和太阳辐射强度增加，

作者简介：李士军，男，1985 年出生，2007 年毕业于辽宁石油化工大学机械设计制造及其自动化专业，现从事油气田地面工程设计相关工作，工程师。通讯地址：吉林油田公司勘察设计院科研管理部，邮编：138000，联系电话：0438-6259990。

罐内气体空间和油面温度上升，气体空间的混合气体积膨胀，而且油品加剧蒸发从而使混合气体的压力增加，当罐内压力增加到设定值时，VOCs就会呼出罐外。常压储罐收油时，油品进入储罐内会发生闪蒸，产生一些VOCs，且随着油面上升，气体空间的混合气体受到压缩，罐内压力不断升高，当罐内压力增加到设定值时，VOCs就会呼出罐外（表1）。

依据规范提出的界定条件，目前吉林油田各站场使用的外浮顶罐数量少，采用一次浸液式弹性填充密封和二次高效密封，能够满足规范的要求。吉林油田固定顶储罐数量较大，多数为含水油功能罐和净化油罐，且未采取油气回收措施。因此，固定顶罐VOCs治理为主要工作范围。

2.2 控制措施

目前，石化行业较为成熟的技术有吸附、吸收、冷凝和膜分离技术，或几种方式组合对储罐挥发气进行回收、处理或达标排放。

与石化行业挥发性有机液体储存介质多元、储罐容量大和年周转次数相对较低的特点不同，油田储罐储存介质相对简单，挥发物主要为烃类物，且石化行业中石油从井筒采出，通过地面集输系统进行输送和处理，集输过程中储罐具有容量较小、年周转次数较高、工作时间长和静置时间短的特点。

从投资和能耗分析，适用于油田储罐的控制措施是将原油储罐中挥发出的轻烃成分进行收集和压缩，再送到站场的天然气管线或燃气加热炉，以达到节约能源、防止空气污染和实现原油密闭集输的目的。

3 主要研究进展

目前，油田储罐密闭回收技术应用并不广泛，没有形成相关技术规定等，需对不同技术进行研究，必要情况下还要进行现场试验。

3.1 大罐抽气技术

大罐抽气技术在油田已有较长时间的应用，基本控制原理为在呼吸阀向外呼气之前，由抽气装置将伴生气抽出，增压至气处理系统；在呼吸阀向内吸气之前，通过补气设施将伴生气补充至罐顶。实现罐顶呼吸阀不动作、隔绝空气、回收储罐伴生气的目的。

大罐抽气技术根据抽气装置不同又可细分：往复式活塞压缩机型大罐抽气装置、气液活塞泵型大罐抽气装置和螺杆式压缩机型大罐抽气装置（表2）。

大罐抽气技术在油田应用较早，但并没有大规模应用，其具有以下优点：

（1）装置规格小型化，最小能够实现200m³/d收气，适应挥发气量小的站场。

（2）装置尺寸更小，减少占地。

（3）设备价格更低，大幅减少投资。

（4）设计出口压力更高，避免出现后端压力高时，装置无法启动的问题。

（5）部分装置能够实现气液混输，工艺流程更为简短。

（6）可回收少部分油气。

表2 储罐VOCs治理技术路线对比表

序号	装置名称	优点	缺点	安全性
1	吸附—再生油气回收装置	（1）相对独立成系统；（2）移动式吸附收集橇可适用无加热炉系统和天然气系统站场；（3）多个移动收集橇可只依托1套再生装置轮流再生，减少备用数量及再生装置数量	（1）固定式吸附－再生油气回收装置对安装空间有一定要求；（2）吸附再生流程较长；（3）无法吸附甲烷（C₁），造成资源浪费；（4）油田站场暂无应用实例	（1）来气可含空气；（2）吸附后排放的气体仍存在甲烷
2	往复式活塞压缩机型大罐抽气装置	（1）油田有应用实例；（2）大气量设备价格低；（3）适用2000m³/d以上挥发气量	（1）对安装空间有一定要求；（2）压缩机运行维护较为复杂；（3）挥发气量小时设备频繁启停，容易损坏	来气不含空气，回收气可作为燃料
3	活塞气液泵型大罐抽气装置	（1）装置流程短，无须润滑油系统、进口分液罐及出口分液罐；（2）小气量设备价格低；（3）安装空间小；（4）适用1000m³/d以下挥发气量	（1）油田站场正在进行试验；（2）所咨询的厂家需完善防爆蘩阻火器等设备，价格将增加；（3）大于1000m³/d气量设备暂无应用实例	来气不含空气，回收气可作为燃料
4	活塞式压缩机型大罐抽气装置	（1）装置设备价格低；（2）有补气流程；（3）300m³/d、300～500m³/d、1000m³/d、2000～5000m³/d产品系列齐全	正在进行现场试验	来气不含空气，回收气可作为燃料
5	螺杆式压缩机型大罐抽气装置	装置设备价格低	大罐抽气暂无应用案例	来气不含空气，回收气可作为燃料

同时也存在以下缺点：

（1）仪表系统存在故障率，装置运行存在一定安全风险。

（2）需要编制专用操作规程，人员需定期巡检和维护保养。

（3）部分装置补气流程不完善。

3.2 油气挥发抑制主动防护技术

固定顶储罐油气挥发抑制主动防护装置由地面橇装设备和罐顶压力检测两部分构成，地面橇装设备上设置缓存储气罐A和压力储气罐B，站内原油储罐Z罐顶设计压力变送器（图1），当检测到储罐内部油气压力增高接近呼吸阀呼气开启压力时，同时监测氧气含量，当氧气含量正常，则系统压缩机与调节阀系统自动动作吸入多余的油气挥发气，由压缩机将挥发的油气由负压罐压缩至压力储气罐储存，压力罐的气体达到压力后自动排放至内部天然气管网，当氧气含量上升但未超标时，启动天然气补充气稀释，当氧气含量超标，自动停机，并且切换至安全排空管线。

通过以上动作逻辑始终维持储罐内部微正压和较高的油气浓度，以此到达油气挥发抑制，同时储罐呼吸阀不动作，过量的油气均接入天然气管网，实现油气回收再利用。

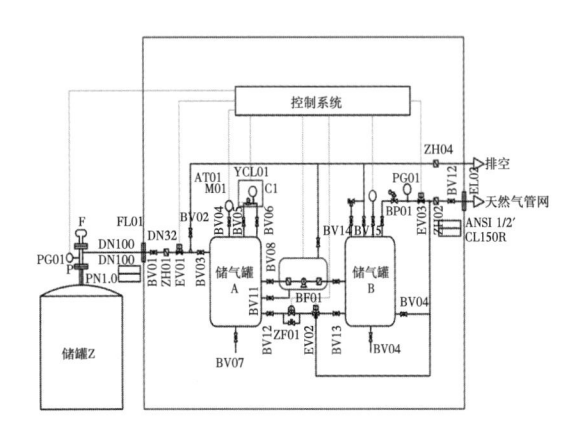

图1　油气挥发抑制主动防护装置控制系统流程示意图

3.3　储罐油气压缩回收系统

系统分两个单元：第一部分为压缩单元；第二部分为燃气混合单元。以下结合工艺流程附图对装置工艺过程进行说明（图2）。

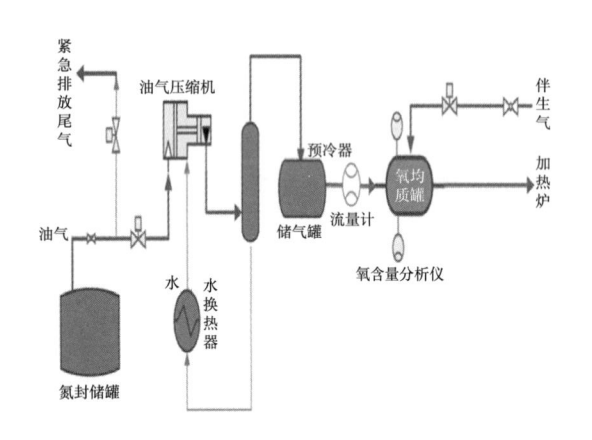

图2　储罐油气压缩回收系统流程示意图

当有来气时，根据发油泵的启动信号或者主进气管线上的来气信号，设备自动启动，油气首先进入到压缩单元处理，油气压缩机自动开启一定数量，并根据进气量的大小自动匹配变频，混合气净化后经压缩机压力提升至0.8MPa（A），先经过气分离后进入油气储存罐，之后经流量计、减压阀（0.25MPa）进入氧均质罐，在与原油伴生气混合均匀后进入业主焚烧炉燃烧，当氧均质罐氧含量大于等于5%时，压缩后的废气主切断阀关闭，废气通过紧急排放管直接排放。压缩后的混合气经流量计且减压到0.25MPa后进入氧均质罐，与原油伴生气混合均匀后进入业主焚烧炉燃烧，氧均质罐设置两台氧浓度分析仪，任何一台探测到氧浓度大于等于5%时，废气主切断阀关闭，不再进入氧均质罐。

4　下一步工作方向

4.1　开展VOCs排放量核算方法研究

国内的油气田企业原油储罐VOCs排放量核算研究起步较晚，而国家的VOCs排放的控制要求不断提高，重视程度也越来越高。因此，储罐的无组织VOCs排放核算方法体系和标准还有待进一步完善和提高，接下来需要开展各类储罐物料真实蒸气压检测，结合检测结果安排储罐挥发气量实测，通过实测值确定治理技术路线。

4.2　加强系统安全控制措施研究

储罐密闭回收工艺首先应该满足安全要求，可能出现储罐气相连通，存在火灾爆炸风险、储罐本体安全风险、罐顶连通仪表控制系统失效风险和罐顶气去明火设备处理风险等。

接下来应该积极主动加强系统安全控制措施研究，开展系统风险分析，展开专项评估，制定安全控制方案；增加仪表控制冗余，进行压力联锁控制；大型储罐增加远程切断阀；分类连通收集、分布式氧含量检测和管道可靠阻火防护技术等。

5　结束语

为满足安全和环保要求，针对VOCs治理攻坚工作，解决挥发性有机液体储存VOCs排放控制问题，补齐短板，有必要进行油田罐区挥发性有机物密闭回收技术研究。目前，吉林油田正在积极推进此项工作，精准攻坚和做精做细，对不同技术进行试验评价，做好基础研究，保证油气回收装置安全且平稳运行，力争早日完成罐区VOCs治理，助力实现吉林油田"十四五"绿色安全发展规划目标。

参考文献：

[1] 丁锋,李丛妮.VOCs油气回收工艺探讨与分析[J].天然气与石油,2016,34(4):28-31.

[2] 陈海洋.常压罐区VOCs密闭收集系统的安全控制措施[J].石油化工安全环保技术,2020,36(4):48-51.

[3] 王翠然,海婷婷,田炯,等.江苏省石化行业VOCs排放特征、治理现状及对策探析[J].污染防治技术,2015,28(6):17-22.

[4] 杨静怡,朱胜杰,陈鹏.外浮顶原油储罐VOCs泄漏损耗及排放量核算[J].安全、健康和环境,2017,17(5):37-40.

本文编辑：温志杰

企业水汽品质波动事件原因分析及预防措施

姜天文　于里　王春婷

(中国石油吉林石化公司化肥厂)

摘　要：水汽品质的波动严重影响了企业各装置运行的安全性和经济性，对整个装置全流程的安全生产和经济运行也造成了严重影响。结合某企业水汽装置生产工艺流程和水汽中 SiO_2 远超标准控制值的异常现象，从操作、设备、物料、管理和环境等多方面多角度、深层次地剖析水汽超标原因和波动事件的发生，同时制定了可行性处理措施和管理手段，以杜绝水汽波动事件再次发生。因此，对企业水汽品质进行研究分析，解决水汽品质波动问题具有重要的实际意义。

关键词：水汽；波动；原因分析；预防措施

1 装置概况及设备简介

某企业水处理装置于 1995 年筹建，1997 年 10 月投产，原设计水处理能力为 450t/h；2002 年，5# 单元、5# 混床建成投产，水处理能力增加至 600t/h；2008 年 10 月，随其他装置扩建，制水能力达到 900t/h。装置采用离子交换工艺单元制水系统，过滤水通过预处理设备降低浊度后，先后进入阳离子交换器、阴离子交换器和混合离子交换器，产出二级除盐水送往用户。在水系统生产过程中，要对自然水做好预处理工作，且注重技术的合理使用，以保证自然水处理质量，满足企业生产对用水质量的标准要求，保障电厂生产安全可靠运行。该企业制水系统工艺流程如图 1 所示。

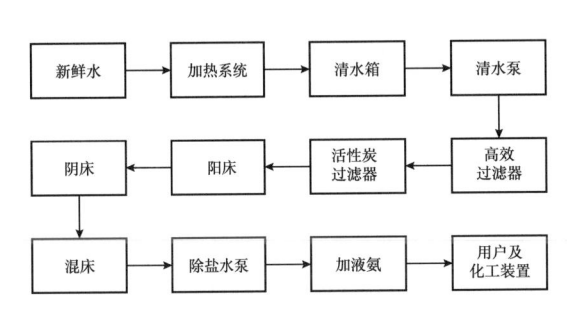

图 1　制水系统工艺流程及外供用户示意图

2 事件经过

2023 年 1 月 31 日 4 时 15 分，5# 制水单元结束再生操作后投入运行，并采用目视比色法分析出水指标正常。

14 时 40 分，取样分析发现 5# 制水单元过度失效，停运进行再生，同时对其他混床出水及外供除盐水进行取样分析。

15 时 30 分，分析结果显示其他混床出水及外供除盐水 SiO_2 均超标。

当晚，该企业立即启动应急处置措施，组织对各失效单元进行再生，恢复其制水能力。至次日下午，逐步将水汽品质调整到合格范围内。

3 水汽品质波动原因分析

通过对水汽品质超标事件原因的分析和梳理，该企业组织有关技术人员从操作、设备、物料、管理和环境等 5 个方面可能导致水汽品质超标因素进行分析，从而查找事件根本原因。

3.1 操作原因

经调查，岗位人员在 5# 制水单元投用后，未能及时发现指标异常，未能判断出 5# 制水单元失效并停运，导致 5# 制水单元过度失效且出口 SiO_2 超标，从而使混床失效，最终导致除盐水箱水质 SiO_2 超标。

3.2 管理原因

3.2.1 质量意识缺失

员工对"质量是企业的生命"认识不到位，因思想教育和管理不到位，导致质量管理流于形式、浮在面上且覆盖不全面，未认识水汽品质对化工装置和热力机组的极端重要性，未识别出水汽品质恶化

作者简介：姜天文，男，1982 年出生，2012 年毕业于东北电力大学热能与动力工程专业，现从事生产技术和项目建设管理工作，高级工程师。通讯地址：吉林石化公司化肥厂生产运行室，邮编：132021，联系电话：0432-63970360。

可能导致水汽系统发生腐蚀、结垢和积盐,进而造成巨大经济损失的重大的风险。

3.2.2 "监督意识"缺失,考核震慑不到位

该企业"两级监督"不够,尤其是生产装置管理层对取样环节监督管理不到位,未能及时发现个别员工存在的"松懒散"和不取样、取假样以及取样环节存在漏洞等问题,日常管理中缺少对水汽品质的抽检和比对,没有对水质波动进行考核,未对操作人员形成有效震慑。

3.2.3 "整体意识"欠缺,信息跟踪不到位

在化工装置大机组结垢初期,只局限于化工装置和制水装置间数据比对,没有整体对外供用户除盐水水质进行摸底调查。用户质量监督机制不健全,该企业没有及时主动地对外供除盐水用户水质进行定期回访,错过最佳处理时间。

3.2.4 "跟踪意识"欠缺,数据管控不到位

水处理装置在线分析仪表长期故障,未及时进行修复。关键在线分析仪表41块,33块均不好用,尤其是炉内在线分析仪表全部不好用,无法在线监控水质变化状态,只能采用目视比色法粗略判断水汽是否超标,数据与检测仪表存在较大偏差。

3.3 设备原因

3.3.1 5#制水单元

2002年,5#制水单元建成投产,设计水处理能力为150t/h。由于无法达到设计水处理能力,2017年对其进行了改造,虽能力有所提升,但较其他单元仍有较大差距,主要体现在运行周期不稳定。冬季高负荷运行期间,水处理车间投运了5#制水单元,但未对5#制水单元出水水质进行加密监测,导致设备未达到运行周期而提前失效,引起水质恶化。脱盐水装置除盐水指标要求如表1所示。

表1 除盐水出水指标和用户要求指标数据表

名称	项目	指标
除盐水 (混床出口)	pH值(25℃)	6.0~8.0
	电导率(25℃)/(μS/cm)	≤0.2
	二氧化硅/(μg/L)	≤15
除盐水(外供)	pH值(25℃)	8.8~9.3
	电导率(25℃)/(μS/cm)	实测
	二氧化硅/(μg/L)	≤15

3.3.2 在线分析仪表

水处理装置现有在线分析仪表共计62块,其中关键在线分析仪表41块。目前,关键仪表中仅有8块好用,其他33块均不好用,尤其是炉内在线分析仪表全部不好用。在线分析仪表因故障长期停用,无法在线监控水质变化状态。

3.3.3 其他设备

3#阳床入口一次阀不能完全打开,进水量仅能达到80t/h(设计能力150t/h),使3#制水单元处理能力下降;4#混床入口一次阀无法打开,无法投运,影响了制水能力,使得冬季高负荷期间除盐水箱长期低水位运行,制水单元运行周期偏长,没有时间对制水单元内树脂进行定期体外擦洗,水质指标长期靠上限运行。

3.4 树脂原因

水质波动前,树脂使用状况较好,出水水质正常,排除离子交换树脂产品不合格。

3.5 环境因素

3.5.1 设备泄漏及互窜

混床出口母管和除盐水箱均未发现泄漏点,其上不存在其他分支管线,且管道内压力为正压,可排除因管道泄漏和互窜造成外来杂质进入除盐水箱的可能性。

3.5.2 除盐水需求增加

随着该企业除盐水用量逐年增加,冬季高负荷期间除盐水需求峰值可达到1050t/h,接近设备出力上限,只能通过降低离子交换器切换频次,延长运行周期等维持运行,使得外供水质压上限运行。

4 整改措施落实情况

4.1 在线分析仪表方面

保持与仪表维护单位的联系和配合,按照重要程度,分批次对故障在线分析仪表进行修复和更新,实现远程监控水质变化状况,依据在线仪表分析数据进行制水单元投用、停用、再生操作及水质调节。分三个批次对49块在线分析仪表更新或修复。将丙烯腈1#线、丙烯腈2#线、甲脂线和一期2B线母管流量引入DCS系统,便于装置掌握外供除盐水流量变化情况,及时进行调整操作。

4.2 监督监控方面

加强取样分析过程监督监控,确保操作人员真取样、取真样、真分析和出真数。采取抽查、复检和临时抽样的监督方式,每天生产主任跟踪抽查1次及管理人员跟踪抽查2次,夜班期间随机抽取2个时间点的水样进行留样复查,比对分析数据,确保数据准确。实施分析全过程有效监控,在分析间安装摄像头,修复了一期除盐水箱、二期水箱和碱卸车栈台等3处故障摄像头。为规范炉内取样操作过程,在炉内取样间和加药间等部位安装摄像头10个。

4.3 设备设施方面

本着实事求是的态度，深化技术改造和升级，修复5#阳床入口、锅炉直排水等泄漏、腐蚀的取样点12处，修复4#混床和6#混床中排管等水泵3台，组织清理2#和7#阳床树脂捕捉器，更换2台高效过滤器内的纤维束，不断提升单元制水和预处理设备过滤能力。对5#单元、5#混床进行更新改造，提升装置处理能力；增加固定倒脂管定期清洗树脂，恢复树脂使用性能；更换白钢水帽，消除现有设备内ABS水帽经常泄漏的隐患；增加部分在线分析仪表，提升水质监控能力。

4.4 生产操作方面

加大"三精"管理力度，实施"查、看、洗、报"管理模式，根据控制系统曲线，对预处理系统反洗操作、除盐系统投运、停运和再生等操作步骤进行监督检查。每天实时观看LIMS系统分析数据，及时与汽机、锅炉装置沟通，调整连排、开启定排，并对炉内加药量及时进行调整。组织对现有3套制水单元树脂进行深度再生和体外擦洗，恢复其制水能力。利用微信群，对不合格数据进行全车间通报，当班班组对不合格形成原因进行逐条解释，并纳入月份考核。修订《水汽系统取样管理要求》，并细化《水处理岗位工作要求》，进一步规范操作人员操作过程，确保各项分析数据真实和准确。

5 总结与思考

学深悟透电厂离子交换水处理装置技术规程和电厂水处理运行规范，掌握科学思维方法和工作方法，不断提高工作质量和水平。

（1）坚持问题导向，辩证分析原因。工厂不断增强问题意识，树立鲜明的问题导向，本着"四不放过"的原则，不遮丑、不护短，深挖问题根源，在技术瓶颈点查找管理根源，做到"一点有问题，八方受教育"。

（2）坚持系统观念，全面剖析根源。在剖析问题的过程中，既抓问题本身，又得抓问题边缘；既抓最现实和最直接的原因，又得透过现象看本质；用"冰山理论"和"蝴蝶效应"分析问题，做到"跳出问题看问题、跳出原因看原因、跳出影响看影响"，坚决杜绝就事论事，就问题说问题，就原因找原因。

（3）"专业监督"是提升质量的保障。工厂和车间定期联合对水汽品质进行取样，加强专业监督和抽样分析，是解决"不取样、取假样、不分析、假数据"和管理失察失职等问题的重要手段。

（4）"系统整顿"是塑成规矩的重要方法。围绕"查思想、查管理、查技术、查纪律、查队伍、查效率"，持续开展"六大整顿"专项行动，是不断提升"三精"管理水平的重要手段。

（5）"信息管控"是杜绝质量问题的关口。以水汽品质攻关为突破口，实施装置间互供水汽品质监督和厂际间水汽质量回访制度，是早发现问题、早整改处理的关键所在。

（6）"设备整顿"是保证质量的根本。尽快修复关键在线分析仪表，确保关键指标实现连续监控、及时调整，加快推进化学装置隐患治理项目建设，是本质上实现"高质量"的基础。

（7）"优化运行"是提升效率的环节。做好工厂现有三套制水系统优化运行工作，合理调配产水负荷，除盐水指标靠近工艺指标限位时，立即组织制水系统反洗和再生，杜绝超负荷及时间运行。

6 结论

发生水汽波动事件后，该企业不断增强问题意识，树立鲜明的问题导向，本着"四不放过"的原则，不遮丑、不护短，深挖问题根源，坚持运用发展、全面客观和对立统一的思路，时刻在管理薄弱点查找技术根源，在技术瓶颈点查找管理根源，做到"一点有问题，八方受教育"。按照"把自己摆进去、把职责摆进去、把工作摆进去"的原则，组织专业技术力量，采取"事件重温""现场座谈""重点人员访谈"等形式，分设备管理、技术管控和信息管控等专业，对车间决策层面、管理干部层面和一线操作层面等60余人，从思想认识、信息沟通、质量确认和设备管理等方面，组织开展"1.31"水汽品质超标事件再解剖、再检视及再反思，达到触灵魂、强预防和改作风的目的。经过两年多的实际运行，目前水汽系统无异常现象发生，各项工艺指标受控，能够为各装置长周期安稳运行提供有力保障。同时，在化学水处理时，必须秉承零排放和清洗等原则，在保障生产节能环保化的基础上，推广应用化学水处理技术。

参考文献：

[1] 邸刚.电厂化学水处理系统现存问题及技术创新应用研究[J].造纸选材及绿色发展,2023,45(5):194-196.

[2] 邓强,赵跟云.电厂化学水处理系统的特点与发展趋势研究[J].造纸装备及材料,2022,51(6):136-138.

本文编辑：温志杰

吉林油田油气与新能源融合发展探索与实践

李 涛　马晓红　王盛艳

（中国石油吉林油田公司新能源事业部）

摘　要："双碳"背景下，我国能源结构加速向多元化、清洁化和低碳化转变。吉林油田围绕新能源融合发展支撑油气低碳建产，推动存量油气降耗提效，积极探索油气与新能源融合发展路径，不断丰富融合应用内涵，以综合用能理念为引领，通过系统优化、多能互补和智能管控，形成了"油气产能＋新能源""老油田提效＋新能源"等多类型组合，首创低碳生产"红岗模式"，为绿电自销纳占比提升和化石燃料逐步清零提供了解决方案，实现了油气与新能源深度融合，探索出新能源"一份投入"、新能源增效和油气降本"两项回报"的老油田效益开发新路。

关键词：融合发展；发展路径；多能互补；红岗模式

吉林油田深入贯彻绿色发展理念，锚定国家"双碳"目标，落实集团"三步走"部署，推进构建"三分天下"新格局。根据国家能源局下发的《加快油气勘探开发与新能源融合发展行动方案（2023—2025 年）》总体要求，立足企业自身优势，将绿色低碳纳入公司发展战略，着力推进油气与新能源融合发展，加速推进新能源项目建设，积极推进清洁替代提高油气商品量，大力推动自消纳绿电比例，降排放，提效益，构建油气与新能源多能互补、因地制宜和多元迭代发展的新局面。

1　融合发展总体思路与实施路径

1.1　总体思路

发挥油气与新能源互相促进作用，破解低品味资源动用难题；推动油气与新能源的全面协同融合发展，打造绿色低碳能源供应基地，助力公司节能降碳、提质增效和绿色发展。通过"先节能瘦身、后替代健身、再增能强身"思路，结合 CCUS+ 增油埋碳，推进油气与新能源深度融合；已建油气田融合风光发电、燃气发电、余热、地热、光热、电加热及储热技术，实现能耗和碳排放减存量及控增量；新区油气勘探开发与新能源同步实施，从源头控制全产业链低碳生产。

1.2　实施路径

以清洁电力和清洁热力单项技术试验突破为先导，逐步推进区域性降本增效，以综合用能的理念进行指导，实现区块—站场—采油单位油气与新能源的深度融合。

1.2.1　强化节约优先理念，促进能效水平提升

围绕机采系统提效率、集输系统降热耗和注水系统降压差，提升主要生产系统能效水平；聚焦重点上产区块，从源头控制全产业链低碳生产，全生命周期优化布局和运行参数；以提负荷、降能耗为导向，结合开发预测及生产系统负荷变化情况，加大"区域综合优化调整"及"关、停、并、转、降、优"等效益型项目实施力度；以"能量系统优化"和"能源管控"为手段，全流程系统优化，积极推进用能高效化、低碳化和绿色化。

1.2.2　大力发展新能源，提升清洁能源供给规模

清洁电力方面，以资源为前提、以电网为依托、以消纳为基础和以"源网荷储"为主要技术路线，规模化建设风力发电和光伏发电，以大比例绿电替代网电，实现电能的清洁替代；清洁热力方面，利用热泵技术，提取油田采出水余热，替代油田站场工艺加热炉；充分利用地热资源，结合热泵等技术，减少站场化石能源消耗；攻关高效聚光集热、高效储热设备和光热光伏一体化技术，推动绿色低碳发展。

1.2.3　实施工艺流程再造，提升清洁能源消纳能力

在用热源头以电供热、电强化处理技术与成熟油气生产技术、新能源综合利用技术集成应用，形成以电气化为主体的工艺流程；应用高效电加热和热泵等设备，进一步提高能量转换效率；建立与风光出力协同的运行方式，白天充分消纳绿电，夜间合理利用谷电，进一步推动用能成本下降。

作者简介：李涛，男，1973 年出生，1999 年毕业于中国石油大学（华东）应用化学专业，现从事油气田地面工程科研、设计管理工作，高级工程师。通讯地址：吉林油田公司新能源事业部，邮编：138000，联系电话：0438-6258635。

2 融合发展探索与实践

2.1 "风光发电自消纳"融合探索与实践

按照电力平衡和风光互补原则，利用油田废弃井、站场及井场周边空地，实施了 $15×10^4$ kW 风光发电自消纳项目，根据各区域实际运行负荷及电压等级，择优配置，就近接入油田电网，实现绿电最大化消纳，建设分散和集中式光伏 400 余处 $7.1×10^4$ kW、风机 18 台 $7.8×10^4$ kW，建成集团公司首台风电机组和首个自消纳项目。2023 年 3 月全面并网，年发电能力 $3.6×10^8$ kW·h，所发电量全部自消纳，每度电可降低成本近 0.4 元，项目总投资 7.14 亿元，内部收益率为 14.5%，成功开发了中国石油新能源第一个国际碳资产项目（德国 UER），具备良好的经济效益和减排效益（图1）。

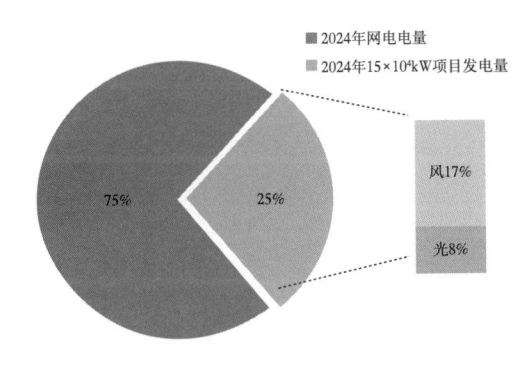

图 1 $15×10^4$ kW 风光发电项目 2024 年替代率饼状图

2.2 "大平台+新能源"融合探索与实践

结合单项技术试验突破，开展以新立油田Ⅲ区块为代表的零碳示范区先导试验。新立Ⅲ区块坐落在查干湖生态环保区，按习总书记视察查干湖提出的"保护生态与发展生态旅游相得益彰"精神，依托大平台建产模式，利用井场闲置土地，建设光伏 1.02MW、风电 3.4MW、光热 130kW、井筒取热 2 处、压缩式热泵 1255kW、电化学储能 250kW/（500kW·h）和 CO_2 注入橇 1 座，通过新能源综合应用和 CCUS 埋存，实现区块生产用能碳排放清零，打造工业旅游小环线，成为查干湖旅游新名片。2023 年 8 月建成投运，荣获国内油气田行业第一个"零碳工厂"标准试点荣誉称号。验证了单项技术组合应用是可行的，年替代天然气 $63×10^4$ m³，区域内绿电占比 100%。区块原碳排放 8361t/a，清洁替代后实现零碳生产，CO_2 驱油埋存后负碳生产，实现油气勘探开发与生态保护相得益彰（图2）。

2.3 "油气产能+新能源"融合探索与实践

庙 20 区块是合资合作回归区块，结合大平台建产，融合新能源发展，打造第一个新产能融合新能源微网运行项目。站外集输采用"支干线掺输+平台

图 2 新立油田Ⅲ区块零碳示范区部署图

井冷输"工艺；站内应用三相分离器+密闭缓冲罐缩短流程，采用"两组模式"，按功能组橇、规模组站，替代传统建站模式适应滚动开发需求，实现模块化、橇装化和工厂化预制；配套风机+光伏+电化学储能+热电联供+电加热+热水储热，提高区域绿电占比。建设 2 台 3.3MW 风机，光伏装机 0.5MW，燃气发电机 3.3MW，储能装机 3MW，储热 2000m³，通过智能管控系统科学的调控，可实现庙 20 区块稳定微网运行。实施后可实现网电全替代，年节省网电 $2084×10^4$ kW·h，绿电占比达到 81.6%，清洁电力占比 100%，节气 $25.8×10^4$ m³，减少碳排放 $1.78×10^4$ t（图3）

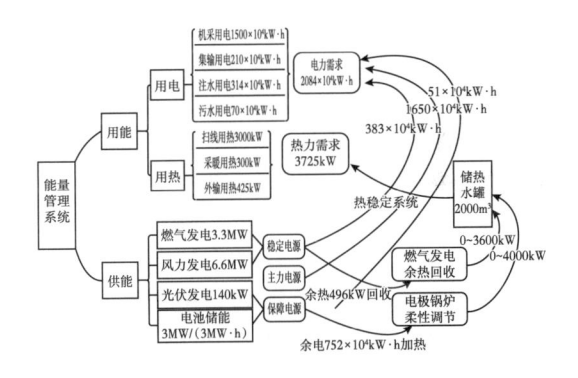

图 3 庙 20 区块能量管理系统示意图

2.4 "老油田提效+新能源"融合探索与实践

针对新北放水站负荷率低、流程长和能耗高的生产问题，风光资源丰富和油品性质好的先决条件，选择新北油田作为节能低碳示范区。重新规划站内布局，集输系统整体密闭改造，四级站场降为五级站场；伴生气无外输管网，探索以伴生气发电为稳定电源，组合风光发电和小型储能保障生产用电，实现已建产能区块微网运行；同时开展光热、污水余热和燃机余热的综合利用，配套优化后闲置大罐进行储热，实现稳定供热。新建压缩式热泵 400kW、光热系统 260kW、光伏 300kW、风电 3MW、燃气发电机 2MW 及余热回收系统 1800kW，将新北油田

建成"能源孤岛"。通过智能管控平台调控，可实现新北放水站热负荷和网电全替代。实施后站场原油消耗清零，年节油766t，年节网电1056×10⁴kW·h，终端绿电占比36.13%（图4）。

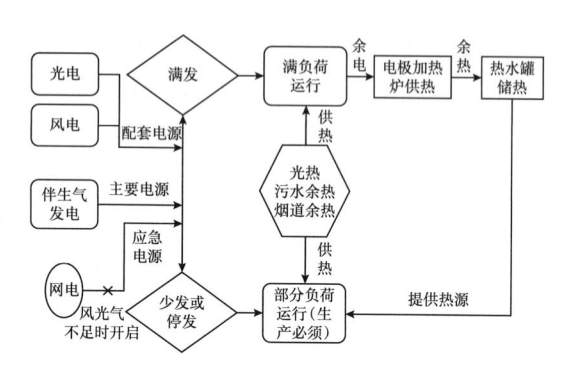

图4 新北低碳节能示范区运行模式示意图

2.5 "红岗模式"融合探索与实践

红岗采油厂作为有着40×10⁴t产量的典型老油田，响应油气与新能源融合发展的口号，打造了第一个低碳生产示范采油厂，首创低碳生产建设"红岗模式"，为油气与新能源融合发展探索路径。红岗低碳项目是老油田与新能源深度融合的样板，已被中石油定义为"吉林红岗模式"，为老油田提质增效、低品位资源高效动用提供支撑。以大幅提升能源利用率为原则进行系统优化，流程全密闭，实施冷输和分布式电加热工艺，关停站间11座，节能降幅10%以上；新建燃气支撑调峰电站3座（技术服务）、光伏电站3座、风电场2座，清洁能源建设总装机规模54.41MW。新能源与油气生产耦合，通过油、气、热同采，风、光、储、调并用，以区域负荷为核心，不稳定供能与柔性用能耦合，源随荷控、荷随源动、源荷互补，实施柔性互联扩大电力调节区域，实现绿电在相邻线路上就地消纳。实施后，实现流程全密闭，燃油清零，电气化率达到52.1%，清洁能源利用率46.83%，碳排放强度降低大于等于25%（图5）。

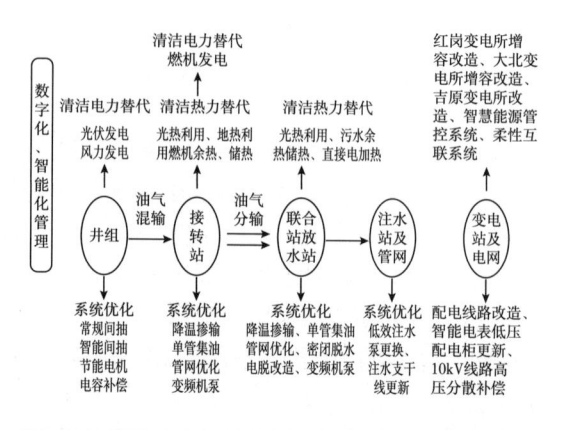

图5 红岗采油厂低碳生产建设工程技术路线示意图

2.6 "红岗模式"升级版融合探索与实践

优化电网结构，打造新民低碳建设首个源网荷储新型电网示范区，即"红岗模式2.0"版。在系统优化方面，通过梳理单环产液量并结合间抽生产，将小环状改成大环状，优化合并井环213个，占已建井环50%，抽稀计量间5座，降低掺水负荷3846kW。在清洁热力替代方面，污水余热充分利用，采取新井井筒取热为主+少量电加热，新能源装机39.35MW，其中污水余热5.1MW，井筒取热10MW，电加热1.2MW，光伏4.3MW，风机18.75MW。在清洁电力替代方面，打造"源网荷储新型电网"，将用电负荷按照固定负荷和可变负荷进行分类，所有新老固定负荷均带入新民变电所，保证平稳运行；可变负荷由风光发电为其供电，微网运行；建设5MW柔性互联及10MW/10MW·h储能系统，减少弃电，降低网电。实施后，年节气1667×10⁴m³，年节网电1720×10⁴kW·h，区域内全面部署风光发电，柔性互联，储能调峰，柔性生产与不稳定供电源全面耦合，清洁能源利用率大于等于50%，电气化率大于等于80%，绿电占比大于等于50%，通过间抽、间供和间注实现柔性生产，柔性用电负荷比列大于等于60%（表1）。

表1 红岗模式指标对比数据表

指标	2020年基准值	总部指标要求	红岗模式1.0目标	红岗模式2.0目标
碳排放强度/(kgCO₂/t)（当量）	397	337.45(-15%)	297.75(-25%)	119.1(-70%)
终端用能电气化率/%	31	≥22	≥50	≥85
清洁能源利用率/%	4	≥25	≥40	≥55

3 面临问题与技术需求

3.1 面临问题

（1）具备余热和地热优势资源的站场逐步完成替代，清洁替代工作将逐渐转向资源劣势站场。热力替代技术中单独评价只有余热利用、资源好的水热型地热、燃气发电热电联供有效益，但余热资源已应收尽收，英台水热型地热已完成场站替代，天然气是宝贵资源，燃气发电仅特定场景推荐应用。

（2）按气、电热值和加热设备效率折算，1m³气相当于8kW·h电，直接利用网电加热，经济不可行，绿电成本低，但绿电占比提升难度大，无法单独满足生产用能需求。

替代的经济性：以当前的气价计算，电加热替代燃气加热的电价约为0.2元/kW·h，相当于风光发电电价，但纯绿电是不稳定的。

CO_2排放量折算：1m³天然气排放2.16kg的CO_2，

8kW·h电排放6.22kg的CO_2，规模应用网电将大大增加碳排放。因此，以电替热须采用绿电。

3.2 技术需求

针对面临的问题，为加快推进油气与新能源高度融合发展，促进油气开发节能、降碳增绿的高质量发展，从清洁电力、清洁热力规模效益替代、结合当前状况，提出了六方面未来技术发展方向及需求：（1）融合电风光热氢，建立多能互补清洁能源供应体系；（2）以新能源应用为目标，再造低碳高效的生产流程；（3）高效低成本的清洁加热技术，大幅提升电气化率；（4）建立适应新能源特征的柔性运行方式，实现绿电消纳最大化；（5）探索油气田具有优势的储能（电、热）技术，平滑新能源供给；（6）数字化支撑，耦合新能源的能量优化系统，保障新型生产系统灵活、高效且安全。

4 深度融合下步安排与场景拓展

4.1 进一步推进深度融合发展

以电替热、以热促电、柔性生产与不稳定供电源耦合，大力实施燃气加热炉关停/替代行动方案，结合压舱石工程，全面建设"低碳、零碳、负碳"油田。通过油—气—热同采，风—光—储—调并用，结合源荷互补，进一步按红岗模式打造低碳油田；利用先导示范成果，结合集约化平台建产模式，将新立油田打造成零碳油田；利用CCUS优势，结合风光储＋余热、地热和光热等措施，将大情字井油田打造成负碳油田。

4.2 融合再深入场景拓展

4.2.1 拓展外供规模

全力建设"绿电、地热、埋碳"绿能田。以"气电＋风电""吉电外送""地热打捆风电"等扩大绿电产能，形成规模供电能力；依托城市周边资源禀赋，优先水热，优选岩热并结合余热，推进对外规模供暖；依托CCUS优势，利用碳网先期驱油创效，未来利用废弃油气藏，开展埋碳创收。

4.2.2 谋划战新布局

探索协同推进"绿氢、绿氨、绿醇"产业。与吉林石化共同布局绿电制绿氢产业，通过提高消纳，获取发电指标；探索用绿电制取的绿氢，为化工企业提供"绿氨""绿醇"原料，不断延伸产业链和价值链，推进上下游协同转型。

4.2.3 探索优势利用

稳步推进"储气、储碳、储能库"建设。通过建设长春储气库，扩容双坨子储气库，实现"双库"运行，提升吉林省能源保供能力；结合CO_2管道，CO_2埋存驱油上规模，打造"储碳库"；依托地层，通过压缩CO_2和压缩空气等开展长时储能，打造"储能库"。

4.2.4 强化骨架工程

超前谋划"碳网、氢网、新型电网"建设。依托"氢动吉林"，立足资源禀赋，着力打造吉林省"碳网"和"氢网"，实现内部风场原位制氢、输氢、掺氢和供氢，构建氢能源大动脉。同时，推进建设深度融合新型"电网"，提高绿电消纳，提升转型动能。

5 结论与认识

（1）融合发展清洁替代，首先要开展系统优化，节能先行，在最小用能基础上去实现最大替代，打造源头综合成本最低的低碳化生产模式。

（2）从单项技术试验认识到单项替代发展的局限性和实施多能互补的必要性，也认识到清洁电力替代空间和潜力较大，风光互补可提高利用效率，与热力替代综合利用，可以拉动热力替代效益并形成多能互补，推进碳资产开发，可显著提高项目收益。

（3）先导试验项目验证了单项技术组合应用是可行的，综合用能替代是今后油气与新能源融合的主要手段。稳定气源保障下的燃气发电＋风光发电适量超配＋储能，可保障清洁电力作为主力电源的平稳性。清洁能源能降低油气生产运行成本，释放低品位资源动用，并且新能源可以反哺油气。

（4）油气与新能源融合发展是油气田发展新能源的基本原则和最佳路径，也是大势所趋。融合发展项目具有消纳稳定、替代效益高和节能减排效果好等特点。"红岗模式"探索出了一条老油气田融合新能源转型发展、提质增效和降碳扩绿的可行路径。

（5）吉林油田将继续以《油气勘探开发与新能源融合发展行动方案》为指导，以融合发展为主线，以协同发展为支撑点，以多元发展为增长点，大力发展新能源，推动能源革命，构建绿色低碳能源体系，全面推动油气生产绿色转型及效益开发。

参考文献：

[1] 杨圣春,李庆.新能源与可再生能源利用技术[M].2版.北京:中国电力出版社,2020.

[2] 段春艳,班群,皮琳琳.新能源利用与开发[M].北京:化学工业出版社,2016.

[3] 吴荣华,孙德兴.污水及地表水水热泵技术与系统[M].北京:科学出版社,2015.

本文编辑：董 华

低渗透油藏CO$_2$驱操作成本差异性分析技术

杜丽萍 刘丹 张俊波

（中国石油吉林油田公司勘探开发研究院）

摘 要：低渗透油藏CO$_2$驱项目属于三次采油项目，项目操作成本估算对项目效益水平影响较大。2022年吉林油田CO$_2$驱进入工业化推广阶段，规模应用时间短，缺乏可供参考的实际成本数据。在水驱相关因素操作成本基础上，通过剖析CO$_2$驱工艺流程及配套技术细节，对比分析CO$_2$驱与水驱操作成本差异，建立差异关系，并结合量化计算，确定动态计算公式，科学测算CO$_2$驱项目操作成本，进而形成了低渗透油藏CO$_2$驱操作成本差异性分析技术，解决了低渗透油藏CO$_2$操作成本估算难的问题。通过与已实施的先导试验区块部分可参考数据进行对比，测算误差小，验证了该项技术应用的可靠性，提高了项目效益指标计算的准确性。

关键词：CO$_2$驱；操作成本；经济效益；水驱

1 技术背景

随着全球工业化进程的加快，大量排放CO$_2$导致全球气候变暖。如何有效解决碳排放问题已成为全球研究热点，而CO$_2$捕集封存技术的应用可有效改善碳排放问题。尤其是在2021年我国"双碳"元年，绿色低碳成为国家和企业层面的重点工作之一。

石油行业发展CCUS具有天然优势，把CO$_2$驱油提高采收率和CO$_2$在地质体中安全长期埋存有效结合，兼顾温室气体减排效益和驱油经济效益。国内低渗透石油资源占资源量的一半以上，CO$_2$驱油在提高低渗透储层有效动用储量和单井产量方面有一定效果，可有效提高采收率，总体效益非常可观。鉴于CO$_2$驱油技术在开发低渗透油藏方面的优势，应用CO$_2$驱油技术开发边际油藏将是国内石油行业的主要发展方向之一。

项目操作成本是低渗透油藏CO$_2$驱项目效益指标计算的主要参数，因此，操作成本的准确可靠程度直接影响项目效益水平。操作成本的计算方法主要分为吨油法和相关因素法。吨油法是通过类似区块上一年度操作成本总量与原油商品量进行计算，具有直接、简便的优点，但会导致效益指标计算不准确的问题。相关因素法是通过类似区块上一年度相关成本总量与相关因素总量进行计算，但是CO$_2$驱大规模工业化应用前，尚无规律性数据可供参考。因此，目前这两种方法均不能准确计算CO$_2$驱项目操作成本。

2 技术方案

油气操作成本估算采用相关因素法，按照国际惯例，遵循"有无对比"原则，估算CO$_2$驱项目的"增量"油气操作成本。

为了精确估算低渗透油藏CO$_2$驱项目的操作成本，采取了一系列先进的技术方案。这些方案旨在深入分析并对比CO$_2$驱与水驱在操作成本上的差异。经深入研究，CO$_2$驱相较于水驱，操作成本显著不同，主要在于CO$_2$注入环节。具体而言，由于CO$_2$驱油过程中需要专门的设备和技术来实现CO$_2$的高效注入与地层中的混相驱替，这导致了材料费、测井试井费、维护修理费和油气处理费等各项费用的显著提升。

（1）对CO$_2$驱项目的工艺流程及配套工艺技术细节进行了深入的剖析，这是基于对其工艺技术特点的理解，并结合绿电、物联网、地面系统调整，综合分析操作成本在采出作业、注入、井下作业、维护修理、油气处理、运输及其他直接费等方面发生的变化（图1）。

（2）采用量化计算的方式，对比分析CO$_2$驱与水驱操作成本的差异，对部分操作成本建立CO$_2$驱与水驱的差异关系，结合实际操作情况，确定动态计算公式，精准计算CO$_2$驱项目操作成本，这一步骤对于提高项目效益指标计算的准确性和可靠性至关重要。

具体技术方案包括：①缓蚀剂配方差异性分析，建立缓蚀剂价差与单井材料费、单位油气处理费关系公式；②CO$_2$驱防气泵使用对井下作业费影响分析，

作者简介：杜丽萍，女，1984年出生，2007年毕业于大庆石油学院石油工程专业，现从事油气田开发投资项目经济评价工作，高级工程师。通讯地址：吉林油田勘探开发研究院经济评价所，邮编：138000，联系电话：0438-6224287。

建立免修期、抽汲泵价格、抽汲泵更换率与年度井下作业费增量关系公式；③ CO_2 驱使用压井材料气锚和氯化钾对直接材料费影响分析，建立直接材料费增量公式；④ CO_2 驱应用防腐抽油杆对井下作业费影响分析，建立免修期、抽油杆价格、抽油杆更换率与年度井下作业费增量关系公式；⑤ 不同检管工艺差异性分析，建立检管次数、检管费用与单井材料费、井下作业费关系公式。

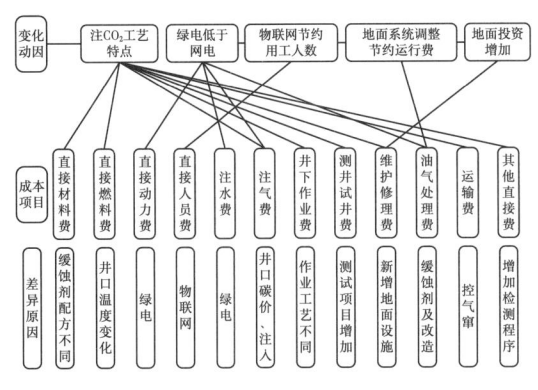

图 1 操作成本差异性分析示意图

3 实施方法

首先，考虑了气驱油井井口温度较水驱低，为保障平稳生产运行，吨液产出增加天然气消耗，进而影响气驱燃料费定额上涨；绿电应用节约直接动力费、注水费、注气费（纯注入部分）和油气处理费，按照各部分节约占比估算气驱各项成本；统筹物联网技术应用及智慧油田规划部署，综合考虑用工数量减少和薪酬变化幅度，估算项目人员费用；综合考虑"双碳"背景下源汇匹配战略需求，明确碳源供给和碳态对碳源购买、运输价格及注入成本的影响，科学合理估算注气费用；泡沫剂、调剖剂的使用，考虑药剂单价、使用井次增加直接材料费；考虑注气井欠注井治理、沥青质清除解堵需求，增加井下作业费用；新增地面设备设施对维护修理费的影响；地面系统重构，降低地面技术系统能耗，降低油气处理费；油井增加加药装置维修费用、注气井专用仪器仪表（微锥流量计、高压智能电动调节阀）检测费用对其他直接费的影响。

其次，通过建立量化计算公式，明确部分操作成本估算方法，具体如下。

3.1 缓蚀剂配方差异性分析

气驱缓蚀剂 HGY-9BS 和水驱 XY-618，由于缓蚀剂配方不同，导致了成本上的差异，进而产生了价差。在测算直接材料费时，需充分考虑加药浓度和用量。为此，建立了缓蚀剂价差与单井材料费增量的公式，以更精确地量化这种差异对生产成本的影响。缓蚀剂价差与单井材料费增量式（1）：

$$\Delta m = C_m q_{ld} \times 365 \times \Delta P \times 10^{-10} \quad (1)$$

式中 Δm——单井材料费增量，万元/口；
C_m——加药浓度，mg/L；
q_{ld}——单井日产液量，t；
ΔP——缓蚀剂价差，元/t。

气驱缓蚀剂 HGY-9BS 和水驱 XY-618，因配方差异显著，不仅造成购买成本上的价差，更在油气处理环节中，通过不同的浓度和用量需求，影响了处理效率与成本。为此，通过深入分析两种缓蚀剂对油气处理费用的具体影响，建立缓蚀剂价差与单位油气处理费增量的量化式（2）：

$$\Delta C_{ogs} = C_m \Delta P \times 10^{-6} \quad (2)$$

式中 ΔC_{ogs}——单位油气处理费增量，元/t。

3.2 CO_2 驱防气泵使用对井下作业费影响分析

由于气驱井通常具有更长的免修期，因此，缓蚀剂 HGY-9BS 的用量相较于水驱 XY-618 更少。同时，在气驱过程中，分段应用防气泵的动态比例是一项重要考虑因素。综合考虑，深入剖析并建立免修期、抽汲泵价格、抽汲泵更换率与年度井下作业费增量的复杂关系式（3）：

$$\Delta C_P = \frac{365}{D_{cur}} \times N_o \times \left[p_{ugp} \times f_{ugp} + (1-f_{ugp}) \times p_{op} \right] - \frac{365}{D_{wur}} \times N_o \times p_{op} \quad (3)$$

式中 ΔC_P——抽汲泵作业费增量，万元/a；
D_{cur}——CO_2 驱免修期，d；
N_o——油井数，口；
p_{ugp}——防气泵单价，万元/口；
f_{ugp}——防气泵更换率，%；
p_{op}——抽油泵单价，万元/口；
D_{wur}——水驱免修期，d。

3.3 压井材料气锚和氯化钾对直接材料费影响分析

在水驱作业中，由于不需要使用气锚且氯化钾的用量极少，几乎可以忽略不计，因此，其直接材料费相对较低。然而，在 CO_2 驱作业中，压井材料气锚和氯化钾的使用则成为影响直接材料费用的重要因素。基于免修期的考量，测算了年作业井数，并进一步量化了由此产生的直接材料费增量，建立了相应的公式以准确反映这种差异 [式（4）]：

$$\Delta M = \frac{365}{D_{cur}} \times N_o \times (p_{ga} + p_{kcl}) \quad (4)$$

式中 ΔM——直接材料费增量，万元/a；
p_{ga}——气锚单价，万元/口；
p_{kcl}——氯化钾单价，万元/口。

3.4 CO$_2$驱应用防腐抽油杆对井下作业费影响分析

由于气驱井通常具有较长的免修期，这一特性直接导致了总体作业费用的变化。为了精确量化这种变化，深入分析免修期、抽油杆价格以及抽油杆更换率等多个因素，并在此基础上建立了各项因素与井下作业费增量之间的复杂关系公式（5）：

$$\Delta C_{rs} = \left(\frac{P_{rc}}{D_{cur}} - \frac{P_{rw}}{D_{wur}}\right) \times 365 \times D \times f_{rs} \times 10^{-4} \quad (5)$$

式中 ΔC_{rs}——井下作业费增量，万元/a；
P_{rc}——每米CO$_2$驱油杆作业单价，元；
P_{rw}——水驱油杆作业单价，元/m；
D——平均井深，m；
f_{rs}——抽油杆更换率，%。

3.5 不同检管工艺差异性分析

注气井检管费用包含材料费与施工费，分别归类于直接材料费和井下作业费。不同工艺的检管周期和费用差异显著：连续油管周期为8年，气密封扣油管为5年，普通油管则为3年。鉴于各工艺应用的注气井数量不同，且原有工艺井可能产生大修费用，建立一个综合公式，以精准反映检管次数、检管费用与单井材料费、井下作业费之间的复杂关联，从而有效管理和控制注气井的维护成本［式（6）和式（7）］：

$$\Delta m_1 = \frac{\sum_{c=1}^{n} M_c G_c T_c}{\sum_{c=1}^{n} G_c} - \frac{\sum_{w=1}^{n} M_w G_w T_w}{\sum_{w=1}^{n} G_w} \quad (6)$$

$$\Delta c = \frac{\sum_{c=1}^{n} C_c G_c T_c + R_c G_c f_{rc}}{\sum_{c=1}^{n} G_c} - \frac{\sum_{w=1}^{n} C_w G_w T_w + R_w G_w f_{rw}}{\sum_{w=1}^{n} G_w} \quad (7)$$

式中 Δm_1——检管作业单井材料费增量，万元/口；
下标 c——CO$_2$驱不同检管工艺；
下标 w——水驱不同检管工艺；
M——不同工艺材料费单价，万元/口；
G——不同检管工艺井数，口；
T——不同检管工艺次数，次；
Δc——单井作业费增量，万元/口；
C——不同工艺作业单价，万元/口；
f_{rc}——CO$_2$驱气密封扣大修频率，%；
f_{rw}——水驱气密封扣大修频率，%。

4 实施效果

以技术方案为基础，估算项目差异性成本，与已实施CO$_2$区块实际操作成本对比分析（表1）。直接材料费较实际每口油井减少0.25万元，误差-4%；直接燃料费较实际每口油井减少0.05万元，误差-5%；直接动力费较实际每口油井减少0.13万元，误差-3%；直接人员费较实际每口油井增加0.4万元，误差+4%；注水费减少0.22元/m^3，误差-5%；每口井井下作业费增加0.04万元，误差+5%；其他直接费每口井减少0.09万元，误差-5%。

从分析结果上看，差异性成本误差基本在±5%以内，估算结果较为准确，能够为CO$_2$驱项目投资决策提供可靠支撑。

表1 误差分析表

项目	直接材料费	直接燃料费	直接动力费	直接人员费	井下作业费	测井试井费	维护修理费	运输费	其他直接费	厂矿管理费	注水费/（元/m^3）	油气处理费/（元/t）
估算	6.15	0.95	4.44	10.62	0.84	0.23	3.41	0.40	1.72	2.13	4.47	8.77
实际	6.40	1.00	4.57	10.22	0.80	0.21	3.21	0.41	1.80	2.18	4.69	9.18
变化	-0.25	-0.05	-0.13	0.40	0.04	0.02	0.20	-0.01	-0.09	-0.05	-0.22	-0.41
变化幅度/%	-4	-5	-3	4	5	9	6	-4	-5	-2	-5	-5

5 结论

操作成本差异性分析技术在低渗透油藏CO$_2$驱油领域实现了重要突破。相比于传统的吨油法和相关因素法，该技术不再完全依赖于已实施项目的历史数据，解决了低渗透油藏CO$_2$驱在大规模工业化应用前缺乏规律性数据、操作成本难以估算的难题。该技术通过分析低渗透油藏CO$_2$驱与水驱操作成本的差异，结合量化计算，建立了动态的计算公式，从而能够精确计算低渗透油藏CO$_2$驱油项目的操作成本，为项目效益指标的计算提供了有力依据。通过与实际已实施CO$_2$驱区块的操作成本进行对比分析，该技术展现出了高度的可靠性和准确性，计算结果与实际数据吻合良好，误差较小，为CO$_2$驱油项目的成本控制和效益评估提供了有力支持。

参考文献：

[1] 陈涛平,胡靖邦.石油工程[M].北京:石油工业出版社,2000.
[2] 彭民,梁芳.投资学基础[M].北京:石油工业出版社,2008.
[3] 王俊魁,林玉秋.油田开发与油藏工程方法[M].北京:石油工业出版社,2014.
[4] 徐丰利,冯保国,胡建忠.企业成本核算、管理和分析[M].北京:石油工业出版社,2015.
[5] 杨嵘.石油产业经济[M].东营:中国石油大学出版社,2017.
[6] 刘清志.石油技术经济学[M].东营:中国石油大学出版社,2017.

本文编辑：温志杰

站场安防及周界报警技术研究

张 帆[1] 李 东[1] 刘志江[2]

(1. 中国石油吉林油田公司勘察设计院 2. 中国石油吉林油田公司质量健康安全环保部)

摘　要：安防监控日益受到各行各业的重视，其应用普及越来越广泛，油田各级大型站场及小型的接转站都被列为安防反恐的重点要害场所。由于油气处理站及其他危险场站都远离居民区，周界范围大和巡查难度大。以往只注重生产管理，虽然安全生产布设了可视化监控，但现有视频监控只是根据当时需求建设的，对周界的安全防范却没有针对性考虑。当有外来人员或不法分子翻墙进入时，以现有的站内安保人员难以及时发现，就对站内安全构成了现实威胁，所以，对周界报警安防系统进行研究就显得十分必要。

关键词：周界报警；安防监控；技术防范

众所周知，周界安防中围栏报警系统是解决外围防范问题的关键方法，也是安全技术防范系统的第一道防线，因而在安全技术防范系统中具有重要地位。原始的周界防范措施是在防范区域的外围周界处设置围墙、铁栅栏和丝网等屏蔽或阻挡物，并安排人员值班巡逻。但是，这种方式往往受时间、地域、人员素质与精力等因素影响，难免会出现漏洞和失误。因此，根据油田实际生产情况，需要采取安全技术防范措施，对站场周界进行防范，主要对主动红外对射技术和振动光缆报警防范技术进行了研究及应用分析。

1 系统架构

GB 50348—2004《安全防范工程技术规范》中定义的安全防范系统是由具有防入侵、防盗窃和防破坏功能的软硬件组合成的有机整体，构成具有探测、延迟和反应等综合功能的信息网络，主要由入侵探测、信道、报警控制器和监控中心组成。

1.1 入侵探测

探测是否有入侵行为的电子装置或相关技术，通常由传感器和信号处理电路构成，传感器将外界的压力、振动、声音和光线等物理量转换为电流、电压或电阻。如：红外对射系统中，当发射机与接收机之间红外光束被完全遮断时就会产生报警；振动光缆使探测器检测到振动波型后，信号利用光纤作为振动传感载体，实现防护预警探测，当有人非法入侵时，光波信号中的强度高出设定的报警阈值，就会产生报警信号。

1.2 信道

信道种类很多，通常分为有线信道和无线信道两类，前者包括电缆、光缆等，后者将电信号调制到规定的无线电频段上。如今的信道，即站内路由都采用电缆或光缆传输，并通过千兆交换机功能并入网络架构，然后进行网络连接。

1.3 报警控制器

报警控制器就是控制是否发出警报的装置，通常由信号处理器和报警装置（喇叭、灯等）组成，现场输出端多为声光报警器。信号处理器判断有无入侵信号，若有则自动通知报警装置发出警报，便于采取相应措施，同时警告入侵者。其工作原理：控制器把现场振动信号转为光信号，并传输至报警主机，报警主机通过RS485通信方式输出到IP报警模块，监控中心软件与箱内设备联动，箱内的IP报警模块输出开关量信号给现场的声光报警器，警灯亮起即为报警状态。

1.4 监控中心

监控中心，即安全防范系统的中央控制室，安全管理系统在此接收、处理各子系统传输来的报警信息和状态信息，并将处理后的信息分别发往监控中心和相关子系统。现在所实现的监控中心具有和现场报警联动的功能，通过报警主机的输入输出报警信号来实现报警弹窗播放联动视频的功能，报警主机作为上位机处理信号和警情信息，并把相关状态信息发送给子系统，以协调整体安全防范工作。

作者简介：张帆，男，1991年出生，2014年毕业于吉林化工学院油气储运工程专业，现从事电气自动化设计工作，助理工程师。通讯地址：吉林油田公司勘察设计院电气自动化室，邮编：138000，联系电话：0438-6259786。

2 技术路线

2.1 主动红外对射系统

主动红外对射报警器是由发射机和接收机构成。其中，发射机由电源、发光源和光学系统组成；接收机由光学系统、光电传感器、放大镜和信号处理器等部分组成。其工作原理：由发射机发射的红外线经过防范区到达接收机时，构成了一条警戒线，正常情况下，接收机接收到的是一个稳定的光信号，当有人或物入侵该警戒线时，红外光束被遮挡，当接收机收到红外信号发生变化后会提取这一变化，经过放大和适当处理后，控制器就会发出报警信号。

在站场内布防该系统时，一般会通过现场箱内的控制器作为中继，控制器上有拨码开关，通过拨码来设定防区号，作为现场下位机的接收机一端的信号处理器上带有RS485接口，此端作为输出端，而中控室内报警主机的RS485接口作为接收端。由于全站均采用RS485通信模式实现报警信号传输，因此，可以确保信号的稳定性和可靠性。

最后，监控中心会配置相应软件，该软件能够接收来自报警主机的报警信号，并根据预设规则弹出联动画面。这样，监控中心的工作人员就可以通过联动画面快速了解到报警情况，包括哪个防区发出的报警信号和报警时间等关键信息，从而可以及时采取应对措施。

2.2 防区型振动光纤报警系统

振动光纤报警系统是利用光缆作为传感单元，接收现场的振动信号，并由上位机进行分析、处理和报警的系统。现在多数单位普遍采用防区型振动光纤报警系统，该系统适用于多防区检测、大范围监测、长距离监测和高灵敏度监测等场合，配合各防区安装的IP报警模块进行报警联动，在物联网领域有很大应用前景。

当现场有人拍打或触发振动光缆时，光缆会感知到振动信号，这个信号随后通过通信手井内的光缆接头盒，经过波分复用耦合处理，将振动信号转变为光信号，转变后的光信号被传输至中控室机柜内的防区振动光缆报警主机。通过RS485接口，报警主机将处理后的信号输出至"四入两出"IP报警模块。这个模块是连接报警主机与上位机（监控中心电脑）的桥梁，它负责将报警信号进行IP地址设定，以便上位机能够准确识别并接收。

此外，前端具有RJ45接口的设备（如摄像机、传感器等）都通过网线连接至箱内的HUB（集线器）。HUB作为局域网中的连接设备，能够将多个设备连接在一起，实现数据的共享和传输。同时，箱内的光纤收发器也通过网线连接到HUB上，它负责将光信号转换为电信号，以便与局域网中的其他设备进行通信。

上位机与监控中心电脑的连接和报警信号联动是通过IP设定来实现的。当报警信号被上位机接收后，它会根据预设的规则触发相应动作，如弹出报警画面、记录报警日志等。最后，千兆交换机作为整个网络架构的核心设备，它负责将整个站的网络连接起来。千兆交换机具有高速、大容量的特点，能够满足大量数据同时传输的需求，确保系统的稳定性和可靠性。

2.3 视频监控系统

视频监控系统是指利用视频探测手段对目标进行监视、控制和信息记录，视频监控系统一般由前端（摄像机等视频采集设备）、传输（网络线路或无线传输设备）、控制（监控中心的控制设备）及显示记录（监视器和录像机等）四部分组成。站场内需要24h不间断的视频画面实时传输，以确保全天候的监控覆盖。

针对大型集输站场，应选择高清网络摄像机，站内防爆区域选择智能红外防爆筒型摄像机，而非防爆区域选择普通智能红外筒型摄像机。为了确保边界墙不留视频死角，可以采用杆间摄像机对射的方案，通过合理布置摄像机位置，实现全方位的监控覆盖。此外，在大门处和消防通道处应配备带有AI智能识别功能的摄像机，以便自动识别人员、车辆等信息，提高监控效率；在卸油岗配备带有移动侦测功能的摄像机，当检测到异常移动时，能够自动触发报警。

视频分析技术是网络视频产品功能的重要扩展，与站场内视频监控系统相比，它提供了更为智能和高效的监控手段。摄像机内集成了移动侦测功能，当指定区域有运动物体出现时，视频数据才会被发送和传输。这一功能有效减少了用户对无用数据的接收和存储，提高了监控系统的效率和实用性。存储下来的事件数据可用于事后详细分析和取证，为安全事件的调查提供了有力支持。这些数据也使关键视频的搜索变得简单快捷，提高了监控系统的响应速度。

通过软件配置，可以开启闯入报警功能。当有人进入视频画面时，监控室内的画面中会出现圈选框，将进入画面的人圈选出来。这一功能增强了监控系统的实时性和准确性，有助于及时发现并处理异常情况。当硬盘录像机配置报警联动功能，且摄像机具备报警输出接口时，两者配合可以实现报警联动。一旦监测到移动物体，系统可以触发警灯闪烁报警，增强了监控系统的威慑力和实用性。高清摄像机提供了更为清晰的视频画面，而视频分析技术则进一步提高了监控系统的智能化水平，视频分析技术与高清 IPC 摄像机相结合，也契合了监控领域"高清、智能、标准化"的发展趋势。

3 技术限制

3.1 主动红外对射系统

多年来，传统的周界安防是围栏报警系统（主动红外对射、振动光缆和电子围栏等），该系统为安全技术防范做出了一定贡献，但由于客观技术条件等因素的限制，还存在一定缺陷。红外对射系统容易受到地形条件（高低、转弯等环境）限制，而在站场所处的自然环境中，强光、高温和低温等都会增加红外对射的误报率。

3.2 防区型振动光纤报警系统

首先，振动光缆的安装及熔接需要达到较高标准，尤其是波分复用耦合的熔接标准要求更高，任何盘纤过程中的压纤情况都可能导致信号损失，进而影响报警系统的灵敏度；其次，振动光纤绑扎稍有松动，遇风吹扰动就达到报警阈值，很容易触发报警输出。结合日常警情信息中的联动视频，在软件中进行定期调试，并根据现场情况进行模拟入侵的光缆敲击，对数字电阻值、最小幅值和反复确认次数等数据进行摸索性调整，实现了防区报警与视频画面弹出之间的有效联动。

结合实际情况，对振动光缆报警主机的分析振动频率、幅度和持续时间等特征参数进行研究，建立事件模型数据库（图1和图2），对不同类型的入侵事件进行模拟分析，从而提高识别的准确性和可靠性。

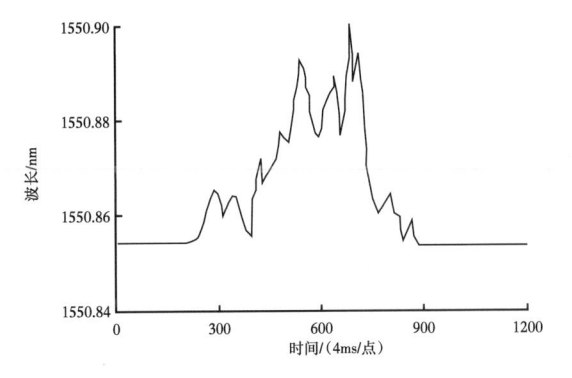

图 1 翻越入侵模式折线图

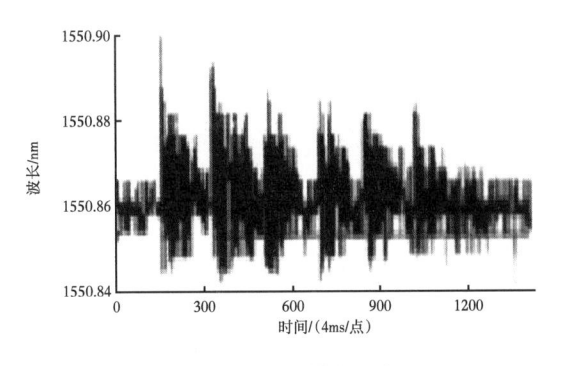

图 2 摇动入侵模式折线图

3.3 视频监控系统

监控系统作为站场安防系统的核心，承担着站场内所有视频监控画面的回传及存储。其中，最重要的就是视频监控的智能分析功能。为了实现"控"的要求，必须通过智能分析技术来提升"监"的有效性。通过现场调研可知，该系统某些功能（移动侦测、AI 人形识别、闯入报警等）在实际应用中缺乏准确性，或者存在功能欠缺。

因此，应确保选用的产品型号与实际应用场景相匹配，避免因产品选型不当而导致的功能欠缺或准确性不足；其次，应加强专业技术支持，确保摄像机的参数设置正确，并与其他设备实现有效联动。同时，定期对监控系统进行维护和升级，以确保其长期稳定运行。

4 结论

（1）红外对射系统在站场环境中的误报问题需要综合考虑多种因素，应根据实际情况，采取相关措施，解决上述误报问题。

（2）应高度重视振动光缆系统的安装、熔接、调试和维护。熔接过程应由技术人员执行，并进行严格的熔接质量检查；在绑扎光纤时，确保绑扎牢固且不过紧，以避免光纤因应力而损坏；对每个防区进行单独调试和优化，确保设置都符合特定的环境和条件要求；建立定期维护和检查机制，确保系统长期稳定运行。

监控系统作为站场安防系统的核心，其智能分析功能的准确性和完整性至关重要。通过优化产品选型、专业技术支持以及定期维护和升级等措施，大大提高了监控系统的性能和效果。

参考文献：

[1] 吕建新.浅析建筑智能化系统安防工程技术应用[J].机电技术,2019(4):37-38.

[2] 吴海滨.安防监控系统在智能建筑中的应用[J].无线互联科技,2017(24):15-16.

[3] 王忠镇.简述现代建筑安全防范技术的现状[J].建设监理,2019(4):39-42.

本文编辑：台自权

输油输气管道通球检测的必要性研究

刘 贺[1]　霍禹璇[1]　邵春阳[2]

（1. 中国石油吉林油田公司储运销售公司　2. 中国石油吉林油田公司新能源公司）

摘　要：随着我国重工业的发展，油气能源得到了的广泛开发和应用。为满足我国当前持续发展的油气资源需求，油气储运工程和集输工程发挥了重要作用。油气属于甲类危险品，容易发生安全事故，特别是在油气储运方面，容易发生着火、爆炸等事故，对安全生产构成严重威胁。为确保油气储运安全，必须高度重视管道完整性工作，加强油气储运设施管理。而做好输油管道防腐和通球检测工作，是持续推进管道完整性管理的基础工作，也是保障输油输气管道安全生产的重中之重。

关键词：油气储运；防腐；通球检测；管道完整性

1 概述

1.1 腐蚀危害

输油管道基本上都采用碳素钢无缝钢管、直缝电阻焊钢管和螺旋焊缝钢管，输油管道的敷设一般采用地上架空或埋地两种方式。但无论采用哪种方式，当金属管道和四周介质接触时，都会因发生化学作用和电化学作用而引起表面腐蚀，这种现象十分普遍。金属管道遭到腐蚀后，在外形、色泽以及机械性方面都将发生变化，不仅影响所输油品的质量，还会缩短输油管道的使用寿命，严重时可能发生泄漏而污染环境，所以金属腐蚀所造成的损失是很大的。

1.2 典型管道事故

1.2.1 国外管道事故

2015年5月19日，美国加州圣巴巴拉县里菲吉欧海滩一地下输油管道破裂，导致2.1×10⁴加仑原油泄漏并流入大海，污染了当地海岸；2006年3月2日，美国阿拉斯加州普拉德霍湾油田一条863.6mm管道泄漏，导致20×10⁴加仑原油泄漏，污染了当地的冻土和湖泊，并导致油田每天减产原油10×10⁴桶；2000年8月，美国新墨西哥州天然气管线由于腐蚀破裂而爆炸（图1），造成12人不幸遇难，直接经济损失为99.83万美元。

1.2.2 国内管道事故

2017年7月2日，中石油中缅管道贵州晴隆段发生爆炸，造成8死35伤；2016年7月20日，中石化川气东送管道湖北恩施段发生爆炸，造成2死3伤；

图1　美国新墨西哥州天然气管线因腐蚀破裂爆炸现场图

2013年11月22日，中石化管道分公司潍坊输油处东黄复线原油输送管道因腐蚀严重，造成管道原油泄漏而发生爆炸，导致62人遇难，直接经济损失75172万元；2010年7月28日，南京栖霞区丙烯管道发生爆炸，造成13人死亡，重伤28人，轻伤100余人；2010年7月16日，中石油大连输油管道发生爆炸，1500t原油入海；2010年5月2日，中石化山东东营至黄岛原油管道发生破裂，共造成240t原油外泄……，以上管道事故不仅导致人身伤亡，还造成了重大财产损失，必须引以为戒。

2 油气管道损害原因

2.1 管道变形

由于采购期管体母体存在缺陷、建设期施工破坏、运输过程中受到剧烈震动、运行期间遭受车辆碾压、温度变化引起管道材料热胀冷缩、运行期管道基

作者简介：刘贺，男，1996年出生，2018年毕业于吉林化工学院油气储运专业，现从事油气储运安全管理工作，工程师。通讯地址：吉林油田公司储运销售公司质量健康安全环保部，邮编：138000，联系电话：0438-6242029。

础下沉、第三方施工外力破坏及应力影响等易造成管道变形。此外，管道长期使用后内部会形成腐蚀孔，导致管道内部压力变小，出现管道变形（图2）。管道变形会导致压力降低，影响生产效率和企业收益，变形严重可能导致介质泄漏，造成环境污染事件。供水、排水和燃气等管道变形会影响正常生活，甚至形成舆情或危及生命财产安全，因此，必须及时修复或更换受损管道。

图2 管道变形实物图

2.2 管道腐蚀

管道在长期使用的过程中，不可避免地会出现腐蚀的问题，从而影响其使用寿命，甚至会带来安全隐患。金属管道腐蚀包括内部金属损失（内腐蚀）和外部金属损失（外腐蚀）两种形式。其中，管道内腐蚀是由于输送介质中含有腐蚀性物质而造成的；外部腐蚀可能由于焊道周围防腐层缺失、阴极过保护和防腐层破坏等原因而使管道本体遇到周围环境中的腐蚀性物质而发生腐蚀（图3）。

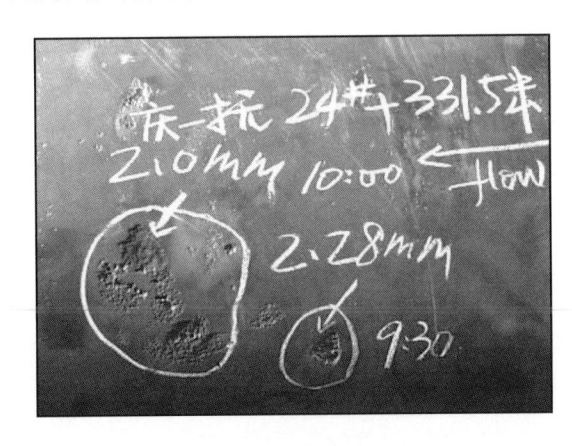

图3 管道腐蚀实物图

管道腐蚀形式分为化学腐蚀、电化学腐蚀和穿孔腐蚀。当管道介质本身含有腐蚀性物质或加热温度过高时，管道内壁就会产生化学腐蚀。常见的化学腐蚀物质包括酸、碱和盐等；在管道内部存在着电位差异时，就会发生电化学腐蚀过程，如长时间流动的液体或水，水的阳极会蚀损，而水的阴极则可能因生物污染和气泡堆积等而发生腐蚀；当管道介质中存在硬物或颗粒时，就会出现穿孔腐蚀。比如水中的小石子和铁锈等，这些颗粒会与管道表面摩擦，使管道出现较小的创口，进而溶解创口部分金属，形成明显的穿孔。

3 通球检测措施及效果

针对油气储运系统中油气管道腐蚀和电化学腐蚀的问题，采取以下措施来预防管道腐蚀变形和腐蚀穿孔事故的发生。

3.1 检测措施

以循序渐进、安全稳健为原则，创新性地利用"清通、清除、清扫、清洁"四步工法，有效地进行清管过程控制，确保清管安全有效。踏线设标以测试桩为依托，使用寻管仪在预定点找准管道正上方设置标记来作为定点跟踪点，间距不超过1km；将清管器装入发球筒，前皮碗推至大小头处密封，采取倒发球流程发球；采用四个跟踪组在预定跟踪点进行交叉式定点跟踪，监控清管器运行情况；确认清管器到达收球筒后，以倒收球流程收球，并清理收球筒内杂质，将清管器取出进行评估，并完成清管报告。通过四步工法，清理出管线多种杂质，包含粉尘、铁锈和液体等（图4）。

图4 管道杂质实物图

3.2 管道变形检测

高精度多通道变形检测器可以检测到管道凹陷、椭圆度变形、壁厚变化以及造成管道内径变化的管道附件、管道长度、阀门、三通、环焊缝、弯头和弯管等信息，检测变形点的准确位置，确定其尺寸大小。

3.3 前期踏勘资料收集

资料收集具体包括：（1）收集管道基本参数，包括管道名称、长度、口径、壁厚、设计压力、运行压力范围、管道材质、收发球筒信息、弯头信息、场地情况、三桩情况和有无斜接；(2)管道内部杂质基本情况(含水量、含蜡量和含H_2S量)；(3)管道的以往清管、检测情况、出现问题及解决措施；(4)管道的维修记录及焊接记录；(5)管道的阀门情况(球阀、闸板阀和单向阀等)；(6)管线的穿跨越信息；(7)管线的三通及相关附件信息；(8)管线的走向图、高程图及工艺流程图。

3.4 编制方案

根据管道前期的踏勘情况，制定初步实施方案，具体内容包括：管道的基本信息、特点、难点及解决措施、双方职责、施工部署、施工任务划分、清管器及检测器类型、应急预案、QHSE管理及危险识别与控制措施。

3.5 清管原则及次序

在清管过程中，为了防止清管器一次性清除管道内过多杂质而无法处理，清管器选择应本着"循序渐进，安全稳健"的总体原则。清管器的发送次序应按照清管能力从小到大依次发送，逐步地清除管道内的杂质。

3.6 现场踏勘设标

对管线应仔细踏勘设标，原则上设标密度不超过1km。对于管道穿跨越公路和阀室等特殊地段时应加密设标，其目的在于当投运清管器和检测器时，可以根据设标点进行地面定位跟踪，以便密切掌握清管器及检测器的动态运行情况。同时，也为检测出的缺陷点定位提供准确依据。施工方法如下：(1)设标点应位于"三桩"附近，并避开高压线和火车道等干扰较大的地域，设标点间距不超过1km；(2)发球站和收球站内必须进行设标，设标点应选在墙内(避开出入地弯头)；(3)阀室上、下游的设标点距离阀室不得小于50m，并进行详细测量；(4)选点时应借助寻管仪探测管道准确位置并选取埋深较浅(不超过3m)的位置作为设标点，填好设标记录，保证设标点位于管道正上方；(5)特殊地段必须设跟踪点，如人口密集区、动火改造点、已知变形点、水源区、河流冲沟和已知的穿越两端均要设点；(6)跟踪人员踏勘时，应对设标点的地理位置和路况做好详细记录。

3.7 发送清管器、检测器

甲乙双方检查发球流程完毕，确认发球筒内无压，并经氮气置换检验合格后，打开发球筒盲板，将清管器推入发球筒内，前皮碗要顶住大小头，关闭盲板，锁紧密封。打开发球筒上的平衡阀，缓慢打开发球线上的对应阀门，向发球筒内注入介质，直至充满发球筒为止，然后关闭泄压阀，当发球筒内的压力与干线压力平衡后再关闭平衡阀。校对时间后，确认第一跟踪小组已到达指定的跟踪设标点，等待一切工作就绪，接到发球指令后就进行发送。首先，调整流程使清管器发出，并做好时间记录；其次，确定清管器进入干线，当清管器通过两个跟踪点(约30min)后，恢复正常流程；最后，缓慢打开排污阀，排放发球筒内介质，待发球筒内压力降至正常大气压后，关闭排污阀。具体发球流程以站内发球流程为准，如果无相关规程，双方在现场实施前需进行模拟演练。

3.8 清管器、检测器接收

清管前，发球筒内应经过氮气置换及可燃气体浓度检测合格，必须检查收球筒快开盲板和阀门的灵活性和严密性，以及通球指示器的灵活性和排污系统是否正常，然后关闭泄压阀。做好相关工作后，按调度指令在清管器进站前至少两小时提前切换接收流程。首先，打开阀门，向收球筒内充满介质，并通过放空阀排出空气。充满介质后，关闭放空阀，缓慢调整流程；其次，收球指示器动作后，表示清管器已通过三通进入收球筒内，用接收机进行确认后，缓慢调整流程，待收球筒内压力降为零后，打开排污阀进行排污；最后，打开快开盲板，清除筒内杂物，取出清管器，将收球筒清洗干净后，关闭排污阀，关闭快开盲板，恢复至清管前的状态。具体发球流程应严格按照《清管器收发工艺流程规程》进行，如果无相关规程，则双方在现场实施前需进行模拟演练，并填写详细的清管记录。

3.9 定期检测

委托有资质的管道检验机构开展监督检验，通过内检测发现5年内需要维修的管线缺陷。检测班开展管线外检测工作，设定4年为一个周期，对所属油气管道进行检测，并对高后果区管段每年进行一次检测。

4 持续推进管道完整性管理

4.1 管道完整性概念

管道完整性具体指管道始终处于安全可靠的服役状态，具有安全性和功能性两个属性，其内涵包括三个方面：(1)管道在物理上和功能上是完整的；(2)管道始终处于受控状态；(3)管道运营商已经并仍将不断采取措施来防止管道失效事故发生。

4.2 管道完整性管理的重要性

简单管道完整性管理技术起源于20世纪70年代，当时欧美等工业发达国家大量油气长输管道已进入老龄期，各种事故频繁发生，造成了巨大的经济损失和人员伤亡，大大降低了各管道公司的盈利水平，同时也严重影响和制约了上游油(气)田的正常生产。从美国、西欧和苏联等国家多年的事故统计分析中可以看出，第三方损伤、腐蚀、施工及材料损伤、误操作这几方面是引发管道事故的主要原因。并且，天然气管道事故的人员伤亡率高于输油管道。为此，美国首先开始借鉴经济学和其他工业领域中的风险分析技术来评价油气管道的风险性，以期最大限度地减少油气管道的事故发生率和尽可能地延长重要干线管道的使用寿命，合理地分配有限的管道维护费用。经过几十年的发展和应用，许多国家已经逐步建立起管道安全评价、完整性管理体系和各种有效的评价方法。

4.3 管道完整性管理基本内容

4.3.1 管道腐蚀风险评价

管道内腐蚀包括两类缺陷：（1）已损失管道强度为主要特征，有应力腐蚀开裂、腐蚀疲劳等过程产生的裂纹缺陷，它属于平面性缺陷；（2）以管道质量损失为主要特征，如管道均匀腐蚀及局部腐蚀类的体积型缺陷。风险评价主要是确定管道失效因素，并对管道失效概念及其后果严重性指标进行量化。通过风险评价可获得管道风险等级，以确定优先开展完整性评价的管段区域及重点预防的失效原因。实施风险控制策略的主要目的是为防止事故发生以及降低系统风险。防止事故发生措施主要有两种：（1）实施并完善含缺陷管道的使用原则，即适用性原则，它是指在管道允许存在缺陷情况下，继续工作一段时间，但在此时间段内应保证缺陷不能发展到导致管道失效的临界值；（2）在风险评估基础上，根据风险优化分析，合理确定管段维修顺序，进而做出最佳维修决策，从而确保管道系统完整性。

4.3.2 降低管道腐蚀风险措施

降低管道系统风险可以采用以下措施：（1）执行有关国际通用及国内的相关风险法规。法规健全完善程度对降低风险有直接关系，针对管道腐蚀不仅要明确规定风险评估内容，还应指出风险降低到何种程度，并且应根据环境情况采取因地制宜的措施；（2）加强基于风险的检测技术实施。基于风险检测技术（RBI）由美国推广应用，目前已形成APIRP580标准。RBI以风险评价为基础，对检测管段及装备程序进行优化安排和管理，目的是优化设备检测程序和监测计划，为延长装置运转周期和缩短检修工期提供科学的决策支持；（3）检测管段风险时，应根据不同缺陷特点合理选择不同的检测方法与工具。BS7910—1999《金属结构内可接受缺陷的评价方法》推荐的检查、检测管道完整性的方法主要有在线检测、水压试验和直接评价三种方法。可以采用各种智能检测器来检测管道缺陷的尺寸形状及位置，智能检测器按照其工作原理主要有超声波法、漏磁法、电位法和涡流法等。检测器的分辨率、可靠性及精度一定程度上决定着检测费用及工程量；（4）采用合理的检测标准，并根据风险评价结果正确制定检测方案；（5）建立完善的风险管理监测体系，该体系可向上级管理部门报告风险管理计划和降低风险措施的实施执行情况。同时，可将成功的计划措施反馈到风险管理体系中，为风险优化分析提供依据，进一步制定出最佳的风险控制方案。

含缺陷管道经过风险评估后，通常将管道风险划分为四个等级：A级表示风险等级最高，必须立即维修及更换；B级表示风险次高；C级表示比较安全；D级表示管道处于低风险安全状态，无须采用任何措施。

对于风险等级较高管段必须采取相应措施来遏制管道腐蚀破坏，并恢复管道完整性，传统意义上的完整性维修措施主要有修补防腐覆盖层、套管修补及更换腐蚀管段三种基本方法：（1）防腐层修补适用于腐蚀破坏不大的情况，通过修补覆盖层的方法遏制腐蚀的发展，修补时需要分别将腐蚀产物、管子周围旧防腐层彻底清除干净。然后将与管体现有防腐层匹配性好的新防腐层加上去，也可采用自动涂敷设备来恢复管道的完整性；（2）套管修补是将制造时分成两半的管套布置在腐蚀管道全周，并沿纵向焊缝焊接起来，施工前要求将腐蚀生成物彻底清除干净，并用合适的填充材料将主体管道与套管之间的孔穴处填满；（3）对于腐蚀较为严重或其不满足有关规范要求的含缺陷管道以及含裂纹等缺陷的管道必须将其切除，并替换成新的管段，以严格的焊接工艺使之与原有完好的管段焊接起来。

5 结论

油气储运生产装置中的生产介质，属易燃易爆危险化学品。为避免管道事故发生，降低运行风险，提高管道输送效率，必须重视输油、输气长输管道的安全管理，即推行管道完整性管理，重视长输管道的通球检测工作。定期开展管道完整性评价，并及时采取相应措施来遏制管道腐蚀破坏，确保输油、输气长输管道安全平稳运行。

参考文献：

[1] 李长俊.天然气管道输送[M].北京:石油工业出版社,2008.

[2] 董绍华.天然气管道完整性管理探析[M].北京:中国石化出版社,2007.

[3] 赵志程,赵玉落,任洪奇.天然气管道安全运行危害因素及防范措施[J].煤气与热力,2011,31(9):41-44.

[4] 宋生奎,朱鸣,周蕾,等.输油管道完整性管理的重要性及步骤[J].河南石油,2006 (1):103-106.

本文编辑：台自权

吉林油田二三类站场风险评价策略研究

邵立新

（中国石油吉林油田公司新木采油厂）

摘　要：介绍了吉林油田在二、三类油田站场完整性管理中的研究与实践成果。其中，新木采油厂通过开展油田无泄漏技术研究及示范区建设，根据脱水站、转油站和计量间等站场设备与工艺特点，依托现有人员、技术和物联网手段，制定了基于行业标准的"采—防—监—检—评—修"全流程风险评价策略，对压力容器、加热炉和工艺管道等设备开展全流程管理与风险消减工作。实际应用表明，该策略符合油田行业标准，可以通过以内部检测为主、外部检测为辅的检测方式，提高站场设备风险评价的有效性和经济性，所取得的阶段性成果为行业内油田站场完整性管理提供了有益参考，助力油田管道和站场安全平稳运行。

关键词：二、三类油田站场；管道；设备；风险管理和评价；策略研究

目前，针对净化油气站场实际情况的风险评价流程和工作内容已经应用于吉林油田实际生产中，先后开展了长岭天然气处理中心的设备与工艺管道的风险评价与检测评价、安全仪表系统完整性等级确定和验证以及储气库完整性管理文件体系完善等工作。在油田站场方面，采油区范围内放水站和转油站数量众多，且功能和设备相对于净化油气站场要复杂许多，如果仅靠现有操作人员用一类站场的风险评价体系来评价中小型二、三类站场，会因工作量大导致无法保障风险评价的准确性，也会因检测评价费用高而造成性价比低，不利于长期有效开展。

在油田二、三类站场风险评价中，站内要素的选取和影响因素之间的层次关系是否合理，评价模型及简化处理正确与否是风险评价的核心。因此，找到适合油田特点、能够独立自主高效开展的站场完整性管理方法是吉林油田中小型站场风险管理技术的关键。

1 油田站场风险管理的基本原理

油田站场除担负原油储存功能外，还是含水原油脱水、生产污水处理的重要生产场所，因为设备、管道在运行期服役条件更为苛刻，面临的风险种类及要素也更为复杂。风险管理正是对事故发生的可能性与事故造成的严重程度的综合度量。在衡量站场的风险指标时，由于二类、三类站场与一类站场相比事故概率高，而事故造成的损失大小程度较低，导致通过二者乘积计算出来的风险系数所体现的性质有很大差异。针对这一技术难题，经过系统梳理吉林油田站场内的静设备、动设备、电气设备和仪表自控系统的"采、防、监、检、评、修"等完整性管理各环节，研究并形成可实施的技术体系，而管道、设备及仪表管理的内容包括风险分析、风险评价和风险决策。

2 油田站场管道、设备检测评价方案

2.1 数据收集及分析

数据收集及整理工作重点包括油田站场基础数据采集和失效数据分析，并根据现场设备的数据和管理要求开展数据差异性分析。其中，数据采集是确保设备和系统正常运行的关键步骤，包括设计文件、竣工资料、检测数据、风险评价数据、维修维护数据和失效数据等。这些数据涵盖了从设备设计到运行维护的各个阶段，为设备的安全运行提供了全面的信息支持。失效数据分析则侧重于识别和分析设备失效的原因和模式。通过对失效记录、设备编号和失效后果等数据的分析，可以计算失效频率，对失效率高的设备进行风险评估，要记录重要的失效模式、引起失效的因素以及失效带来的可能后果，并以影响程度排序为依据制定相应的改进措施和维护周期。这种分析有助于提高设备的可靠性和安全性，减少意外停机和维修成本。数据采集工作内容见表1。

作者简介：邵立新，男，1980年出生，2001年毕业于大庆石油学院石油化工专业，现从事油气工程研究工作，高级工程师。通讯地址：吉林油田公司新木采油厂机关，邮编：138000，联系电话：0438-6228007。

表1 二、三类油田站场数据统计表

序号	时间段	类别	内容
1	投产前	设计文件竣工资料	收集设备及附属设施的技术资料、图纸、历史检测、检验后的校准报告，并根据数据收集情况进行梳理和编制技术档案
2	投产前		根据设计文件、竣工资料对现场情况进行排查，对不符合要求的，要编制整改方案
3	运行期	运行期数据	运行数据、防腐数据、评价数据和检测数据等
4		腐蚀防护数据	腐蚀防护需要的数据、防腐层和绝热层等，以及环境数据
5		检测数据	年度检查和定期检测、缺陷数据、基于风险的检验数据等
6		风险评价数据	对设备、仪表及电气设置唯一编号，管道分段和编号
7			静设备FMBRA分析所需的数据，包括设计资料、工艺资料、检验资料和维护资料
8			动设备分析所需要的数据，包括基本数据、故障假设以及安全分析所需的资料
9		维修维护数据	修复内容、修复时间、修复方法和修复日期等
10		失效数据	失效定位包括管道名称、起止阀门或设备描述失效位置
11			失效识别包括内外腐蚀、冲刷腐蚀、应力开裂、施工缺陷和机械损伤
12			失效记录、设备编号、失效后果、维修方式、维修人员、维修费用，并按不同类型的设备进行划分不同的失效模式
13			分析失效数据，按周期对失效和故障进行汇总和统计，计算失效概率，对失效概率高的设备进行风险评价，并根据风险大小制定维护方法及周期
14		数据差异性分析	对运行数据、防腐数据、评价数据、检验以及维修维护数据的时效性、准确性等方面进行分析，形成报告详细说明数据现状，并提出整改工作项目及实施时间等

将油田站场管道、设备防腐设计要求的内外防腐形式、施工文件规定的质量标准与现场实际相比较，其应满足内外腐蚀设计、施工要求和涂色要求，对不符合要求的项目要编制整改方案。此外，对检测过程中发现的防腐层破损点及时按照防腐标准化图纸进行修复。

2.2 管道、设备风险评价

油田站场开展的风险评价包括动设备风险评价、静设备风险评价和电气仪表风险评价。

2.2.1 动设备风险评价

对油田站场内的动设备开展风险评价，包括设备功能划分、失效模式识别和失效影响分析，确定风险可接受准则以及监测运行参数（表2）。

表2 油田站场动设备风险评价项目表

序号	项目	内容
1	设备功能划分	定义设备主要功能、次要功能、功能失效和失效模式等
2	失效模式识别	进行失效模式识别，确定失效概率、失效后果、失效损失和维护成本
3	失效影响分析	根据失效模式与功能丧失之间的关系，确定失效影响以及失效局部影响
4	风险可接受准则	量化设备失效概率，统计故障反生频次、安全后果、环境后果和成本后果
5	监测运行参数	运行转速、流量、排液量、齿轮箱、轴承温度及电机电流

2.2.2 静设备风险评价

油田站场内静设备风险评价采用FMBRA分析法，包括数据收集与整理、失效模式及失效机理的确定、失效效果分析和风险等级描述（表3）。

表3 油田站场静设备风险评价项目表

序号	项目	内容
1	数据收集与整理	基础数据、工艺数据、校验维护数据、站场完整性管理制度与财务数据、数据分析与补充
2	失效模式的确定	按照内腐蚀、外腐蚀、冲刷腐蚀、环境应力开裂、施工缺陷、设备故障、机械损伤、天气及外部力量、操作不当、制造及施工缺陷等情况划分设备及失效模式
3	确定失效可能性等级	根据标准规范，识别并确定的各类失效模式的可能性等级
4	失效后果分析	根据《集团公司安全生产管理办法》确定失效后果等级
5	风险评价	根据不同的失效模式选择不同的风险矩阵，评定风险高低
6	风险等级描述	根据不同的概率确定风险类别等级

2.2.3 电气及仪表风险评价

根据油田站场电气和仪表特点，选择适合吉林油田的安全评价方法。首先，在分析准备阶段就成立分析小组，确定分析对象和范围，熟悉分析对象并收集和筛选准备材料，通过构建系统的故障分析方法，形成安全分析检查表。此外，针对故障假设问题和后果严重性进行分析，识别和评估现有的防控措施是否满足需要，并根据评价结果确定整改措施、整改人和整改时间来模拟开展SIL分析。

2.3 检测评价和监测

根据油田站场内的设备类型，开展针对性的检测评价，具体内容包括工艺管道检测评价、静设备腐蚀监测、动设备运行状态监测和电气及仪表系统测试。

2.3.1 工艺管道检测评价

工艺管道安全评定作业有三种，分别为年度检测、全面检测及基于风险的检验工作，针对油田站场内管道选择基于风险的检验工作，根据不同的失效模式采取不同的检测策略。首先，判断环境开裂是否存在高风险，如果是，则进行螺栓扭矩、磁粉探伤和硬度测试；如果否，则进行超声波探伤和磁粉探伤。然后，判断机械损伤是否存在高风险，如果是，则进行螺栓扭矩、磁粉探伤及硬度探伤；如果否，则进行超声波探伤和磁粉探伤。

架空管线需要进行目视检测、防腐层、破损点检测、土壤腐蚀性检测、超声导波检测和开挖验证等，埋地管线需要进行超声导波检测和开挖验证。内部减薄需要判断是否存在高风险，如果是，则进行抽样100%检测；如果否，则进行抽查50%检测。如果存在缺陷，则进行超声C扫描；如果超声C扫描结果为Ⅰ级，则进行超声导波检测（表4）。

表4 油田站场工艺管道检测评价表

序号	项目	内容
1	数据收集	核实及完善数据采集阶段的信息，主要管道走向图、分段信息等
2	宏观检测	管道结构检测、几何尺寸检测、外观检测和管道材质分析
3	失效模式分析及检测评价方式选择	弯头、三通及直径突变处壁厚抽查，GC1、GC2及GC3管道分别按50%、20%及5%频率进行抽检，异常区域可适当增加检测频率
4		管道表面裂纹、绝热层破损和交变荷载部位无损检测。
5		开展GC1焊缝检测和GC2管道超声波抽检，比例不低于焊口的15%，重点部位包括错边、泵进口焊口和硬度异常等
6		内腐蚀减薄为主要风险，壁厚检查应100%全覆盖
7		针对埋地外腐蚀，检测站内土壤腐蚀性
8		针对架空管道外腐蚀，开展超声导波检测
9		机械损伤主要为砂磨风险高，开展超声导波检测
10		环境应力开裂风险高，开展磁粉探伤及硬度测试

实施过程要对数据采集阶段的信息进行核实及完善，确保能最大程度反映站场内管道使用情况，能够客观指导检测评价。然后，开展宏观检测评价判断失效模式，并根据不同的失效模式选择检测策略。最后，根据管道运行压力和安全状况等级确定检验周期。

2.3.2 静设备腐蚀监测评定作业

对站场内静设备开展腐蚀监测，包括内部腐蚀监测和外部腐蚀监测。内部腐蚀监测项目为对监测静设备内部储存或流经的组分进行分析，定量获取设备内部的金属损失速率；外部腐蚀监测项目为对静设备外表面金属损失速率及敏感部位的壁厚进行监测。监测方法综合考虑风险、介质腐蚀性、监测系统的准确性、监测范围和历史监测结果等。监测分析应采用"长期监测、定期分析"的方法，每月下载监测数据进行汇总分析，定期综合分析设备内腐蚀发生趋势，及时制定内腐蚀防护方案。

2.3.3 动设备运行状况监测

对油田站场内动设备运行进行监测，具体内容包括运行状况监测、失效模式识别、工况参数和机泵温度监测等，也要采用"长期监测、定期分析"的方法，每2h记录机泵动态数据。具体包括以下四个方面：（1）监测设备在运行过程中的震动、温度、油压、润滑油质量和磨损等参数；（2）根据不同的机泵类型，确定需要重点识别的部件，以便发现潜在故障；（3）根据机泵的种类不同，合理布置监控点，以便对振动情况进行有效监测；（4）监测设备的运行转速、流量、排液量、齿轮箱、轴承温度及电机电流等运行参数，以确保设备的正常运行。

2.3.4 电气及仪表系统测试

油田站场电气系统测试内容包括接地电阻测试和避雷器测试。接地电阻测试的目的是确保在发生故障时，安全接地线能够承担故障电流的流量；避雷器测试则依赖电压基准信号，高速采集基准电压和避雷器泄漏电流。测试项目包括绝缘电阻测试、泄漏电流测试、工频参考电压或直流参考电压测试等，确保电气及仪表系统能够安全平稳运行。

2.4 站场完整性评价

吉林油田站场开展完整性评价包括工艺危害与可操作性分析作业（表5）和含缺陷设备实用性评价两项内容。

表5 油田站场模拟HAZOP分析表

序号	项目	内容
1	前期准备工作	成立可操作性分析小组，明确小组人员职责及分工
2	确定分析范围和目标	确定要开展的HAZOP分析范围，包括的工艺单元、共用工程及辅助设施，明确可操作性分析所需要考虑的因素
3	分析准备的材料	工艺参数、工艺管道仪表流程图、平面布置图及相关工艺技术信息
4	模拟开展HAZOP分析	根据节点划分，确定现场与工艺指标的偏差，以及分析偏差导致的后果
5	分析偏差导致的后果	分析偏差对人员、财产和环境的影响
6	分析偏差产生的原因	对工艺、设备、仪表、控制和操作等方面分析其发生的所有原因
7	现有安全措施分析	记录现有的切实投用及执行的安全措施，并对偏差进行分析
8	风险评价	根据《油田二、三类站场完整性管理手册》开展风险评价
9	建议措施	根据风险高低及现有安全措施，提出合理化建议
10	分析记录	根据实际需要，对模拟开展HAZOP分析所采用的表格进行调整，形成HAZOP分析报告，并由小组签字确认

2.5 维修维护

吉林油田站场开展的维修维护包括日常检验维护、季度检验维护、年度全面检验维护、压力试验维护、无损检测维护和安全措施的制定维护等内容。

3 结论

油田二类、三类站场风险评价项目及方法是在老油气田人力资源优化、组织机构调整背景下形成的站场完整性管理模型，其依托油田内部操作人员和检测成本，采油作业区能够自行开展风险识别及评价管理。通过综合分析工艺、设备、电气和仪表四个方面的失效原因及失效模式，明确了不同系统、不同设备的完整性管理重点，并据此形成了针对性的技术方法、工作内容、实施周期和管理流程。这一系列措施完善了"采—防—监—检—评—修"各环节的完整性管理技术，实现了站场风险的有效控制。风险评级结果能够最大程度地减少因站场突发事故所造成的经济损失，有效提高了油田中小型站场的安全性。因此，此项研究提出的站场完整性管理模型对于提升油田站场的风险管理水平具有重要的应用价值。

本文编辑：台自权

《吉林石油工业》投稿须知

《吉林石油工业》主要刊登石油石化领域前沿技术、重大项目、科研管理及经济理论研究成果等方面的具有较高理论及应用价值的学术论文，栏目包括石油地质勘探、油田开发、石油工程、石油化工、清洁能源、经济管理和综合信息。

一、稿件要求

（1）题名要简洁，紧扣文章主题，字数不超过20个字。属于省部级以上项目的研究成果应在首页页脚处注明。文章题目用2号黑体居中排。

（2）作者署名应不超过3人，作者姓名用5号楷体居中排，下方用括号标出作者单位（包括一级和二级单位）。第一作者应在首页页脚处写明作者简介，包括姓名、性别、何年出生、何年毕业于何院校何专业、现从事何工作、职称。通讯地址：××××（包括一、二、三级单位），邮编：××××，联系电话：区号+固定电话（作者简介用6号书宋）。

（3）摘要要反映文章的主要信息，如研究目的、应用的理论及技术方法、取得的主要成果等。摘要字数要求在200~300字之间，不分段落。"摘要"2字用5号黑体左起空2格排，摘要内容用小5号楷体。

（4）关键词数量以3~5个为宜。"关键词"3字用5号黑体，左起空2格排，关键词内容用小5号仿宋。

（5）层次标题应简短明确，各层次标题用阿拉伯数字连续编码，一级标题用4号宋体，二级标题用5号黑体，三级标题用5号楷体，四级标题用5号书宋。标题序号请按如"1、1.1、1.1.1……"等形式顶格排。

（6）行文论文（含表、图）一般要求不超过5000字且不得少于3500字（正文是论文的核心部分，占主要篇幅，可以包括：调查对象、实验观测方法和观测结果、仪器设备、材料原料、计算方法和编程原理、数据资料、经过加工整理的图表、形成的论点和导出的结论等。由于研究工作涉及的学科、选题、研究方法、工作进程、结果表达方式等有很大的差异，对正文内容不能作统一的规定。但是，必须实事求是，客观真切，准确完备，合乎逻辑，层次分明，简练可读）；文中应使用法定计量单位英文格式；中外文字母、符号要分清大、小写；上、下脚标和容易混淆的外文字母、符号请做旁注；中、外文缩写词首次出现时要注明全称；公式应左起空两格排版和连续编码；数学公式中的符号要加注释。论文内容需通过本单位涉密审查。正文文字用5号宋体。

（7）图、表要精选，尽量简洁，避免所反映的内容相互重复和与行文重复，直接插入论文中（并在正文中用括号标出使用的相应图表），写明序号和中文的图、表题。图片要求图件规则、清晰、大小适宜，文中图形要绘制准确，线条清晰，字迹清楚，标注图题、图序和图注，图幅面积50mm×70mm，最大不超过120mm×140mm；照片或复制的图件黑白反差要适中，层次分明，线条、字迹必须清晰，图件数量最多不超过5张；表体要求避免一组数据制表，表格数量不超过5张。图表中文字用7号书宋，图题、表题用小5号黑体。

（8）参考文献按在正文中的先后顺序编码并标注，"参考文献"4字左起顶格排并加冒号，用5号黑体，内容另起行，用小5号仿宋，并严格按照参考文献相关格式著录（所有参考文献必须与公开发表的格式相符）。例如：

期刊论文 [序号] 作者. 文章名 [J]. 刊名，出版年份，卷次（期号）：起止页码。

专著 [序号] 作者. 书名 [M]. 版本（第一版不注）译者（. 为译著时）出版地：出版者，出版年。

二、几点说明

（1）本刊优先登载国家和省部级以上科技攻关项目的研究成果和各类学术交流会议上的论文。

（2）本刊不退稿。在稿件送交编辑部3个月内未收到修改或录用通知者，请与本刊编辑部联系查询。

《吉林石油工业》
编委会

主　　任：沈　华

副 主 任：朱广社　林　君　尹志刚　李瑞磊　李秀强
　　　　　张剑平　文士豪　张海龙　刘　军　杨智光

委　　员：（以姓氏笔画为序）
　　　　　于　友　马占恒　马晓红　王大彪　王培茂
　　　　　邓守伟　卢殿龙　田　磊　付　平　朱建峰
　　　　　刘美成　关云东　江　涛　许建国　李　庆
　　　　　李忠诚　杨　光　杨雨富　张　健　陈丙春
　　　　　贾雪峰　黄海青　董清水　黎政权　魏　卓